アメリカ社会を動かすマネー：9つの論考

大阪大学言語文化研究科准教授
杉田米行　編著

三和書籍

目次

第2部　お金の社会科学的側面

序章　お金がアメリカ社会に与える多面的影響

杉田　米行

はじめに

お金は資本主義の血液とも言われるほど重要なものである。直接的にはアメリカ経済やビジネスで主要な役割を果たし、間接的には人の価値観や意識といった非物質的な要素や、アメリカの外交・内政にまで大きな影響を及ぼす。本書では、アメリカでお金が果たす役割を多面的に考察してみたい。

第1節　アメリカの経済・ビジネス論

現在、アメリカ経済は、サブプライム住宅ローン問題に端を発したクレジット市場収縮や原油高騰などの要因が重なり、リセッション（景気失速）が懸念されている。ジョージ・ブッシュ（George W. Bush）大統領は、即効性を重視した一五〇〇億ドル規模の景気刺激策を発表したが、規模が小さいと評価は低い上、そこにサブプライム・ローン問題に対する抜本的な対策は含まれておらず、リセッションは避けられないとの悲観的な見方が広まっている。アメリカ経済が危機に直面している状況で、ブッシュ大統領の二〇〇八年一月の一般教書演説は経済問題に焦点が置かれた。

「国際ジャーナリストの視点による現在のアメリカ経済の動き」において、増谷栄一氏は第一線の国際ジャーナリストとしての視点から、アメリカ経済を取り巻く国内外の要因を中心に、以下の三点を中心に概観している。

（1）二〇〇八年大統領選挙とアメリカ経済
（2）政府とFRB（連邦準備制度理事会）のサブプライム対策
（3）原油高のアメリカ経済に与える影響

大統領選挙については、各候補者の主要な争点に、イラク問題と並んで経済問題が急浮上してきている。ブッシュ政権はサブプライム問題について、これまで二度にわたって対策を打ち出し、住宅市場の回復と、社会問題化しているフォークロージャー（住宅不動産の差し押さえ＝競売）の増大に歯止めをかけようとしてきた。また、FRBも政策金利を連続的に引き下げる一方で、クレジット市場で、企業や個人消費者の資金借り入れコストが急上昇するのを防ぐため、欧州中央銀行やカナダ、英国、スイスと協調行動を取っている。さらに、原油価格の高騰が続いていることで、世界経済を牽引するアメリカだけでなく、欧州や東南アジア、日本など主要国の経済の先行きを一段と不透明にしている。

このようにアメリカのみならず、世界的に経済問題がくすぶる中、野村茂治氏は「幸福はお金で買えるか」という基本的な問いかけをし、経済学者の立場から理論的に解き明かしている。お金は幸福であるための必要条件ではあるが、十分条件ではない。例えば高額所得者は、庶民感覚では一生かかっても使い切れないほどの所得を得ており、客観的に考えればこれ以上の所得は必要でないように思われるが、それでもなお、利潤獲得のために努力をしている。こういった場合、お金を稼ぐことよりも、その活動のプロセスが幸福を導くものと考えられる。

これまでの標準的な経済学は、幸福の代用として効用を考え、その効用が増大することが幸福につながると想定していた。つまり、所得が増え、消費が増えることが幸福につながると考えていたのである。だが、長期的な観点から考えると、所得の増加と幸福度との間に、直接的な正の関係が存在するとは限らない。例えば、リチャード・イースタリン（Richard Easterlin）は、データを駆使し、たとえ実質所得が増えても、幸福度も増すわけではないと主張した。お金と幸福度に関する研究はその後も盛んに行われている。例えば競争を前提とした資本主義社会では、短期的な成果（業績）を残す必要があり、お金を尺度に成果を評価することが多い。そのお金（利益）を求める過程で、他者を疎外する方向に追いやる傾向があるが、このことは決して社会全体の幸福につながるとはいえない。つまり、お金がなければ個人レベルでの幸福とは言えないが、お金を求めすぎると社会全体の幸福につながらないという矛盾がある。しかし、労働のプロセスや労働そのものに幸福を見いだし、その満足の産物としてお金が入るというように思考回路を替えると、社会全体の幸福にも貢献することになる。

お金を使って実務を行うに当たって、経営的側面から管理的側面までを含む「マネジメント」は重要分野になっている。経営コンサルタントの敦賀誠一氏は「アメリカのマネジメントと日本のマネジメント」において、「組織」「人事」「利益・原価」という三つの側面に焦点を当て、アメリカと日本におけるマネジメントを比較検討し、「環境立国」に適応できる新しいマネジメントの姿を模索している。

企業内の「組織化」によって人材が適材適所に置かれることで、経営資源の有効活用が行われることになる。「人事」面では、能力主義から成果主義へ変わっていったことの影響が大きい。「能力」とは、組織内での協調性や責任感など、人柄や人間性を表すが、「成果」とは利益率向上など具体的な数字を表す。そのために、手段を選ばず成果を挙げることだけに力点が置かれ、ノルマを達成できなかったり、仕事の方法に疑問を感じたりする人も増えている。結果、社会問題となっているように、自殺者やうつ病患者が増加しているのが現状である。

「利益・原価」の面では、経営・管理上の意思決定のためには原価計算基準に基づく原価ではなく、臨時的に用いられる特殊原価概念の導入が重要だと言われている。そうした上で、将来的には、「大量生産⇓大量消費⇓大量廃棄」システムに適応したマネジメントから、「環境立国」の上に立った循環型経営へと移行していくことが重要である。つまり、資本主義の発達により自然破壊が進む中、ビジネスと地球環境の共生を見いださなければならないのである。

ビジネスは環境のみならず、商交渉の背景にある文化とも大きな関わりを持っている。商交渉の目的は単純明快であり、利益の極大化と危険負担の極小化である。ただし、国境を越えると、文化的側面が大きな影響を与える。「日米商交渉論」において、冨永信太郎氏は異文化商交渉コンサルタントの観点からこの文化的背景の重要性を論じている。

例えば、「空気を読む」という行為は、多くの日本人が国内で無自覚的に活用している非言語意思疎通の一つだが、これをアメリカでも適用しようとすると、問題が発生する。社内で重要な事業案件を時間をかけて吟味するという日本の会社組織における意思決定過程は、アメリカ人が最も理解しづらい要素だ。また、日本企業がアメリカに進出した場合、現地販売店を設置した後の販売店管理手法も日米の商慣習は異なる。さらに、アメリカ企業との契約交渉は日本人にとって、最大難事の一つと言える。契約そのものの原理的部分を理解するためには、英米法の本質の一つである衡平の概念の理解が必要である。具体的に言うと、英文契約書に使われる義務と権利を示す助動詞 shall と may の異文化的理解が不可欠になってくる。利潤の極大化という資本主義社会における目的は共通しているが、国によって文化的背景が違うため、異なる手段や形態を使用する。つまり、この共通点と相違点を認識することが重要になってくるのである。

第2節　お金の社会科学的側面

お金はアメリカの外交政策や内政にも大きな影響を与えている。アメリカ外交史家の西川秀和氏は「トルーマン政権の経済外交──対共産主義政策としての対外援助」において、アメリカの外交政策と対外援助の関係を、トルーマン政権が行ったトルーマン・ドクトリン、マーシャル・プラン、ポイント・フォーの三政策を中心に分析している。

第二次世界大戦後、議会は保守化していたが、ハリー・トルーマン（Harry S. Truman）大統領が共産主義の脅威を訴えることで、ギリシャとトルコへの援助に同意した。だが、同時に反共主義の行き過ぎによる外交政策の硬直化という負の遺産ももたらした。そのため、引き続き、ヨーロッパ諸国に対する復興計画であるマーシャル・プランが発表された。これはヨーロッパの経済状況好転に大きく貢献し、結果として、ソ連のヨーロッパへの侵攻を抑止するというアメリカの目的が達成された。さらにトルーマン政権は、ポイント・フォーにより対外援助の範囲を発展途上国に広げた。その真の目的は、発展途上国に技術援助を与えることで生活水準を改善し、共産主義の浸透に対抗することだった。これら三点の政策の共通点は、ソ連勢力を封じ込めるための戦略的対外援助であり、世界資本主義体制の崩壊という、当時、アメリカ政府が認識していた最大の問題の一つを解決する手段として、世界市場にドルを還流させていたことであると言える。

日米関係においても、お金の問題はつきまとう。国際政治学者の正司光則氏は「日米安全保障体制と在日米軍駐留経費――日米同盟における役割と費用の分担」において、在日米軍駐留経費という観点から、日米安全保障体制における日米両国の共通目的の設定と責任分担を論じている。在日米軍駐留経費は一九七八年度予算の六二億円から拡大し、一九九九年度予算の二七五六億円でピークに達した。その後、日本政府の財政状況が悪化する中で、徐々に削減されていき、二〇〇七年度は二一七三億円となっている。

一九六〇年代中ごろまでは、政治的・経済的に不安定な日本が共産主義圏に取り込まれるかもしれないという不安から、アメリカ政府は採算性を度外視し、より多くの負担を背負った。ところが、一九七〇年代後半、アメリカの国際収支が悪化し、円高が急速に進行したことから、日本政府は米軍の駐留経費に対して「思いやり予算」を提供する必要性に迫られた。それ以降、日本も採算性を度外視し、日米同盟堅持のために多くの負担を背負ってきたのである。

日米同盟関係のおかげで、第二次世界大戦後、日本は急激な経済成長を遂げたが、安全保障面ではアメリカに依存するようになった。そのため、日本の国際貢献を考えるに当たっても、常にアメリカの顔色をうかがわねばならず、国際関係において、日本の自立性を発揮できない状況に置かれている。二一世紀は日米関係を依存関係から協力関係へ移行できるか否かが大きな問題となってくる。

では、お金はアメリカの内政にどのような影響を与えているのだろうか。「アメリカは真に『自由な社会』なのか?――一九八〇年代アメリカの『新自由主義』とハイエク思想」において、経済学者の吉野裕介氏は経済思想の観点から、一九八〇年代アメリカの経済思想とF・A・ハイエク（Friedrich August von Hayek）の思想との共通点と相違点を検討している。

ハイエクの提言する自由主義は一九八〇年代のアメリカの新自由主義に大きく影響を与えたと言われている。彼の提言する自由主義において、自由とは強制を排除すると定義づけられる。ハイエクはあくまで「自由の原理」に基づいて国家を運営、すなわち、すべての人々が平等に遵守するべき「一般的ルール」の規定による法の支配と国防などに国家の役割を最小限に限定することを主張した。ところが、レーガン政権が進めた新自由主義的政策は、経済的自由主義を進める反面で、国家の権力が拡大し、国家予算が増大するなど、ハイエクの自由主義とは異なるものだった。

経済が発展するにつれて個人の生活は物質的には豊かになるが、一方で国家の役割が肥大化する。国家予算が増大すると、国民負担率（国民の税負担と社会保険料負担の、国民所得に対する割合）は高まり、国民は次第に国家に過度に依存するようになる。二一世紀の課題は、国家の肥大化を止めるよう、国民が国家に依存する意識を変えることである。

また、お金はアメリカ人の価値観にも影響を与える。政治学者の上田伸治氏は「アメリカの国政選挙における『ソフト・マネー』の規正と表現の自由の保護」において、アメリカの選挙で表現の自由と選挙資金規正による公平な選挙の実行という価値が対立したとき、どのように政治的・司法的解決が図られてきたかを考察している。国政選挙では連邦法によって、企業や利益団体から政治家や政党への献金など、「ハード・マネー」と呼ばれる選挙資金が厳しく規正されている。他方、政治政党の推し進める政策に対して、その政策に賛同する個人や団体が提供する献金や、その政策に一定の立場を表明する運動に提供される資金は「ソフト・マネー」と呼ばれ、法律によって規正されない。これは憲法で保障された表現の自由であり、アメリカ民主主義を支えているものだという意識が非常に強い。そして、その権利が侵された場合には、積極的に政治的・法的行動を起こし、自らその権利を主張し、守っていこうとする人が多い。アメリカ社会では、お金が絡む道徳的要素と憲法が絡む国民の権利の要素が激しくぶつかり合い、妥協し、合意点を見つけているのである。

おわりに

お金はアメリカ社会に多様な影響を与えている。本書はそのうちのごく一部を取り扱ったに過ぎないが、お金とアメリカ社会の関係を理解する一助となれば幸いである。

第1部　アメリカの経済・ビジネス論

第1章　国際ジャーナリストの視点による
現在のアメリカ経済の動き

増谷　栄一

はじめに

米国経済は、昨年八月のサブプライム・ローン（信用度の低い顧客への融資）問題に端を発したクレジット市場収縮（金融逼迫）や住宅市場の調整の長期化、さらに、最近の原油の高騰で、今年はリセッション（景気失速）となるリスクが高まっている。一月一八日には、ブッシュ大統領（ジョージ・W・ブッシュ）は、迅速かつ即効性に重点を置いた約一六八〇億ドル規模の景気刺激策を発表したが、景気対策が取られてもクレジット市場危機と住宅市場の悪化は解決されず、リセッションは避けられないとの悲観的な見方が広がりつつある。

他方、今年は大統領選挙の年で、一一月に大統領選挙が実施され、来年一月には新大統領が誕生するが、新政権が打ち出す経済政策は、今後の米国経済の回復のカギを握るだけでなく、米国経済の後退により世界経済も低迷するという懸念が市場に広がる中で、米国の経済政策の可否は世界各国の経済にとっても大きな意味を持ってきている。

ここでは、米国経済を取り巻く国内外の要因を中心に、（1）大統領選挙とアメリカ経済、（2）政府とFRB（連邦準備制度理事会）のサブプライム対策、（3）原油高のアメリカ経済に与える影響——の三節にわたり、米国経済の現状と今後の課題について考察してみる。

第1節　大統領選挙とアメリカ経済

第1項　二〇〇八年米国大統領選の主要争点に経済問題が浮上＝リセッション懸念の中

米国の大統領選挙は二〇〇八年一一月に実施され、来年一月には新大統領が誕生するが、選挙の大勢が判明する今夏が米国経済の方向性を見る上で最も重要な時期となる。今回の大統領選の特色は、昨年八月に起きたサブプライム・ローン問題に端を発したクレジット市場収縮危機や長期化する住宅市場の悪化、原油高騰などによる米国経済のリセッション懸念という経済環境の中で行われているだけに、経済問題がイラク問題と並んで主要な争点になっている。

今年に入って最初の選挙のヤマ場となったニューハンプシャー州での党員選挙が一月八日に実施されたが、AP通信の同州での出口調査では、民主党支持者の約四割が経済問題を最大の焦点と見ていることが分かり、また、共和党支持者の約三割も経済問題をトップに挙げている。

また、最近、米有力紙ワシントンポストとABCテレビが共同で実施した世論調査でも、ブッシュ政権の経済政策に対する支持率が三四％と、過去最低を記録したことから、民主党陣営では、景気後退はブッシュ大統領の共和党政権に責任があるとして、選挙の争点にし始めている。

アラン・グリーンスパン前FRB（米連邦準備制度理事会）議長やクリントン政権当時の財務長官だったローレンス・サマーズ氏（現・ハーバード大学のエコノミスト）、ロナルド・レーガン大統領時代のCEA（大統領経済諮問委員会）委員長だったマーチン・フェルドスタイン氏（現・ハーバード大学のエコノミスト）はいずれも、米経済がリセッションとなる確率は五分五分、あるいはそれ以上だと主張し、財政赤字の肥大化に配慮しながらも、時限的な減税措置や失業給付期間の延長、住宅購入者への緊急支援などの財政出動の必要性を強調している。

しかし、これとは対照的に、ブッシュ政権は昨年一一月、今年の経済成長率見通しを従来予想のプラス三・一%からプラス二・七%に下方修正したものの、リセッションにはならないと楽観的に見ているため、新景気刺激策は、結局小規模な内容にとどまった。

実際、ブッシュ大統領は一月七日のシカゴでの講演会で、米国経済は、原油高騰やサブプライム・ローン問題によるクレジット市場危機、雇用市場の悪化などで「試練に直面している」とし、これまでの強気の見方から方向転換したものの、リセッションの可能性を警告するまでには至らなかった。ただ、改めて、ブッシュ政権下で実現した現在の減税政策を恒久化するよう議会に求めたが、財政出動の必要性については検討中だとして、態度をあいまいにしていたほどだ。

今回の大統領選挙は、ブッシュ大統領の再選がなく、新大統領が選ばれるという点が特徴だが、こうした新政権の誕生のときは、過去の事例では、有権者の間に「変革」を求める声が強くなる傾向があり、過去に遡って検証してみると、新政権誕生時には米国経済は低迷する傾向がある。確かに、各候補とも「変革」を強調して選挙戦に望んでいるのが実態だ。

米国のシンクタンク、ネッド・デービス研究所が一九〇〇年にまで遡って調査したところ、政権与党が大統領選で敗北した場合、経済政策に対する不透明感から、米国の株式市場は低迷するという。最も顕著だったのは、一九六〇年のケネディ大統領と二〇〇〇年のブッシュ大統領の誕生のときで、いずれも政権与党が敗北して、新政権が誕生したときだったが、米国の経済はリセッションかそれに近い状況だったのだ。

この論法が正しければ、今年の大統領選挙でブッシュ政権の共和党から民主党に政権与党が変われば、米国の株式市場は低迷することになる。いまのところ、各種の世論調査によると、共和党に対抗できると思われる民主党の候補は、ニューヨーク州選出の上院議員のヒラリー・クリントンとイリノイ州選出の上院議員であるバラック・オバマ候補の二人で、他方、民主党候補に対抗できる共和党の候補はジョン・マケイン上院議員（アリゾナ州選出）となっている。

第2項　共和・民主両党の有力候補、〇八年大統領選に向け党員集会に動き出す

一月二日に発表されたロイター通信／C—SPAN／ゾグビー世論調査の段階では、民主党は、オバマ候補と、クリントン候補の支持率はともに二八％で拮抗しており、次いで、ノースカロライナ州選出の元上院議員であるジョン・エドワーズ候補が二六％と猛追して、三つ巴の戦いとなっていた（その後、一月三〇日にエドワーズ候補が選挙戦から撤退）。他方、共和党は、元アーカンソー州知事のマイク・ハッカビー氏が二八％の支持率を獲得し、二六％で二位の元マサチューセッツ州知事のミット・ロムニー候補をややリード。マケイン候補と元テネシー州知事のフレッド・トンプソン候補はともに一二％の同率三位で、元ニューヨーク市長のルディ・ジュリアーニ候補（一月三〇日に選挙戦撤退）は七％と後塵を浴びていた。

ただ、全国に先駆け最初の党員集会となった一月三日のアイオワ州の大会では、民主党はオバマ候補が三七・六%の得票率でトップとなり、次いで、エドワーズ候補が二九・七%と善戦し、最有力だったクリントン候補は二九・五%とあえなく三位に落ち出鼻をくじかれた格好。他方、共和党は、予想通りハッカビー候補が三四・三%でトップとなり、二位のロムニー候補の二五・三%に大きく水をあけた。

そして、一月八日のニューハンプシャー州での党員選挙では、民主党は、苦戦が予想されていたクリントン候補が三九%の得票率で、オバマ候補の三七%を抑えて勝利し、他方、共和党は、マケイン候補が三七%で、二位のロムニー候補（三二%）を破って勝利し、いずれも、劣勢を挽回している状況だ。ただ、民主党については、オバマ候補が支持者を拡大して優勢で、クリントン候補は、三月の各州での党員集会で敗退すると選挙戦撤退の可能性が濃厚になる。

民主党候補の中では、米国の市場にとって最も受けがいいのは、クリントン候補だ。同候補は、ブッシュ政権は石油企業や製薬会社、健康保険サービス企業、住宅ローン斡旋会社を保護してきたと批判しているが、金融サービス業への規制強化を掲げるオバマ候補に比べると、まだ、柔軟性があるからだ。クリントン候補は、選挙戦を通じて金融業界との関係が深いほか、夫のクリントン大統領時代での実績があるので、経済界もクリントン候補の方が、安心感がある。

他方、マケイン候補の政策スタンスは、選挙区向け事業など無駄な政府支出の削減の一方で、ブッシュ政権下で実施されている減税の恒久化を支持していること、また、肥大化した医療費問題ではメディケア（高齢者医療制度）の支出削減などが特徴だ。

第3項　民主党の政策スタンス、二〇〇六年一一月の米中間選挙で一目瞭然

もし、現在の共和党のブッシュ政権に代わり、民主党の大統領が政権の座に就いた場合、米国の経済政策はどう変わるのかについては、二〇〇六年一一月の米中間選挙で大勝利し、議会の多数派政党となったときの民主党の選挙公約や政権交代の可能性に対する市場の反応を見ると分かりやすい。

米中間選挙は、二〇〇六年一一月七日に投開票が行われ、民主党は一九九四年以来一二年ぶりに上下両院で過半数を占め、議会の多数派となったが、この結果を受けて、市場では、当初、二〇〇九年一月までのブッシュ大統領の残る任期中に、米国の経済政策がどう変わるかをめぐって、さまざまな見方が交錯したが、結局、アナリストやエコノミストの大方は、民主党が選挙中に公約として掲げた財政改革や税制改革などは、大統領の拒否権に阻まれるため、劇的な変化は起きず限定的なものになると見ていた。

むしろ、中間選挙での勝利を受け、民主党は次のターゲットを今年一一月の大統領選挙に向け、党の政策綱領を詰めていくことに重点を置かざるを得ず、共和党のブッシュ大統領に対しては、静観を決め込むと見られていたが、これまでのところ、経済政策については、「共和党のホワイトハウス」と「民主党の議会」が政策論議を通じて対立するという構図の中で、最後にはホワイトハウスが大統領拒否権を使って、政府側の意向を押し通しているという印象だ。

特に、ブッシュ大統領が二〇〇一―二〇〇六年に相次いで打ち出した減税政策の大半が、二〇一〇年末に期限切れを迎えるため、二〇一一年以降、減税を延長すべきかどうかが争点になっているが、延長については、民主

党陣営は、そのときの経済状況次第という条件付きながら、財政赤字の解消を公約しているため、難色を示している。

中間選挙では、下院で、民主党は二三三議席（改選前は二〇一議席）を占めたのに対し、共和党は二〇二議席（同二三〇議席）となる一方、上院では、民主党が五一議席（同四三議席）に対し、共和党も四九議席（同五五議席）となっている。知事選は、民主党が二八州（同二二州）に対し、共和党が二二州（同二八州）となった。

中間選挙に対する市場の反応を見ると、開票翌日（二〇〇六年一一月八日）のニューヨーク株式市場では、民主党の薬価基準見直しを嫌気した医薬品関連銘柄が下落する一方、住宅・バイオ関連銘柄が買われ、財政赤字削減で防衛予算が狙われるとの憶測から防衛関連銘柄が売られるなど、まちまちとなったが、引けにかけて、ラムズフェルド国防長官の辞任が材料視されて買い進まれたため、ダウ工業株三〇種平均は一時、ザラ場で過去最高値となる一万二一九六・三二ドルまで上昇、終値も前日比一九・七七ドル（〇・五四％）高の一万二一七六・五四ドルと過去最高値を三日連続で更新している。

ところが、開票二日目の一一月九日には、一転して、ダウ平均は七三・二四ドル（〇・六〇％）安の一万二一〇三・三〇ドルに四日ぶりに反落している。これは、最初は、「共和党のホワイトハウス」と「民主党の議会」という対立の構図が、今後、政治の膠着状態を生み、重要な経済政策の決定過程で、両党の協議を通じた妥協の政治が行われ、その結果、企業が懸念するような劇的な変革が避けられ、財政赤字も縮小に向かう可能性があるという見方が強かったが、投資家は、そうした楽観的な見方よりも、民主党は石油会社や海外子会社を対象にした税額控除を廃止して増税し、減税財源に充てるという公約も掲げていることから、どうも企業に不利になる経済政策を打ち出す可能性があるという懸念が広がったためだった。これまでのところ、この見方は当たっているようだ。

第4項　「共和党のホワイトハウス」と「民主党の議会」の対立、財政赤字縮小に寄与か

「共和党のホワイトハウス」と「民主党の議会」という対立の構図は、政局の混迷を意味するが、こうしたことは過去にも例がある。エコノミストは、政局が混迷している間は、どちらの政党も財政赤字を拡大するような政策を追求することが不可能になるという認識を持っている。

実際、一九九四年の選挙で、共和党が多数派に躍進したとき、当時のホワイトハウスは民主党のクリントン政権で、まさに、政局が混迷したのだが、そのおかげで、政治の膠着状況が生まれ、どちらの政党も思うように優先政策に予算を付けることができなくなり、財政赤字の削減につながっている。一九九五会計年度（一九九四年一〇月―一九九五年九月）には、一六四〇億ドル（約一八兆円）の財政赤字だったが、クリントン政権の最後の年の二〇〇〇会計年度（一九九九年一〇月―二〇〇〇年九月）には二三六〇億ドル（約二六兆円）もの黒字に変わっている。

二〇〇六会計年度（二〇〇五年一〇月―二〇〇六年九月）の財政赤字は、当初は、戦費増大で四二三〇億ドル（約四七兆円）に増大すると見られていたが、結局、四年ぶりの低水準の二四八〇億ドル（約二七兆円）となり、また、二〇〇七会計年度（二〇〇六年一〇月―二〇〇七年九月）も、ＣＢＯ（議会予算局）の昨年八月の発表によると、景気が予想外に堅調で税収増となったことから、財政赤字は従来予想を九〇〇億ドル（約一〇兆

円）も下回る一五八〇億ドル（約一七兆円）に縮小する見通しだ。

しかし、昨年二月にブッシュ大統領が議会に提出した二〇〇八会計年度（二〇〇七年一〇月―二〇〇八年九月）の予算教書では、財政赤字は再び二三九〇億ドル（約二六兆円）に拡大する見通し。しかし、ナスルＯＭＢ（行政管理局）長官は、景気刺激策が盛り込まれるので、四一〇〇億ドル（約四五兆円）になるとしている。このため、民主党は、共和党の減税政策は金持ち優遇だとして、二〇〇一―二〇〇六年に実施された合計一兆九〇〇〇億ドル（約二一〇兆円）の減税措置の大半が二〇一〇年末に期限切れとなっても、二〇一一年以降の期限延長には反対だ。また、現在、株式の配当金やキャピタルゲイン（譲渡益）に対する最高税率は二〇〇三年の時限立法で一五％にまで引き下げられ、二〇〇六年五月に二〇一〇年まで期限が延長されているが、民主党はこれも金持ち優遇だとして、期限再延長に反対している。

第５項　民主党、無条件の減税延長には反対の立場

ブッシュ大統領の減税政策の中には、児童一人当たり一〇〇〇ドル（約一一万円）の税還付や配当金・キャピタルゲイン課税の最高税率を一五％に減税すること、個人所得税の税率を一律に一％ポイント引き下げることなどが含まれている。下院のチャールズ・ランゲル歳入委員長は、二〇一一年以降の減税の延長の可能性については、そのときの経済動向などの条件次第だとしているが、仮に、二〇〇八年の大統領選挙後も民主党が議会で多数派を維持する場合には、富裕層に対する減税措置は延長しない可能性があり、無条件の減税延長は難しいようだ。

また、もう一つの両党の争点はＡＭＴ（代替ミニマム税）の改革問題だ。民主党は全廃を最優先の政策に掲げ

ている。もともと、ＡＭＴは、高額所得者が過度な節税対策により納税を回避するのを防ぐ狙いで導入された制度だが、結果的には年収五万ドル程度の中間所得者層にまで増税を強いることになっているため、政府は時限立法で軽減措置（インフレ調整の導入）を取ってきたが、二〇〇五年末にその期限が切れたため、二〇〇六年については、同年五月の改正税法に軽減措置を再度、盛り込んでいる。

しかし、二〇〇七年については、軽減措置が取られなければ、増税対象は二〇〇六年の四〇〇万世帯から二五〇〇万世帯に拡大する可能性があったため、民主党はＡＭＴの廃止を主張する一方で、共和党のブッシュ政権は軽減措置の延長を主張して対立。民主党は昨年一月にボーカス上院財政委員長らが廃止法案を議会に提出。また、下院でも、ランゲル歳入委員長が昨年一〇月、ＡＭＴ廃止に伴う一兆ドル（約一一〇兆円）の税収減を埋める方策として、ヘッジファンド（投資運用会社）やＭ＆Ａ（企業の買収・合併）業務を手がける投資銀行やベンチャーキャピタル、不動産会社、石油・ガス会社に対し、現行のキャピタルゲイン課税の優遇税率一五％に代わり、三七・九％を適用するという増税法案を提出している。

結局、この民主党主導の議会案に対して、ブッシュ大統領は拒否権を行使し、同大統領は昨年一二月二六日に、二〇〇八会計年度包括歳出法案に盛り込まれたＡＭＴ軽減措置の一年延長法案（五一〇億ドル［約五兆六〇〇〇億円］の歳入減）に署名している。民主党は議会多数派とはいえ、拒否権を覆すだけの上下両院の議席数に達していないことや、また、廃止に伴う税収の大幅減を現行の予算でカバーできないため、政府は軽減措置延長を選択せざるを得なかったのだ。また、今後、ＡＭＴの軽減措置が延長されなければ二〇一七年までに増税対象となる世帯数は五六〇〇万世帯を超えると言われており、延長は不可避と見られている。

第6項　民主党、「ペイ・アズ・ユー・ゴー」原則を可決

ただ、AMT改革では、民主党は昨年二月、下院で、新しい歳出や減税を行う場合には、その財源を既存の税目の増税か歳出削減でまかなうという「ペイ・アズ・ユー・ゴー」(pay-as-you-go) の原則を賛成多数で復活させる法案を可決しており、今後は金持ちに対する増税やメディケア（高齢者医療制度）などの社会保障での歳出削減で対応する考えだ。

この原則は、一九九〇年に、当時のブッシュ大統領と民主党指導者との合意で、時限的に採用されたもので、二〇〇二年に期限切れとなっていたが、民主党はそれを復活させたのだ。また、民主党は、行き過ぎた節税対策で納税を回避することを防ぐ一方で、年間三〇〇〇億ドル（約三三兆円）に達する税金滞納の解消にも積極的に取り組む考えを既に明らかにしている。

しかし、もし、ブッシュ大統領の減税措置が二〇一一年以降も延長され、しかも、AMT（代替ミニマム税）の軽減措置も継続された場合、CBO（議会予算局）の試算によると、二〇一二年時点でのコストは三七五〇億ドル（約四一兆円）となり、これに対して何の手当てもしなければ、財政赤字は当初予想の六二〇億ドル（約七兆円）の黒字から三一三〇億ドル（約三四兆円）の赤字になると予想されている。さらに、これに法人所得税の減税（税率三五%から三〇・五%へ引き下げ）による税収減四〇〇〇億ドル（約四兆四〇〇〇億円）と個人所得税の減税（税率一律一%ポイント引き下げ）による税収減五〇〇〇億ドル（約五兆五〇〇〇億円）を加えると、財政赤字の規模は総額で四〇〇〇億ドル（約四四兆円）を超える。二〇一二年は、ブッシュ大統領の後継大統領の一

期目の任期の終わりの年になる。

また、別の試算では、減税措置とＡＭＴ軽減措置の両方を延長した場合、二〇一〇会計年度から二〇一七会計年度までの連邦政府の歳入減は三兆二〇〇〇億ドル（約三五二兆円）を超えるとしている。

第7項　民主党、増税には慎重対応か

クリントン政権で財務長官だったロバート・ルービン氏（現・シティグループの経営執行委員会会長）は二〇〇六年一一月のワシントンでの講演で、財政赤字を削減する方法は、歳出削減では無理があるので、増税しかないとし、民主党に増税を行うよう求めている。

また、同氏は、これだけ財政赤字がありながら、長期金利の指標である一〇年国債の利回りが、ルービン長官当時の平均六・〇二％に比べて、四・四六％（当時）と低く収まっているが、これは持続可能ではないと警告している。これは、海外、特に、中国が米国債を積極的に買うなど米国に海外の投資資金が流入しているおかげで、財政赤字が埋められているためで、これが、もし、海外からの資金流入が減少すれば大問題に発展しかねないからだ。

現在、米国債残高四兆三〇〇〇億ドル（約四七三兆円）の半分は、海外の投資家が保有している状況で、中でも中国の中央銀行である中国人民銀行は、米国債を三三九〇億ドル（約三七兆円）も保有し、世界で二番目に大きいが、同行の周小川総裁は、たびたび、外貨準備の運用先を多様化すると発言して、市場を動揺させている。

また、中間選挙中、ブッシュ大統領はジョージア州での遊説で、民主党が下院を制した場合、民主党は所得税

の引き上げや結婚重課税、株式の配当金やキャピタルゲインに対する税率の引き上げを行うだろうと警告したが、中間選挙後、下院議長に就任した民主党のナンシー・ペロシ氏や下院歳入委員長に就任したランゲル議員も、ブッシュ政権の減税政策を拒否して増税路線に転換するのは、政治的に自殺行為に等しいことはよく分かっている。

CBOによると、もし、ブッシュ政権下の減税措置が二〇一一年以降も期限延長されない場合、その後、七年間にわたり、一兆九〇〇〇億ドルもの増税が一億一五〇〇万人の納税者に対して実施され、これまで納税を免除されていた七八〇万世帯の低・中所得者層が新たに連邦税の納税者リストに加わることになる。これは、経済を直撃するため、エコノミストは、米国の潜在成長率を五—六%ポイントも押し下げ、経済は短期的にはリセッションになるのは必至と見ている。

一九九〇年に今のブッシュ大統領の父親であるブッシュ大統領（ジョージ・H・W・ブッシュ）が、民主党の指導者と財政赤字対策について協議し、歳出キャップ制（上限）と増税策を盛り込むことで合意したため、共和党の支持者から総スカンをくらって、政治的には裏目に出た苦い経験があるだけになおさらだ。

第8項　FRBにも間接的な影響が及ぶ恐れ

民主党の政策がFRBの金融政策にも影響が及ぶ可能性がある。一つは、米国の貿易赤字が記録的な規模に達している原因は巨額な対中貿易赤字だが、民主党はその是正策として、対中制裁を議会で可決する可能性がある。対中制裁法案は二〇〇六年に、上院を通過したものの、下院では採決が取り下げられている。これは、中国を人民元の対ドルレートを不当に安く設定している為替操縦国と認定し、中国からの輸入品に一律二七・五%の報復関税を課すという法案で、シューマー（民主党）とグラム（共和党）の両上院議員が超党派で提案しているものだ。

民主党や米国の製造業界は、中国が人民元レートを経済の実態から見て、四〇％以上も安いレートに人為的に抑えることで、米国に安価な繊維・衣料などの製品を集中豪雨的に輸出することで、二〇〇一年のブッシュ政権誕生以来、米国内の製造業で二九〇万人もの雇用の機会が奪われたと非難している。

他方、ＦＲＢは、民主党が制裁措置などの保護貿易主義的な政策を取ることにより、ドルのレートが急落し、その結果、輸入物価の上昇を招き、インフレ圧力やインフレ期待が上昇することを懸念している。米商務省が昨年一二月一二日に発表したばかりの一〇月の貿易統計によると、米国の全体の貿易赤字は輸入原油価格の上昇で、前月比一・二％増の五七八億ドル（約六兆四〇〇〇億円）に悪化したが、対中貿易赤字は過去最高の二五九億ドル（約二兆八五〇〇億円）を付け、二〇〇七年の通年では前年の過去最高二三三〇億ドル（約二五兆六〇〇〇億円）を更新するペースで拡大を続けている。

第９項　民主党の政策は自動車業界や製薬業界、住宅金融業界にも影響か

また、民主党の政策は自動車業界や医薬品業界、住宅金融サービスの業界にも影響すると見られている。民主党が多数派となったことから、ＧＭ（ゼネラル・モーターズ）など三大自動車メーカーは、日本や韓国などアジアの自動車メーカーとの競争で、これまで以上に、政府からの支援が期待できやすくなったとして、民主党が中間選挙で勝利したときは歓迎の意向を表明している。

ＵＡＷ（全米自動車労組）の議会ロビイストも、これまで、ブッシュ政権と共和党に対し、エタノールとガソ

リンの混合燃料で駆動するＦＦＶ（フレックス燃料自動車）を普及させるためのインセンティブの退職従業員向けの医療保険の分担金支出に苦しむ自動車メーカーへの支援策などを求めてきたが、民主党の躍進により、課題解決の見通しはかなり良くなったと見ている。

また、下院エネルギー商業委員会の委員長に就任した民主党のジョン・ディンゲル議員（ミシガン州選出）は、自動車業界の労働者の利益を代表していることで知られるが、政府が検討している自動車の低燃費基準の引き上げ問題については、自動車メーカーにコストの増大を招き、労働者は仕事を奪われるとして、反対しており、同議員は、燃費の向上は「長期的視野に立った目標だ」とし、実現に要する費用と企業がコストを吸収できる能力を踏まえて再検討を加えると、政策転換の可能性を示唆している。

下院歳入委員会貿易小委員長に就任した民主党のカール・レビン上院議員（ミシガン州選出）も、「米国の自動車メーカーは、外国企業と競争しているだけではないという理解が深まっていると思う。メーカーは自国企業を支援する外国政府とも戦っている」と三大自動車メーカーにエールを送る。

第10項　財政赤字の元凶、メディケアなどの政府負担にもメス

米ＧＡＯ（会計検査院）のデビッド・ウォーカー院長は、二〇〇六年一〇月二九日にテキサス州オースチンで講演した際、財政赤字を現状のまま放置すれば、赤字を埋めるための公債残高（連邦政府の借入金残高）は、現在の八兆五〇〇〇億ドル（約九三五兆円）から、二〇一三〇年後にはインフレ調整後でも四六兆ドル（約五〇六〇兆円）以上に膨れ上がる見通しを明らかにしている。

これは、ブッシュ政権がこれまでに大規模減税と財政支出拡大、メディケア（高齢者医療制度）強化など財政の健全性に逆行する政策を実施した結果だ。現在、高齢化に伴う財政的問題から低所得者向け保険のメディケイドや高齢者向けのメディケアなどの社会保障制度の存続の危機が指摘されているが、メディケアだけでも現在、予算支出の一三％を占め、一九七〇年の四倍に増えているが、ＣＢＯ（議会予算局）は二〇三〇年には約二五％に上昇すると見込む。

民主党は、医療費問題の解決策として、医薬品業界を対象に、薬価の引き下げに向け法改正に動き出し、また、ペロシ下院議長も、メディケアで使用される処方箋薬の購入に当たって、連邦政府が直接、製薬会社と交渉することを可能にする法改正を公約している。こうした直接交渉は現行法では認められておらず、医薬品業界は、直接交渉は薬価の国家統制につながるとして反発している。また、民主党はメディケアを通じた政府の薬剤負担を軽減するため、輸入薬に対する門戸を一段と開放するほか、安価な後発薬の普及策として、医薬品開発メーカーの半年間の独占販売を見直すものと見られている。

民主党は、昨年、メディケア・アドバンテージプログラム（二〇〇七年の支出額は七六三億ドル＝約八兆四〇〇〇億円）を削減するため、メディケア制度の下で、医師が患者を治療した場合に受け取る診療報酬を今年一月から一〇％削減する法案を提出したが、ブッシュ大統領が拒否権を行使し、反対に診療報酬を〇・五％引き上げる法案（新たなコストは六〇億ドル＝約六六〇〇億円）が昨年一二月一九日に下院で可決されている。また、民主党の法案では、無保険者状況にある児童の保険制度への加入者数を現在の二倍の一〇〇〇万人に拡大することも盛り込まれていたが、これもブッシュ大統領が、大統領選挙を有利に進めたいとする民主党の思惑だとし、つぶした格好だ。

第11項　民主・共和両党、ファニーメイなどへの住宅関連証券の保有制限で対立

さらに、民主党は、米住宅金融専門大手ファニーメイ（米連邦住宅貸付抵当公社）への支援策を実施する政策を打ち出している。共和党は二〇〇三―二〇〇四年のファニーメイとフレディマック（米連邦住宅抵当金庫）とフレディマックによる相次ぐ不正会計（利益水増し）事件を契機に、両社が保有しているMBS（住宅ローン担保証券）の残高が一兆五〇〇〇億ドル（約一六五兆円）と住宅金融市場の二三％も占めるほどの巨額に達し、金融システムに対する脅威となっていることから、OFHEO（連邦住宅公社監督局）は二〇〇六年から二社の保有資産を一兆四五〇〇億ドル（約一六〇兆円）に制限（ポートフォリオ上限）しているが、中間選挙後に下院金融サービス委員会の新委員長に就任した民主党のバーニー・フランク議員（マサチューセッツ州選出）は、そうした保有制限に反対している。

また、上下両院の合同経済委員会の委員長であるチャールズ・シューマー上院議員（民主党、ニューヨーク州選出）も同様な主張を繰り返している。ファニーメイとフレディマックは、民間の銀行から住宅ローン（買い取り適格のコンフォーミングローン）を買い取って、それをMBSにパッケージ化して流通市場で販売し、それで得た資金を住宅金融市場に投入しているが、この保有制限がなければ、ファニーメイとフレディマックは自由にMBSを発行して、資金調達ができるのだ。

二〇〇八年大統領選で、どちらの政党から次期大統領が誕生するかは不透明だが、米国の景気を左右するよう

な主要な問題で、両党の政策は大きな隔たりがあるだけに、大統領選挙の結果が米国経済に与える影響は大きい。

第2節　政府と連邦準備制度理事会のサブプライム対策

第1項　悪循環続く米国の住宅市場

ブッシュ政権のサブプライム対策は、住宅市場の回復とは別に、社会問題化しているフォークロージャー（住宅不動産の差し押さえ＝競売）の増大に、いかに歯止めをかけるかに主眼が置かれている。

住宅市場の低迷は、売れ残り住宅在庫が依然、高水準のため、住宅建築にブレーキがかかっていることに加え、サブプライム・ローン（信用度の低い顧客への融資）の焦げ付き拡大で、フォークロージャーが増加し、住宅在庫がさらに増加するという悪循環となっている。このほか、昨年八月以降のクレジット市場不安で、住宅ローンの貸出基準が厳しくなっていることも住宅建築の低迷に拍車をかけている状態だ。

まず、最新の米国の住宅関連データを一通り見て見よう。米商務省が昨年一二月一八日に発表した一一月の米住宅着工件数（季節調整値）は、前月比三・七％減の年率換算一一八万七〇〇〇戸と、市場予想のコンセンサスである一一六万―一一八万戸をやや上回ったが、四カ月ぶりの増加となった一〇月の前月比四・二％増（改定前は三・〇％増）から再び減少に転じ、市場が指摘していた一〇月の反発は一時的なものという見方が実証された格好で、米国の住宅市場の悪化基調に変わりはないと見られている。

一一月の住宅着工件数の減少要因は、一戸建て住宅が前月比五・四％減の八二万九〇〇〇戸と、一九九一年四月以来一六年七カ月ぶりの低水準となり、八カ月連続で減少したことだ。八カ月連続の減少は一九五九年以来四八年ぶりの最長記録。他方、アパートや分譲マンション、タウンハウスなど二世帯以上の住宅も、一〇月の同四四％増という大幅増の反動で、一一月は〇・六％増の三五万八〇〇〇戸と微増になったことも響いている。また、全住宅の着工状況は、前年比二四・二％減で、ピーク時の二〇〇六年一月に比べると、まだ四八％減という厳しい状況が続いている。特に、一戸建ては前年比三五％減で、ピーク時と比べ五五％減となっている。

第2項　建築許可件数、六カ月連続の減少＝依然一四年ぶり低水準

また、同時に発表された昨年一一月の建築許可件数は、一〇月の前月比七・二％減（年率換算一一七万戸）から、同一・五％減（年率換算一一五万二〇〇〇戸）と減少幅が縮まっているが、六カ月連続の減少で、依然、一九九三年六月以来一四年五カ月ぶりの低水準となっている。市場予想（一一五万戸）とほぼ一致したが、前年比は二五％減で、特に、一戸建ては同三四％減と、一九九一年初め以来一六年ぶりの大幅減が続いている状況だ。

このほか、ＮＡＲ（全米不動産業協会）が昨年暮れ（一二月三一日）に発表した一一月の中古住宅（一戸建てや分譲住宅、集合住宅など）の販売件数は、前月比〇・四％増の年率換算（季節調整済み）五〇〇万戸と、市場予想と一致し、同月の新築住宅販売の前月比九％減とは対照的な結果となった。中古販売が前月比で増加に転じたのは、二〇〇七年二月以来、九カ月ぶりだが、ＮＡＲのエコノミスト、ローレンス・ヤン氏は、今後、中古住宅販売は小幅な動きが続き、安定化する良い兆候だとしている。

しかし、他のエコノミストは、その後、住宅ローンの融資基準が一段と厳しくなっていることから一一月の堅

調さは一時的である可能性が強いこと、また、売れ残り在庫も依然、高水準であること、一戸建ての中古と新築の販売合計を見ると、前月比〇・七％減の年率換算五〇五万戸と一〇年ぶりの低水準であることから、住宅市場の鈍化が一休みしただけで、まだ、底を打ったと言える状況ではなく、今年の半ばまで住宅販売と住宅着工は減少し続け、上向き始めるのは二〇〇九年からと見ている。

エコノミストが注目していた中古住宅の売れ残り在庫は、前月比三・六％減の四二七万戸となり、一一月の販売ペースで見た在庫（供給）水準は、前月の一〇・七カ月分（一戸建ては一〇・四カ月分）相当から一〇・三カ月分（同九・九カ月分）相当に改善したが、適正在庫水準である五・五―六カ月分を大幅に上回っており、依然として高水準が続いている。このため、エコノミストは今後、住宅在庫が減少するには、一段の住宅価格の低下と時間を要すると見ている状態だ。

また、中古住宅販売の前年比は二〇％減で、二〇〇五年七月のピーク時の七二一万戸からは三一％減となっている。住宅価格の中央値も、前年比三・三％低下の二一万〇二〇〇ドルと、一六カ月連続で前年水準を下回り続けている。他方、米住宅都市開発省のＯＦＨＥＯ（連邦住宅公社監督局）住宅価格指数は、昨年第３四半期（七―九月）は前期比〇・四％低下と一三年ぶりに低下し、前年比は一・八％上昇となっているものの、一二年ぶりの低い伸びのため、モルガンスタンレーでは、二〇〇八年の同指数は、前年比で実質、約一〇％低下となると見ている。

第3項　昨年一一月の新築住宅販売、前月比九％減＝一二年七カ月ぶり低水準

他方、中古住宅販売統計に先立つ昨年一二月二八日に米商務省が発表した一一月の新築住宅販売件数を見ると、前月比九％減の年率換算六四万七〇〇〇戸と、市場予想のコンセンサスである七一万五〇〇〇戸を大幅に下回り、前月の七一万一〇〇〇戸（改定前は七二万八〇〇〇戸）も下回った。これは、一九九五年四月以来、一二年七カ月ぶりの低水準だ。

また、前年比は三四・四％減となり、一九九一年一月の三五・三％減以来、一六年一〇カ月ぶりの大幅減となっている。一一月末時点での売れ残り住宅の在庫は、五〇万五〇〇〇戸で、八カ月連続で減少しているものの、一一月の販売ペースで計算すると九・三カ月分相当の在庫水準となり、一〇月の八・八カ月相当（五一万四〇〇〇戸）と比べても依然、在庫は高水準が続いていることが分かる。

さらに、新築住宅の価格の中央値は二三万九一〇〇ドルと四カ月ぶりの高値水準に上昇したが、前年比では〇・四％低下と依然、前年水準を下回っている。他方、中央値ではなく全国平均価格で見ると、逆に前年比〇・五％増となったが、エコノミストは、これは地域差があること、また、値引き販売が行われているので、実際の販売価格は下落していると見るのが適切だとし、住宅価格の下げ止まりの兆候は見られていないとしている。

これより先、昨年一二月二六日に発表されたS&P（スタンダード・アンド・プアーズ）／ケース・シラーの昨年一〇月の米国の一戸建て中古住宅価格指数（主要二〇都市圏）は、前年比六・七％低下と、過去最大の下落率となっている。これまでの過去最大の下落率は一九九〇―一九九一年のリセッション（景気失速）期の一九九一年四月の六・三％低下だった。エコノミストは、住宅価格が一―二年のうちに回復してくると信じられるまで

は、消費者は住宅購入を手控えると見る一方で、米投資銀行大手リーマン・ブラザーズでは、今年は、住宅価格は全国平均で一〇％下落して底を打つと見ている。

第4項　昨年一一月のフォークロージャー件数、大幅減＝天井打った可能性⁉

ただ、明るい材料としては、米不動産調査会社リアルティトラックが昨年一二月一九日に発表した昨年一一月の米国のフォークロージャー（住宅不動産の差し押さえ＝競売）手続き件数が、前月比一〇％減の二〇万一九五〇件と、二〇〇六年四月以来一年七カ月ぶりの二ケタ減少となったことだ。

同社CEO（最高経営責任者）のジェームズ・サカシオ氏は、前年比では六八％増と依然、高水準を保っているものの、前月比で減少したことは、住宅市場の混乱が終焉を迎えた兆候を示している可能性がある、と述べている。

同氏は、「これはフォークロージャーが、二〇〇七年中に天井を打ったことを示している可能性がある。ただ、この天井が維持されるかの本当の試練は二〇〇八年の初めにやってくる。その時期には、季節要因でフォークロージャーが急増するほか、ARM（変動金利）型住宅ローンのリセット（金利条件の改定）の波が押し寄せ、住宅市場に一段と圧力がかかる」としており、ARMのリセットが二〇〇八年初めから二〇〇九年末までにピークを迎えることから、天井を打ったかどうかの判断は時期尚早とも述べており、一応、様子見といったところだ。

第5項　昨年一二月のNAHB住宅指数は横ばい＝業況感に落ち着き

また、昨年一二月一九日に発表された昨年一二月のNAHB（全米住宅建設業者協会）／ウエルズ・ファーゴ住宅建設業者指数は一九と、前月と変わらなかったが、前年同月の三三や二〇〇五年六月のピーク時の七二からは大幅に低下しており、依然、過去最低水準を維持したままだ。同指数の一九というのは、全体の一戸建て住宅建築会社の約二〇％しか業況感に自信が持てないということを意味している。

ただ、全体指数が一九と横ばいになったことや、半年先の景況感を示す期待指数も過去最低の二四から二六に改善していることから、NAHBの主任エコノミスト、デービッド・サイダース氏は、住宅市場の業況感は明らかに落ち着いてきているとしている。

第6項　住宅着工は二〇〇八年末まで減少見通し＝GDP伸び率押し下げへ

フォークロージャーが増えると、住宅市場の売れ残り住宅在庫が増大し、住宅価格も低下する傾向がある。ある民間団体の試算では、フォークロージャー手続き中の住宅の近隣価格は、今後、全国平均で五〇〇〇ドル（約五六万円）減少すると見られ、その影響は四四五万世帯の住宅に及び、総額で二二三〇億ドル（約二五兆円）も価値が低下すると見られているが、価値の低下に歯止めがかかるかどうかは二〇〇八年早々のARMのリセット後の状況を見る必要があると言われている。

一部のエコノミストは、住宅販売は今年上半期に底を打つと見ているが、昨年一一月の住宅建築許可件数が一四年ぶりの低水準だったことから、米国の住宅着工は今年いっぱいまで減少が続くと見ている。住宅投資の低迷はＧＤＰの伸び率に大きな影響を与え、エコノミストは、二〇〇七年第４四半期（一〇―一二月）ＧＤＰ伸び率は、同年第３四半期（七―九月）に一％ポイント押し下げられた以上に伸びが鈍化させられると見ているほどで、ドイツ銀行では、米国がリセッション（景気失速）に陥る確率はまだ三五％あるとしているほどだ。

第７項　ＦＲＢ、サブプライム問題解決で指針を発表

サブプライム・ローン問題の解決が、こうしたフォークロージャーを減少させるために必要だが、米連邦準備制度理事会（ＦＲＢ）は昨年一二月一八日に、理事会を開き、五対〇の全員一致で、市場規模一〇兆四〇〇〇億ドル（約一一六五兆円）と言われる住宅ローン市場に対し、悪質で詐欺的な住宅ローンを規制するためのガイドラインを決めた。これは、住宅ローンの返済方法が、住宅資産価値の上昇による売却益しかない、返済能力が低い借り手への融資を禁止する措置で、具体的には、サブプライム・ローン市場のいわゆる、「higher-priced mortgage loans」（抵当権が第一順位のローンの金利が、同年限の国債金利より三％ポイント以上高いもの。抵当権が第二順位のローンの場合は五％ポイント以上高いもの）を禁止する。

同ガイドラインは大きく分けて四点からなる。一つ目は、住宅ローンを提供する銀行や住宅ローン斡旋会社などの金融機関は、借り手が返済方法を詳しく説明した書類の提出なしに融資できないこと、二つ目は、金融機関は借り手の収入や財産が適切であることを第三者機関によって証明されなければ融資できないこと、三つ目は、金融機関は、抵当権が第一順位の住宅ローンの場合、不動産税や住宅保険料の支払いを優先的に行うためのエスクロー口座を開設すること、最後に、原則として繰上げ償還に対する罰則を禁止すること、となっている。この

ガイドラインは九〇日間の周知徹底期間を経て、施行される。

ただ、米議会の反応は、「FRBが消費者保護の機能を持つことが適切かどうかについては重大な問題を提起している」と上院銀行住宅都市委員会のクリストファー・ドッド委員長（民主党、コネチカット州選出）は指摘しており、また、チャールズ・シューマー上院議員（民主党、ニューヨーク州選出）も議会で法案化すべきだと主張するなどサブプライム・ローン規制の動きが強まってきている。

他方、シューマー議員は昨年一二月一九日の首都ワシントンでの講演で、政府系のファニーメイ（米連邦住宅抵当金庫）やフレディマック（米連邦住宅貸付抵当公社）が、住宅市場への資金供給を増やすため、現在以上に住宅ローン債権の購入量を増やせるよう政府が許可すべきだと主張している。

第8項　ブッシュ大統領のサブプライム救済策

ブッシュ米大統領は昨年一二月六日、ホワイトハウスで記者会見し、ホープ・ナウと呼ばれるサブプライム・ローン（信用度の低い顧客への融資）全体の約一八％を占めるシティグループやJPモルガン・チェース、ウェルズファーゴの大手銀行グループを含む金融業界との間で合意したサブプライム・ローンの借り手救済策を発表している。

救済策は三項目からなり、一つ目は、ARM型住宅ローンの金利がリセットされるのを五年間凍結するというもの。二つ目はARMを新しい低金利ローンに借り換えるもの。三つ目は、FHA（連邦住宅管理公団）がARMローンの債務保証を行うというものだ。

救済策の趣旨は、ＡＲＭのリセットが二〇〇八年初めから二〇〇九年末までにピークを迎えるため、このまま放置すると、ローン金利が現在の年七—九％から一一—一三％に跳ね上がり、債務不履行となる世帯が続出、フォークロージャーで、家を手放さなければならない世帯が急増することに対処するというものだ。

このため、二〇〇五年一月一日から二〇〇七年七月三一日までにＡＲＭのサブプライム・ローン（リセットは二〇〇八年一月～二〇一〇年七月までに実施される）の借り手、約一八〇万世帯（うち、来年だけで約一五〇万世帯がリセットされる）を対象とし、ヘンリー・ポールソン財務長官は、一八〇万世帯のうち、一二〇万世帯が救済され、フォークロージャーを免れると試算している。

第９項　フォークロージャー、一年間で二倍に急増

実際、米ＭＢＡ（抵当銀行協会）が昨年一二月六日発表したデータでも、昨年七—九月期の住宅ローン全体に占めるフォークロージャー比率は〇・七八％と過去最高となり、前期（昨年四—六月期）の〇・六五％を上回っている。このほか、クレディ・スイスの試算でも、二〇〇八—二〇〇九年の二年間で、サブプライム・ローンの借り手の三〇％以上に相当する七七万五〇〇〇世帯がフォークロージャーとなり、その住宅ローン債務額は一四三〇億ドル（約一六兆円）に達すると指摘している。また、モルガン・スタンレー・アセット・マネジメント投資は、ＡＲＭのリセットが二〇〇八年一月から六月にかけて、七五〇億—一一〇〇億ドル（約八兆四〇〇〇億—一二兆三〇〇〇億円）とピークを迎え、一世帯当たりの住宅ローン負担額は、平均で、これまでの月九〇〇ドル（約一〇万円）から一三〇〇—一五〇〇ドル（約一五万—一七万円）になると見ている。

また、RBS（ロイヤル・バンク・オブ・スコットランド）傘下のRBSグリニッジ・キャピタルのエージェンシーも、米国のARMは、これから二〇〇八年第4四半期（一〇―一二月）まで、毎月約四〇〇億ドル（約四兆五〇〇〇億円）もの高水準で、表面利率のリセットが行われる結果、ローンの借り手の負担が増し、可処分所得を低下させ債務不履行が急増する見通しだ、という。

同キャピタルによると、米国のARM市場に占めるサブプライム・ローンの比率は二九％（五二一〇億ドル＝約五八兆円）で、固定金利型住宅ローン市場に占める同比率一二％（七二四〇億ドル＝約八一兆円）の二倍以上となっているが、サブプライム・ローンの債務不履行（焦げ付き）比率は、現在の九％程度から、今後はARMのリセットが進むのに伴い、二〇〇二年三月に記録した過去最高の一二％を超える可能性があるとしている。

同社のサブプライム・デフォルト・モデルを使った試算では、今後二年間で住宅価格が変わらないという前提条件で、サブプライム・ローンの債務不履行による住宅関連の累積損失額は、一六〇〇億ドル（約一八兆円）に達すると推定している。ただ、今後、住宅価格が上昇していけば、損失額は一〇〇〇億ドル（約一一兆円）にとどまるとしている。

第10項　金利凍結の恩典、一八〇万世帯の多くて二〇％の三六万世帯か

しかし、誰でも救済策が受けられるわけではなく、資格要件として、現在の金利でローン返済を継続しているが、リセットされると返済困難になる世帯、また、過去一年間に返済遅延が六〇日を超えたことがない世帯が対象となり、それ以外の返済能力がほとんどない世帯や、反対にリセット後もローン返済が可能なほど信用力の高

い世帯は除外されている。

こうした世帯は、専門的には、金融機関が使っているFICO（フェアアイザック社）の信用情報スコアで、六六〇以上のスコアを持つ優良な借り手だ。このため、エコノミストは、金利凍結の恩典を受けるのは、全体の一五―二〇％程度に過ぎないとし、また、政府と交渉に当たった金融業界の関係者も、一八〇万世帯の多くて二〇％の三六万世帯しか恩典を受けないとの証言も報じられており、財務省の試算とは大きくかけ離れている。このため、エコノミストは、「小さな第一歩」とか「腕から出血しているのにバンドエイドを貼るようなもの」と揶揄して、その即効性を疑問視している。

こうした中で、ヘンリー・ポールソン財務長官は今年一月八日、米経済専門局CNBCテレビとのインタビューの中で、住宅市場の見通しについて、「住宅販売の減少はまだ続く見通しで、底を打ったという兆しはない」とした上で、「フォークロージャー（住宅不動産の差し押さえ＝競売）の拡大を防ぐための対策は、サブプライム・ローン利用者だけでなく、もっと幅広い層にまで拡大する必要があるかもしれない」と述べ、昨年一二月六日に金融業界との合意に基づいて発表したサブプライム対策を拡大する可能性を示唆している。

第11項　株式市場は、フォークロージャー減少で住宅市場は回復と期待

ブッシュ大統領は、昨年一二月のサブプライム・ローン対策発表の記者会見の締めくくりに当たり、「わが国の経済とアメリカン・ドリームを堅持する」ための困窮する世帯の救済と位置づけ、同提案の実現で必要となるFHA改革法案や住宅ローンの返済に困窮している世帯に対する税制改革法案の成立に向け、議会の迅速な対応

を求めている。

つまり、これは、同大統領は、不動産投機に走った投資家やARMなどの住宅ローン商品で、行き過ぎた融資に走った住宅ローン会社の救済はしないと強調したものだが、市場では、フォークロージャーが減少すれば、住宅市場での未販売住宅在庫の調整も進み、住宅市場の回復に寄与し、その結果、金融機関や住宅ローン会社、デイベロッパーの利益も改善するとの思惑で、皮肉にも、これらのセクターの株価が軒並み急騰している。

ブッシュ政権の最初のサブプライム・ローン対策は、金融市場の混乱が最初に起きた昨年八月に、FRBの公開市場操作（オペ）による短期金融市場への流動性の潤沢供給の開始と同時に発表されており、第二弾となる今回は、よりステップアップした内容になっている。

前回の昨年八月三一日、ブッシュ大統領はホワイトハウスでの会見で、最近のクレジット市場の混乱と住宅市場の低迷について、「今の金融市場は、市場参加者がリスクを評価し、それを価格に織り込む動きを進めている過程にあり、このプロセスが終わるまでには、まだ時間がかかる」と述べたが、その一方で、米経済のファンダメンタルズは依然、強固で、この問題は乗り切れると自信を示し、やや楽観的な見方を示していたが、今回はかなり事態の進展を深刻に受け止めている点が異なる。

昨年八月時点の対策は、住宅ローンの返済に困窮している低所得者の負担を減らし、持ち家をフォークロージャーで失わせないようにするのを狙いとし、一つは、住宅ローンの保証業務を担当している政府のFHA（連邦住宅管理公団）の機能強化で、返済困窮者向けの債務保証を充実させるというものだった。政府では、二〇〇八年に八万世帯の新規の保証を計画しており、これは、返済能力に見合った新しい住宅ローンに借り換えやすくするのが目的で、それにより、住宅ローンを払いながら、持ち家を維持できやすくしようというものだ。

また、FHAと民間金融機関は、借り換えローンの頭金三％負担という制約を撤廃し、さらに、融資限度額も四一万七〇〇〇ドル（約四七〇〇万円）に引き上げることも提案している。もう一つの大きな対策の柱は、住宅ローンの借り換えに伴う税緩和措置だ。これは、米国の現行税制では、住宅ローンを借り換えた場合、以前の住宅ローンの返済がなくなったのは見なし所得として、課税対象になっているからだ。いわば、借り換えを抑制する要因を取り除くことで、一層、借り換えしやすくなることを政府は期待しているわけだ。

ブッシュ大統領は「革新的な住宅ローン商品のおかげで、数百万人もの米国民が住宅を購入することができたが、一部の商品が無責任に使われている（乱用されている）」とした上で、「一部の住宅ローン会社は、借り手がその内容の詳細を知らないまま、融資している」と批判している。こうした住宅ローンの〝乱用〟の取締りを強化するため、FBIもサブプライム・ローンの違法融資業者の摘発強化のための特別チームを首都ワシントンに立ち上げ、政府一体となった取り組みを進めている。

第3節　原油高のアメリカ経済に与える影響

第1項　NY原油、一時一〇〇ドルの大台に乗る＝ドル安も原油急騰に寄与

原油価格の高騰が続いているが、その経済への影響は、世界経済を牽引する米国だけでなく、欧州や東南アジア、日本など主要国の経済の先行きを一段と不透明にしている。特に、米国は今年、リセッション（景気失速）

に陥るのではないかという懸念がくすぶり続けている。

世界の原油価格の指標の一つになっているNYMEX（ニューヨーク・マーカンタイル取引所）のWTI（ウエスト・テキサス・インターメディエート）は、二〇〇七年最後の取引となった一二月三一日、二月物は九五・九八ドルで引け、二〇〇七年通年では五七％（三四・九三ドル）の大幅上昇となっている。しかし、二〇〇八年に入って早々の一月二日の取引で、期近物二月物が、一バレル当たり一〇〇ドルちょうどの大台に乗り、過去最高値を更新している。ナイジェリアの原油生産基地が武装グループから攻撃され、世界的な原油供給不安が起きたことに加え、最近のドル安と投機筋の買いが集中したのが要因だが、それまでの過去最高値は昨年一一月二一日、ザラ場の取引で付けられた九九・二九ドルだった。

その後は、ゴールドマン・サックス証券が一月九日に二〇〇八年の米国の経済成長率見通しを従来予想の一・八％成長から〇・八％成長に下方修正し、今年第2四半期（四―六月）と第3四半期（七―九月）のGDP伸び率がマイナスとなり、米国経済はリセッションに入るとの予想を発表したことから、九〇ドル台の維持は困難との見方が広がり、九五ドル前後で推移していたが、二月には、WTIは一〇三ドルを突破し、過去最高値を更新している。

第2項　NY原油、昨年一〇月に九〇ドルの大台を突破

NY原油は、昨年の大半は、まだ、一バレル当たり五〇―八〇ドル台で推移していたが、ブレークポイントとなる九〇ドルの大台を突破したのは、昨年の一〇月二五日だ。

原油高騰の大きな要因の一つとなったのは、ドル安である。昨年八月、米国のサブプライム・ローン（信用度の低い顧客への融資）問題に端を発した世界的な金融市場の混乱により、米国経済の先行きが一段と不透明になり、米FRB（連邦準備制度理事会）は景気悪化リスクに対応するため、利下げを続けるとの思惑が金融市場に広がり、ドル安が続いている。ただ、一二月三一日に、世界の主要通貨バスケットに対するドル指数が前週末（一二月二八日）比〇・五％上昇と六年ぶりに上昇に転じたが、二〇〇七年通年では八％以上も低下しており、今後もこのドル安の図式は変わらず、原油の高騰が収まる見通しは小さいと見られている。

なぜ、ドル安だと原油高騰が続くのか。これは、世界の原油取引の四〇％を占めるOPEC（石油輸出国機構、一三カ国で構成、昨年一一月時点で日量三一一〇万バレル供給）のメンバー国は、原油の売却代金をドルで受け取っているため、ドル安になると、彼らの原油収入が目減りするからだ。目減りを防ぐには、原油価格の引き下げにはそう簡単には応じられないのである。また、ドル安になれば、ドル以外の通貨国の投資家にとっては、ドル建て原油価格が割安になるため、原油は投資リスク回避の安全資産としての魅力が高まることもある。

もちろん、OPECにとっても、原油高騰が長期化すれば、消費国は買い控えを強めるので、原油需要が急減する恐れがあるとして、昨年九月の総会では、渋々、日量五〇万バレルの増産を決定した。しかし、ドル安の環境下では、それ以上の追加増産には否定的で、昨年一二月のアブダビ総会でも、OPEC最大の産油国で、親米派で知られるサウジアラビアのアブドラ国王が、現在の原油価格を容認する考えを示して、増産に踏み切らなかったため、当面、原油価格の高騰は避けられず、米国の景気への悪影響が市場関係者の間に急速に高まってきている。一部のエコノミストは、一バレル九五ドル以上になれば、世界経済が減速し始め、それとともに原油需要も急低下し始めるという見方もある。

第3項　株安による投機資金、原油市場に流れる

ＯＰＥＣのエルバドリ事務局長は昨年一〇月、米ウォールストリート・ジャーナル紙とのインタビューの中で、原油の高止まりが長期化するようであれば、ＯＰＥＣは懸念し始めるとしたが、その一方で、原油高騰は、株価下落で投機資金が原油市場に流れていることや中東情勢の混乱が寄与しているとも述べており、原油高騰は、需給バランスの悪化というよりも投機によるものとの見方を示し、追加増産に否定的な考えを示している。

ＮＹ原油が九〇ドルを突破した翌日の一〇月二六日に発表されたミシガン大消費者信頼感指数（一〇月分）は、原油高騰や長引く住宅不況を反映して、八〇・九と一年五カ月ぶりの低水準を記録したが、昨年一二月二一日に発表された最新データでも、一二月の同指数は一一月の七六・一から七五・五に低下、半年先の景況感を示す期待指数も一一月の六六・二から六五・六に低下し、市場では、これまで堅調な伸びを示してきた個人消費も、住宅市場の低迷やサブプライム・ローン問題に端を発したクレジット市場の混乱が続く中で、早晩、息切れし、米経済はリセッションに入るとの見方が強まっている。

他方、こうした景気悪化の見通しを背景に、市場では、一月二九—三〇日の今年最初のＦＯＭＣ（公開市場委員会）で、ＦＲＢ（米連邦準備制度理事会）は昨年九、一〇、一二月に続き、連続四回目となる利下げを実施するとの観測を強めている（一月二二日に〇・七五％、同月三〇日にも〇・五％引き下げている）。

話は昨年一〇月二六日に戻るが、この日のＷＴＩ期近物の一二月物は、一バレル当たり前日比一・四〇ドル

（一・六％）高の九一・八六ドルで引けている。この一一日間で、終値ベースで六度目の過去最高値更新だった。また、ザラ場では、一時、九二・二二ドルまで急騰し、一九八三年にWTIの取引が開始されて以来の高水準となった。それまでの一週間だけでも一二月物は五・六％も急伸したことになり、前年比では実に五二％上昇だった。いかに、九〇ドル超えが原油高騰へのブレークポイントになったかが分かる。

第4項　原油在庫、約三年ぶり低水準に＝強い需要に供給追いつかず

市場では、一～二月の本格的な暖房需要シーズンを控え、石油への需要が強まる一方で、昨年一二月の米国の週間原油在庫（供給量）が約三年ぶりの低水準になっていることや、昨年一二月二七日のパキスタンのブット元首相の暗殺事件以降、同国内で治安の混乱が当面、続く見通しから、NY原油は、一〇〇ドル突破は避けられないと見られている。

過去には、イラン革命が起きた当時の一九八〇年四月に記録したインフレ調整後の一〇一・七〇ドルという記録がある。もう一つの原油先物の指標である北海ブレント原油二月物も一月三日、ロンドン原油市場（ICEフューチャーズ）のザラ場で一時、一バレル当たり九八・二六ドルと、一九八八年の取引開始以来の最高値を付け、あと、前日比三五セント高の九八・一九ドルで引けている。昨年最後の一二月三一日も前日比一・二七ドル高の九五・一五ドルに急伸して引けていた。

米エネルギー省が昨年一二月二七日に発表した週間石油在庫統計では、同月二一日で終わった週の原油在庫量（供給量）が前週比三三〇万バレル減の二億九三六〇万バレルと、二〇〇五年一月以来、二年一一カ月ぶりの低

水準になった。原油以外でも、燃料油在庫は同二八〇万バレル減の一億二六六〇万バレルとなり、ガソリン在庫は同七〇万バレル増の二億五九〇万バレルとなったが、市場予想の一四〇万バレル増の半分となった。

さらに、こうした原油高騰の背景には、世界的な原油の需給悪化がある。原油需要が強すぎるため、供給が追いつかないのだ。IEA（国際エネルギー機関）は、昨年一二月一四日、二〇〇八年の世界の原油需要を従来予想の前年比二・三％増から同二・五％増の日量八七八〇万バレル（日量一七万バレルの引き上げ）に上方修正している（ただ、二月一三日に米国経済のリセッション・リスクから日量八七六〇万バレルに下方修正している）。他方、供給（在庫）を見ると、世界二六カ国の主要工業国で構成するOECD（経済協力開発機構）の昨年一〇月末時点の原油・石油製品在庫は全体で、前月比二三四〇万バレル（前年同月比一億バレル）減少しており、冬の暖房需要で一一月末時点での統計では、さらに前月比二四〇〇万バレルの減少が報告される見通し。また、一〇月末時点でのOECD原油在庫二六億五〇〇〇万バレルは、需要に対して五二・六日分に相当するが、これは過去五年間の平均を下回っている。こうした石油在庫の減少が、原油価格を一バレル当たり一〇〇ドル近くまで一段高にしている。

第5項　ブッシュ大統領、新たな対イラン経済制裁を発表

原油価格の急騰は、中東情勢の悪化、あるいは、米国内の原油在庫の低下が定番の理由だが、今回は、この二つの要因が同時に起こった。前者については、ブッシュ米大統領が昨年一〇月二五日、世界二位の産油国であるイランが、弾道ミサイルの開発を通じ、大量破壊兵器を拡散しており、イラン革命防衛隊の特殊部隊であるクッ

ズ部隊（Quds Force）はアフガニスタンのテロ組織タリバンなどのテログループを支援していると非難した上で、イラン政府に対し、新たな経済制裁政策を発表したこと、また、トルコがイラク北部にあるクルド人武装グループを攻撃する意向を明らかにしたことから、中東地域での戦闘懸念が広がったのだ。実際、その後、トルコ軍は昨年一二月一六日にイラク北部への侵攻作戦を実施し、これまでに二〇〇カ所以上を攻撃し、一七五人ものクルド人武装グループの兵士を殺害している。

ブッシュ大統領の経済制裁は、イラン軍部関連の金融資産凍結や米企業・個人によるイラン軍部との商取引の禁止で、これらを通じて、海外の政府や銀行に対しても、イランとの取引が大量破壊兵器の拡散やテロ支援につながる恐れがあることを認識させる形で圧力をかけ、イランの国際的な資金調達を阻止しようとする狙いがある。

他方、トルコ議会は昨年一〇月、米国とイラクの両政府が、クルド人武装グループによるトルコ領土内への攻撃を停止させるために、同グループの拠点閉鎖や補給路を遮断する措置を取らなければ、軍隊をイラク北部に派遣することを承認したが、イラク北部には同国最大級のキルクーク油田があり、そこからトルコを経由して原油が輸出されているため、同地域での戦闘はただでさえ、世界の原油需給バランスが不安定な状況にあるときだけに、一段の供給悪化懸念を高めている。

第6項　原油価格の沈静化狙う国家戦略石油備蓄の取り崩しは不要＝米副大統領

昨年一〇月に原油価格が九〇ドルを突破したとき、市場では、原油高騰に対処するため、ブッシュ政権は六億九四〇〇万バレルの国家戦略石油備蓄の一部を取り崩すべきだとの声が強まり、現在、政府が日量五万バレルのペースで備蓄を積み増していることへの不信感を露にしたが、チェイニー副大統領は、昨年一〇月二六日の米CNBCテレビとのインタビューの中で、「過去に、クリントン政権が原油価格の上昇を抑えるため、国家備蓄を取り崩したが、これ（備蓄）は価格操作のためにあるわけではない」とし、「米経済はリセッションになるような状況にはなっていない。むしろ、中東情勢の悪化に備えて、備蓄を増やしていく必要がある」と述べ、備蓄の取り崩しの可能性を否定しているのが実情だ。

第2章　お金と幸福

野村　茂治

はじめに

人は、幸福な人生を送るために、日々努力を重ねている。そこで大きな問題としてクローズアップされてくるのが、「幸福はお金で買えるか」という問いである。これに対する解答として、お金は幸福であるための必要条件ではあるが、十分条件ではないということが挙げられる。アメリカでも日本でも高額所得者のトップ層になると、庶民の感覚では一生かかっても使い切れないほどの所得を稼いでいる。したがってこれ以上の所得は必要でないように思われるが、いまなお利潤獲得のために努力をしている。ここでは、お金そのものより活動のプロセスが幸福を導くものと考えられる。

これまでの標準的経済学は、幸福の代用として効用を考え、効用が増大することが幸福につながると想定していた。もっと具体的に言うなら、経済学において想定される幸福は、物質的・金銭的な豊かさである。すなわち所得が増えて消費が増えることが幸福につながると考えられていた。しかし所得の増加と幸福度との間に、直接的な正の関係は存在しないのではないかと問題提起されるようになった。このことを初めて主張したのがリチャード・イースタリン（Richard Easterlin）であった(1)。彼は、データを使って実質所得は増えているにもかかわらず、幸福度は安定していると主張した。その後、幸福度に関する研究が盛んに行われるようになった(2)。

またこれまでの経済学は、超合理的な経済人を想定して経済行動を分析してきた。しかしよく考えてみれば、人間というのはしばしば即時的に物事を判断して行動を起こし、失敗をすることがある。あるいは後で困ることが分かっているのに、物事をすぐにやらずに先延ばしにしたり最悪の場合には忘れたりする。これらは単なる能力の問題というより、人間にはそのような傾向があることを積極的に説明していく必要があると思われる(3)。実際、このようなことは生理学や心理学の方面からも研究されてきている(4)。

心理学では行動のパターンが直感型と熟慮型のタイプに分類される。直感型は、即時的・無意識的・情動的であり、熟慮型は合理的・じっくりと行動するタイプである。神経経済学の分野においては、人間の脳は情動と熟慮に対応する二つの神経システムが存在する多層構造になっており、人間の意思決定は、それら二つの神経システムの相互作用の結果であることが明らかにされている。すなわちある物事に脳波が反応して、その脳波からある種のルールによって行動が導かれるというわけである(5)。この文脈から考察すると、これまでの経済学は、熟慮型タイプに焦点を当てていたと言えるであろう。

人々は幸福を求めて経済活動を行っている。一般的に、幸福には主観的幸福と客観的幸福がある。後者の場合には、幸福を測る測定器（指標）のようなものがあって評価される。前者の場合には、評価するのは自分であるから、ある事象に対してどのように認知するか、またその認知・評価も時間の経過によって、異なってくる(6)。したがって厳密さという点において客観的幸福より劣っている。しかし一方で認知という要因が関わってくるので、社会的側面が重要になってくる。なぜなら、人々が感得する幸福は、独立した感情ではなく、彼らが生活している状況や環境あるいは他人の状態に強く依存していると考えられるからである。したがって社会的な要因を考慮する必要が出てくる。

本章においては、主観的幸福に焦点を当て、なぜお金に執着するのかを、お金の役割にまでさかのぼって考えてみる。さらに幸福の追求の究極の結果としてバブルが生じると思われるが、その根本的な発生メカニズムを考察する。筆者は、経済学が専門であり、考察する観点が現代経済学に依拠している。しかし今日の経済学は、心理学・生物学・物理学・社会学・政治学などを導入して、学際的になってきている。また人々の行動を考える場合、伝統的経済学が想定している「合理的な人間」の想定では説明できないような現象も出てきている。本章では現代経済学を基本にしながらも、最近発達してきている「行動経済学」の考え方も紹介しながら、お金と幸福の関係について学際的な説明が試みられる。

第1節　お金と効用

第1項　何のためにお金を需要するか？

お金は歴史的にいろいろな形態を経て、現代の紙幣に至っている。金属貨幣の時代には、その金属を溶解して貨幣以外の用途に使用できるが、現代の紙幣では貨幣以外の用途など想像できない。したがって紙幣を眺めているだけでは何の効用もなく、その紙幣を使って他の財・サービスに換えて、初めてその効用が発揮されるのである。そこでお金を保有する根拠は、ジョン・メイナード・ケインズ（John Maynard Keynes）によると次の三つに分類される。第一の理由は、自分の欲しい財やサービスを手に入れるための取引手段（交換手段）として、お金を保有する。すなわち取引手段（交換手段）としてのお金の需要である。

ところで貨幣がすべての人に喜んで受け入れられるのは、彼らがそれらの貨幣を使うとき、以前と同様にその貨幣が同じように他の人々に受け入れられると信じられているからである。これは貨幣が交換手段としての機能を持っているからである。したがってもしこの受領に対する信頼がなくなると、貨幣はその機能を果たすことができなくなる。かくして貨幣が交換手段の機能を果たすためには、いかなる人々にも受け入れられる必要がある。

今日、アメリカ合衆国の通貨であるドルが、世界通貨として流通しているのはまさにこのためである。世界通貨というのは、例えばアフリカにあるA国とB国が貿易する場合においても、ドルで取引・決済されることを意味するのである。もしA国がドルではなく、B国の通貨を受け取るとすると、A国が他の国と貿易をするとき、B国の通貨による支払いの可能性はほとんどないと考えられる。換言すると、A国がB国の通貨を使おうとしてもB国以外にB国の通貨を受け取ってくれる国はほとんどないのである。世界経済に占めるアメリカ経済の地位は高く、アメリカは多くの国と取引をしている。したがってドルを使う機会は非常に多く、それ故にドルが需要されるのである。外国旅行する場合にも、ドルはいかなる国においても使用可能である確率が高いのである。

お金を保有する第二の理由は、後で（時が経過して）自分の欲しいものと交換するために、とりあえずお金で持っておくためである。あるいは自分が予想もしなかったことが起こって、そのためにお金が必要になることもある。例えば、帰り道に偶然に旧友と会って食事に行くことになったときなどである。この理由は、第二の予備的動機と言われている。

ところでしばらくしてからお金を使う場合に、お金の価値が維持されていなければならない。これはお金の価値貯蔵機能と言われている。政府は紙幣を発行する場合、紙幣である貨幣が何の価値の裏付けもないときに、その価値が維持されるかどうか不安であった。特に国際取引をする場合の貨幣については、そうであった。実際、金本位制時代においては、貨幣と金（gold）が交換できたのである。国際通貨であったドルも一九七一年まではドルと金は、金一オンス三五ドルで交換可能であった。

しかしながら今日において主要国の貨幣は、不換紙幣で何の裏付けもない。単に法律上、その紙幣の額面に記述された価値があることになっており、人々もそのことを信頼して、時が経過しても紙幣と財とが交換できると信じているから、お金を保有するのである。私たちが使っているお金は、法貨と言われる。その意味は、もし私たちが一万円の借金があるとき、その返済を一万円の紙幣で済ませたとき、借金の返済を完了したことになるということである。

非常時（例えば戦争時）には、政権の不安定から通貨から貴金属への代替が起こると言われる。これは、お金の価値貯蔵機能に不安が生じるからである。アメリカドルもこれまでは非常時に強い通貨と言われてきたが、世界経済に占めるアメリカ経済の相対的地位の低下から、ドルの力も相対的に弱まってきている。最近ではユーロ経済の上昇により、世界取引に占めるユーロのシェアが増大してきている。

お金を保有する第三の理由として、投機的貨幣需要がある。これは、お金も多く存在する金融資産の中の一つであるところからきている。理解しやすい例として、例えば日本のお金である円を考え現在、一ドル＝一〇〇円であるとする。今、この先ドルの価値が上昇して（円の価値が下落して）一ドル＝二〇〇円になると予想しよう。現在、一〇〇万円で一万ドルを購入し、しばらく保有して予想どおり一ドル＝二〇〇円になったら一万ドルを円と交換すれば、二〇〇万円を取得することができ、一〇〇万円の利益を獲得できる。このように将来を予想し、お金の売買によって利益を獲得しようとするためにお金を需要する場合を投機的貨幣需要と言う。

投機的需要は、外国為替市場においてのみ起こるものではなく、国内通貨市場においても起こる。例えば、将来物価が下がると予想されるとき、物価が下がるとお金の価値は上がるので、人々は現在の消費を将来に延ばし、貨幣で保有しようとする。実際、日本において一九九〇年代のデフレが長期間にわたった原因の一つに、この効果があったと言われている。また債券と貨幣の選択を考えるとき、何らかの理由で、例えば企業の業績の悪化から債券価格の下落が予想されるとき、キャピタル・ロスの発生が予想されるので、債券を売ってお金を需要することが考えられる。

今日、金融市場も規制緩和が進み、少しでも有利な投資先があると、お金はそこに動いていく傾向が現れてきている。しかし金融資産を考える場合、流動性、取引コスト、リスクの枠組みで考える必要がある。ここで流動性とは、他の財に変換できる容易さを言う。お金の場合、すぐに自分の欲しい財に変換できるので、流動性は一番大きい。土地などを考えると、まず売る相手を見つけ、それから価格を交渉して決めなければならず、したがってこちらの要求した価格で売れるかどうか分からない。この意味において流動性は低く、取引コストも大きい。取引コストは、文字通り取引をする場合にかかるコストで、仲介業者に支払う手数料や税金なども含まれる。他の条件一定の下で、リスクが大きいとき、取引コストが大きいとき、また流動性が小さいとき、期待収益率は高くなる。なぜなら、裁定という行為が行われるからである。

裁定とは、自由な取引が可能である状況下において、ある財に関して価格に差があるとき、安く買って高く売る行為のことである。これによって利益を得ることができる。この結果、一つの財には一つの価格しか付かないのである。資産間においても裁定取引が行われる。取引コストもリスクもない安全資産の収益率を ρ_s、一方リスクも取引コストもある資産の期待収益率をρ_r、取引コストをα、リスクプレミアムをβとすると、$\rho_r = \rho_s + \alpha + \beta$ が成立する(7)。なぜならもし左辺が右辺より大きいとき、人々は安全資産を売って危険資産を購入する。その結果、危険資産の価格が上昇して収益率は低下する。反対に、リスクプレミアムや取引コストが上昇して右辺が左辺より大きくなると、人々は危険資産を売るので、価格が低下して収益率は上昇する。かくして最終的に両辺は等しくなる。このようにρ_rは、α・β・ρ_sが変化すると、裁定取引によって同様に変化するのである。

第2項　お金と生活水準

私たちが生活していく中で、一般的には生活水準が向上すると幸せに感じる。ここで生活水準が向上するとは、標準的経済学においては以前（前年）より多くの消費ができることを意味する。この場合、重要となる概念として消費者物価指数がある。雇用者と労働者側が賃金の交渉をする場合でも、少なくとも消費者物価上昇率の賃上げは、認可されるべきであるという主張がなされる。そこで、物価指数と生活水準の関係について検討してみよう。

物価指数とは、あるバスケットに財が入った、そのバスケットの価格のことである。またお金の価格は、物価指数の逆数である。例えば物価指数が一〇〇の場合、貨幣一単位（の価格）でそのバスケットを百分の一単位購入できることを意味する。物価指数を計算するとき、バスケットにどのような財を入れるか、多数の商品をどのようにウエイト付けして指数を計算するかが問題になってくる。生活スタイルの変化によって財の種類やウエイトも変更されるべきであろう。

今、簡単化のために単純平均を使い、二財を肉（M財）と魚（F財）とし、ある基準となる年のそれぞれの価格を P_M、P_F とする。今、典型的な家計が、基準となる年に肉を M_1 単位、魚を F_1 単位購入していたとする。したがって購入額（名目所得I）は、

$$I = P_M M_1 + P_F F_1 \quad (1)$$

となる。次に比較する年（翌年）の肉と魚の価格が、それぞれ P'_M、P'_F に変化したとする。

初めに生活水準が変化しないケースを考えると、その場合は購入量が前年と同じであると想定できるから、名目所得が

$$I' = P'_M M_1 + P'_F F_1 \quad (2)$$

に変化しなければならない。基準時の物価指数を一〇〇とすれば、比較時の物価指数 P^* は $P^* = 100\ (I'/I)$ となる。なお、この指数をラスパイレス指数という。例えば物価が二〇％上昇したとき、収入も二〇％上昇しないと、前年度と同じ生活水準を維持できないことになる。この時のラスパイレス指数は一二〇となる。もちろん収入上昇率がこの指数以上であれば生活水準が向上し、それ以下であれば生活水準が低下することになる。

生活水準が変化しない場合においても、これは平均的な家計の場合であって、家計によって物価上昇から受ける影響は違う。例えば、所得の上昇が二〇％、物価も二〇％上昇するが、肉の価格は二〇％以上上昇し、魚の価格は二〇％以下しか上昇しない場合、肉の好きな家計は生活水準が低下し、魚の好きな家計は、生活水準が上昇することになる。

以上のことを図1によって説明しよう。横軸に魚の量、縦軸に肉の量をとる。基準年にそれぞれの価格、所得

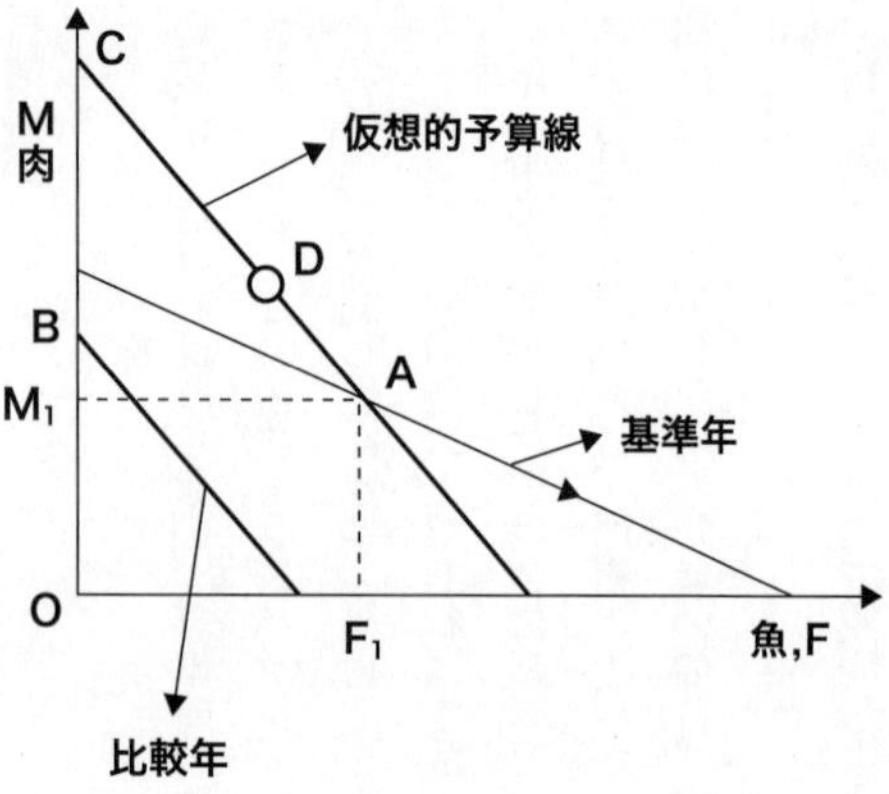

図1

が与えられると、その所得で購入できる魚と肉の組合せは、次の直線（予算線と言われている）で表される。そしてこの予算線上のA点を選択していることにする。

$$M = I / P_M - (P_F / P_M) F \qquad (3)$$

比較年における肉、魚の価格が変化して（上昇して）、予算線が変化したとする（下方にシフト）。ここでは仮に、貨幣所得は変化せずにIのままであるとする。したがって比較年の予算線は、

$$M = I / P_{M'} - (P_{F'} / P_{M'}) F$$

となる。なお、この予算線の切片（B点）は、$I/P_{M'}$ である。

仮想的な予算線は、基準時に購入したA点（F_1、M_1）と同じ量をちょうど買えるだけの所得が得られたとして、予算線を描いたものである。その所得とは（2）式から I' である。したがってその傾きは比較時の相対価格であるので、比較時の予算線に平行で、A点を通ることになっている。そこでこの仮想的な予算線の切片（C点）は、$I' / P_{M'}$ である。物価指数は、$100 \times OC/OB = 100 \times I' / I$ で表される。

しかしながら、この物価指数にも問題がある。この場合、基準時に比べると、比較時は相対価格が上昇（肉に対して魚の相対価格が上昇）したので、所得が補償されても、人々は一般的には相対価格が上昇した魚の消費を減らし、肉の消費を増やすことによって効用が増大する。すなわちA点からD点にシフトすることによって効用

水準が高まるのである(8)。物価水準はこのことを考慮せず、あくまでもA点を固定して考えている。

例えば基準時に肉と魚の価格が一で一単位ずつ消費していたとする。比較時に魚の価格が二に上昇、肉の価格が二分の一に低下した場合、日本の消費者物価指数は一二五で二五％上昇したことになる(9)。しかし相対価格が変化したので、魚の消費を二分の一単位、肉の消費を二分の三単位に変化させた場合には、消費者物価は八七・五となり一二・五％下落することになる。このように魚の相対価格が上昇した場合、一般的には魚の消費を減らし肉の消費を増やすであろう。日本の消費者物価指数においては、基準時と同じように消費するという仮定の下に計算しているので、上方バイアスが存在すると言われている(10)。

上方バイアスを引き起こす要因は他にも存在する。バスケットの中身も日本の場合、新製品の取り込みが遅いと言われる。五年に一度の見直しがなされるだけで、今日五年も経過すると、品目もずいぶんと違ってくると思われる。さらに問題を複雑化するのは、新製品の場合、質も変化しているので、価格の変化のうちどれだけが質の変化によって相殺されるかを見極めることが困難なことである。しかし一方で消費者物価上昇率は、公的年金のスライド制や社会福祉関係の支出に関係しているので、上方にバイアスがあるとそれだけ政府支出が増えることになり、経済に大きな影響をもたらす。

物価水準の継続的な上昇はインフレーションを意味するが、財の間で価格の変動幅に差があるので、人々の資産の保有状況や給与の影響、あるいは財の選好に応じて、人々に与える影響もさまざまである。収入が一定で決まっているような年金生活者や公務員には不利に働くであろう。なぜなら実質賃金（収入）が低下する可能性が高いからである。またインフレーションは不動産や株などの資産価格を押し上げ、資産所有者には有利に働くが、そのような資産を所有していない者との格差を大きくするだろう。このようにインフレーションの最大の弊害は、相対所得に大きな変化をもたらすことである。

例えば物価が平均的に二〇%上昇する場合でも、産業間で違いが出てくるであろう。先に挙げた例の肉と魚のケースで、財の価格が大幅に上昇する魚部門で働いていた人の実質収入は上昇し、財の価格が低下する肉部門で働いていた人の実質収入は低下する傾向がある。この場合、生活水準が一番上昇するのは、魚部門で働いていて肉の消費が多い人である。反対に生活水準が一番悪化するのは、肉部門で働いていて魚の消費が多い人である。その結果、一般的には（相対）所得格差や生活水準の格差が大きくなる傾向があり、幸福度に大きな影響を与える。それ故に貨幣の価格、すなわち物価水準の安定は、幸福な生活を送るためには、必要不可欠である。

第3項　お金と消費者余剰

私たちはお金を払って財を購入している。このような消費行動に多くのお金を使う人もいれば、使わない人もいる。ここではこのような消費行動からどれだけの便益を享受しているか考えてみよう。このことを理解することによって、例えば政府がその財に対して課税や価格の上限規制によって消費者の厚生水準がどのような影響を受けるか知ることができるようになる。

今、二つの財を考える。一つはX財、もう一つはY財である。Y財は実質的には「所得」でありこれによって購入できる他の財すべてを表すものとする（初めの所得はFとする）。図2において、代表的消費者を考え、彼の効用水準を表すものとして無差別曲線がある。無差別曲線とはその曲線上のいかなる財の組合せも、すべて同じ効用をもたらすと定義される(11)。すなわちAの状態から財を一単位得るために、この消費者はａのお金を支払ってもいいと考えている。次にもう一単位得るためにはｂのお金を支払っていいと考えている。財の限界効用が財の消費が二単位目、三単位目と増えるに従って逓減するので、追加的な財の消費に対して、消費者が支払おうとする貨幣額も減少するのである。ある財をもう一単位得るために他の財を減らしていい量を限界代替率と言うが、これまでの説明から限界代替率は逓減することが理解できるであろう。図2において単位を無限小にとると、限界代替率は無差別曲線上のA、B、C点などにおける接線の傾きになる(12)。

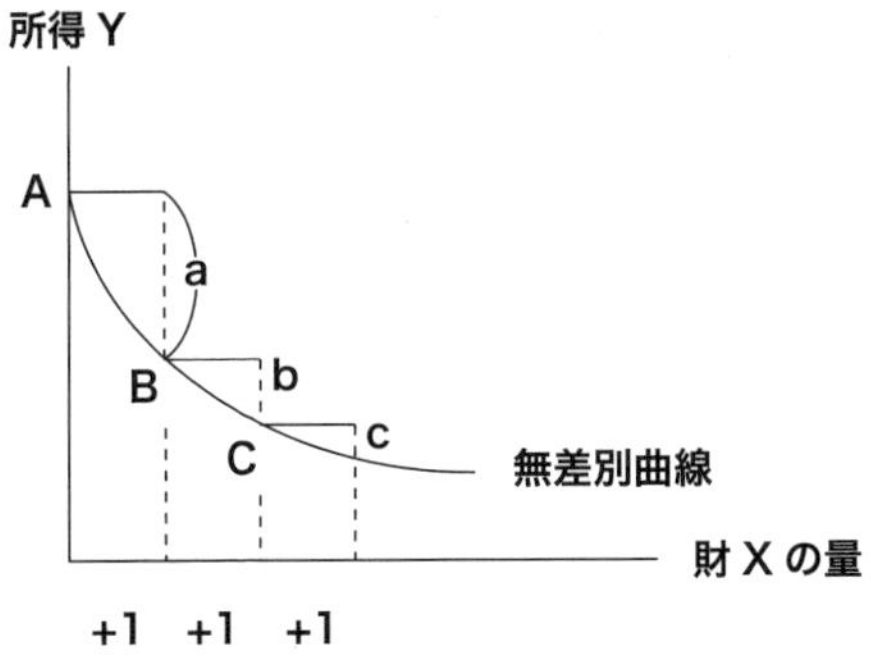

図2

無差別曲線の傾きが急である人ほど、財の消費にお金を使う人であり、反対に無差別曲線の傾きが緩やかな人ほど、お金の形で持っていたい人と言うことができよう。今、財の価格をＰとすると、予算線はＹ＝Ｆ－ＰＸと定式化できる。所与の予算の下で効用が最大となる均衡は、図4において描かれているように無差別曲線と予算制約線が接する（交わる）点である(13)。図4より無差別曲線が緩やかである人ほど、端点（この場合A点）が均衡解となりやすいからである。お金に対する選好が非常に強い人（守銭奴）は、Ａに居座り続けることになる。

消費者余剰とは、消費者が支払ってもいいと考える貨幣額と実際に支払う金額との差を言う。前者に関しては、需要曲線の価格が、消費者の財に対する限界評価を表しており、ある財を追加的にもう一単位需要する場合にどれだけのお金を支払ってもいいかを示している。後者の金額とは市場価格であるから、消費者余剰とは、需要曲線と市場価格によって囲まれる面積になる。図３を使って説明しよう。図３は、代表的消費者の財に対する需要曲線が描かれている。この消費者は、財を一単位取得するためにP_1の価格を支払ってもいいと思っている。価格がP_2だったらもう一単位需要してもいいと思っている(14)。市場価格がP^*であるとすると、この消費者は、もう一単位需要して、合計三単位を購入することになる。ここでの需要曲線は、四単位目の財に関しては、財の評価が市場価格（コスト）に満たないので、購入されない。したがってこの消費者は、三単位の財の購入に対して、支払ってもいいと考える金額は、$P_1+P_2+P^*$になる。財の単位を無限小にとると、台形の面積０ＡＥ３となる。しかし実際に支払う金額は、P^*Ｅ３０であるので、三角形ＡＥP^*が消費者の利益になる。これを消費者余剰と言う。

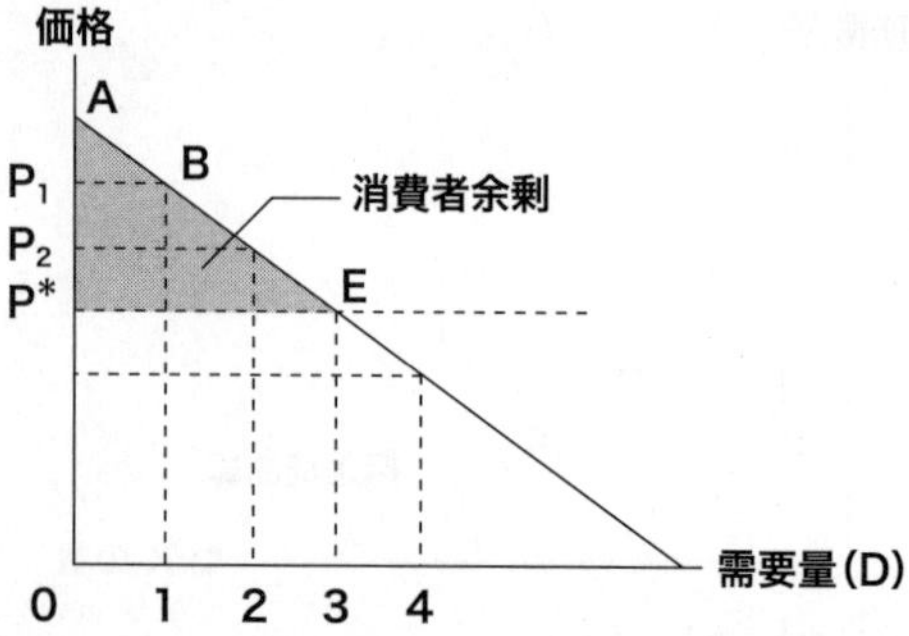

図３

ここで留意すべきことは消費者余剰を導出するとき、暗黙的に貨幣の限界効用が一定であると仮定されていることである。貨幣も一般の財と同様に考えれば、貨幣の消費需要が増大すれば貨幣の限界効用は低下すると考えられる。この場合、一単位目の財の購入時の貨幣の限界効用と二単位目の貨幣の限界効用が違うことになり、支払ってもいいと考える額を貨幣額で表す場合、一単位目と二単位目ではその測る目盛りが違うので、単純に加算することはできないと考えられる。したがって一般的に用いられている消費者余剰が導出されるためには、一単位目の限界効用と二単位目の限界効用が比較可能であること、そのためには貨幣の限界効用が一定であることが前提とされなければならないのである。もっとも貨幣はすべての財と代替できるので、貨幣の限界効用は低下しないと仮定しても、それほど不自然とは思われない。現実的にもお金はいくら持っても（消費しても）飽きないし、そうだからこそお金のとりこになると考えられる。

一般的に限界効用を貨幣の金額で表そうとすると、財の購入前にその財の購入の機会を獲得するためにどれだけの金額を支払ってもいいかという値と、同じ効用の増加を財の購入後の状態において、もしもこの財の購入を逸した場合にいくら補償してもらわなければならないかという値とは、必ずしも一致しないと考えられる。例えば古本屋で経済学の古典を見つけ一万円で購入したとする。調べてみると他の店でも一万円で売られている。ある人からその古典を一万円で売ってほしいと頼まれたとき、ある研究によると一万円以上の価格で売られることが明らかにされている。すなわち、ある財に対して喜んで支払う価格とその財を手放すことに際して受け入れる価格との間に差があるというのである。なぜそのようなことが生じるかという一つの理由に、いったん財を所有するとその状態が出発点となり、人は、そこから財をもう一単位需要する効用より失う効用を高く評価する傾向があるということが言われている(15)。このことを図4から説明しよう。

図4において、横軸に財の量（X）、縦軸に貨幣量（Y）が測られている。予算制約式は、前述したように、

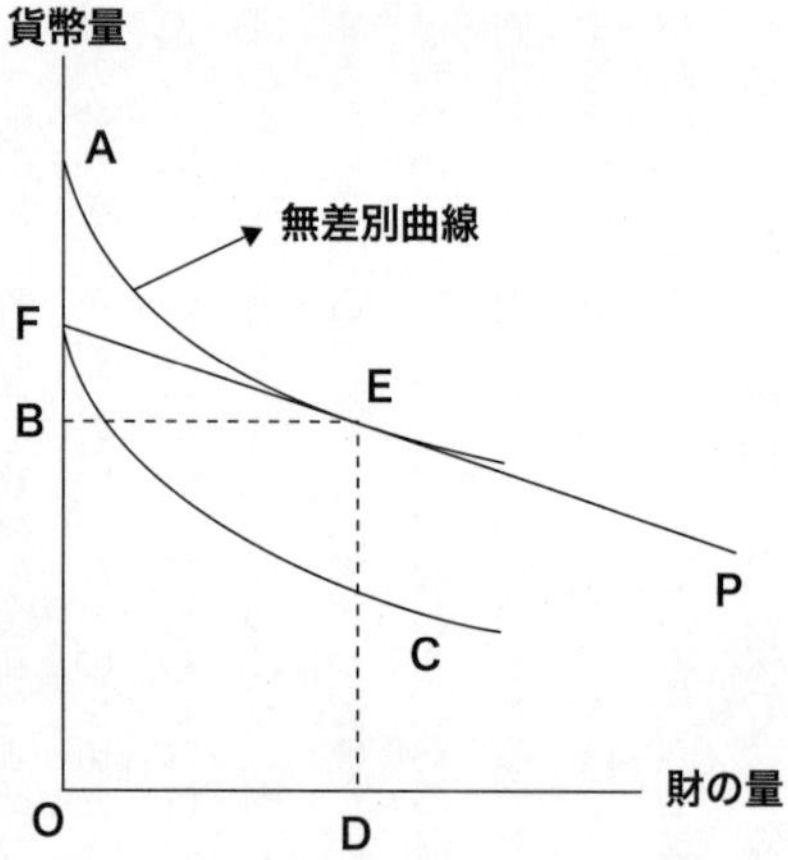

図4

Y＝F－PXと書ける。消費者は、与えられた予算（この場合F）の中で効用最大化を達成するためにE点を選択する。すなわちFBのお金を支払ってBEの財を購入するのである。Eを選択する場合の効用の増加を購入前で評価すると、AFであり、購入後で評価するとECである。そしてこのAFとECが必ずしも等しくなるとは限らず、むしろ財を購入した後でその財の消費を放棄するには、購入額以上を要求する傾向があるというのである。

AFとECが等しくなるための条件の一つに、AEの無差別曲線とFCの無差別曲線が垂直方向に平行移動した場合がある。この場合、財の量は同じで貨幣量だけが違うことになる。したがってこの二つの無差別曲線上における接線の傾き（限界代替率）は、等しくなる。このことは貨幣（所得）の限界効用が一定であることを意味する。すなわち貨幣量がいくら増えようとあるいは減少しようと、貨幣一単位の限界効用が変化しないのである。お金はいくらあってもその限界効用が低下しないから、人々は貨幣保有に執着すると考えられる。さらに人々にとってどんなに大量の財貨を保有していたとしても、財貨の追加より減少の方を嫌う傾向があるとするなら、一層の財貨獲得に奔走することになる。

市場社会において、財は消費者のために作られると言われている。この節において消費者余剰（利益）を検討してきたが、留意点を述べておきたい。ここではすべての財に関する情報は完全であると想定されている。しかし実際には情報は完全ではなく、私たちは真の価格を知らない。例えばある人が木製の机を望んでいるとする。家具店を見て回ると一〇万円するものもあれば五万円で買えるものもある。その机がどれくらいの質でその価格が適正価格なのかどうか分からない。運が良ければ妥当な価格で購入でき、運が悪いと一年以内で壊れてしまうものを買わされることになる。

また、消費者は財に対する（合理的な）自分の選好をしっかり保有し、それに基づいて財の評価を行っていると想定されている。しかし消費者の選好は、非常に気まぐれなところがあり、今日の選好と明日の選好とでは違うこともあり、また他人の選好に影響される部分もある。さらに価格と選好が関係していることもある。例えば同じ品物でも価格を引き上げると、高品質と理解され売れることもある。

さらに国際間で消費者余剰を比較する場合、より困難な状況に出くわす。ガソリン価格を日本とアメリカで比較すると、アメリカの方がずいぶんと安い。この背景には、アメリカではガソリンに対する税率が低いということがある。なぜ低いかと言うと、アメリカでは国土が広く人々が分散して住んでいることが多く、車は移動手段において必需品だと想定されているからである。またパリでは、伝統的にレストランにおける食費にお金を使う傾向がある。日本は他国と比較して貯蓄率が高いと言われている。このように考えると、お金の財に対する使い方あるいはそれから得られる利益も、単に財の消費から得られる効用だけでなく、その国の環境や文化も関係しており、お金の効用も国によって大きく異なることになる。

第2節　バブルとお金

人々が短期間で大儲けをしようとすると投機に走る。すなわち土地や証券などの資産に関する売買をするようになる。そしてそれらの資産価格が実体経済から考えられる評価額から大きくかけ離れて上昇していく状況がバブルである。泡銭《あぶくぜに》はすぐに消えると言われるが、バブルがはじける前の投資家は確かに巨額の利益を手にするが、バブルは必ずはじけ、はじけた後の損失も巨額である。しかしバブルがいつ崩壊するかは誰にも分からないし、さらにこれまでの成功が投資家を強気にさせてさらなる投資に向かわせるので、バブルは拡大していくのである。

初めに株や土地などの資産価格が、理論的にはどのように評価されるか見てみよう。今、簡単化のためにこの土地が、永久に一年当たり賃貸料として一〇〇万円の収入を上げることができるとする。ここで注意すべきことは、今年の一〇〇万円と来年の一〇〇万円とでは価値が違うということである。そこで来年の一〇〇万円の現在価値を導出する場合、例えば安全な金融資産の利子率(i)を基準にすると、仮に$100/(1+i)$万円をこの金融資産に投資した場合、一年後に$[100/(1+i)](1+i)=$一〇〇万円獲得できる。したがって一年後の一〇〇万円の現在価値は、$100/(1+i)$万円となる。同様に考えると、二年後の一〇〇万円の現在価値は、$100/(1+i)^2$万円となる。利子率が五％のとき、このようにして金融資産へ投資した場合の現在価値は、

$$100/(1+0.05)+100/(1+0.05)^2+100/(1+0.05)^3+\cdots$$

$$=100\,[1/1.05/(1-1/1.05)]=2000$$

となる(16)。したがって投資家が土地を購入するか金融資産に投資するかを決める場合、リスクや取引コストな

どの違いを考慮する必要があるが、さしあたりこれらの要因を無視すると、自由な取引の結果この土地の価格の均衡（理論）価格は、二〇〇〇万円ということになる。土地価格がこれより高い場合には、二〇〇〇万円以上で購入して一〇〇万円の収益だと収益率は五％を下回り、金融資産に投資した方が有利になり、土地の需要が減少して土地価格が下がる。反対に土地価格が二〇〇〇万円より安い場合には、五％の収益を上回るので、土地需要が増えて土地価格が上昇する。均衡価格の二〇〇〇万円において、金融資産に投資してもこの土地を購入しても、同じ収益を上げることができる。もし貨幣供給が増大して利子率が二％になるとすると、土地需要が増大して土地の均衡（理論）価格は、五〇〇〇万円に上昇する。土地について説明したが、このことは株価にも当てはまる。そして資産価格はこのように利子率が低水準になると、その価格は上昇することになる。

　話をもう少し現実化するためにリスクプレミアムを考える。一般的には土地の賃貸料が予測どおりの収益が上げられるかどうかには、不確実性が伴う。したがって土地の購入者は、リスクを負担する分高い収益率を要求する。これをリスクプレミアム（θ）と言う。その結果、土地の期待収益率をρ、安全な利子率を i とすると、裁定取引によって$\rho = i + \theta$が成立する。もし左辺の方が右辺より大きいと、土地への投資が増大して土地価格が上昇して収益率が下がる。もし賃貸料も毎年 g ％で上昇する場合、土地の理論価格は、$100/(1+\rho) + 100(1+g)/(1+\rho)^2 + 100(1+g)^2/(1+\rho)^3 + \cdots = 100/(\rho - g)$，$\rho = i + \theta$となる。

　かくして資産価格は、その資産が生み出す期待収益、あるいはその成長率が大きいほど、またリスクプレミアムや利子率が小さいほど、上昇する。これらの要因は、ファンダメンタルズと言われ、資産価格がこれらのファンダメンタルズ要因によって決まっていれば、合理的に決定されていることになる。経済が好調で経済成長率が上昇するとき、営業利潤、配当および賃貸料なども上昇すると考えられるので、株式価格（土地価格）も上昇することになる。これらの価格上昇は、実体経済の裏付けがあって問題ない。問題になるのは、実体経済の裏付けがなく期待（予想）だけで株や土地が売買される投機行為の場合である。投機については、ケインズが引用した「美人投票」の原理に留意する必要がある。

「美人投票」とは、一〇〇人の中から美人として六人を選ぶわけであるが、各投票者は、投票者全体から選ばれる六人に一致した六人を選んだとき、多額の賞金をもらえることになっている。この場合賞金を獲得しようとするなら、各投票者は自分が美人だと思う人を選ぶのではなく、他の投票者が誰を選ぶかを予想して投票することになる。この場合、予想の連鎖が限りなく続く。すなわち他の人が予想するのを自分がどのように予想するか、他の人がそれをまたどのように予想するのを自分がまたそれをどのように予想するかというように、延々と続くことになる。この結果、本来の美人とは似ても似つかぬ人が選ばれることになるかもしれない。

投機という行為はこの「美人投票」と似ているところがある。投機家は、将来売るために現在買ったり、現在は売っておいて将来買ったりする行為である。投機家は実際にそれらの財を使って経済活動をするわけではなく、財を売ったり買ったりしてその差額から利益を得る人である。そして売ったり買ったりする場合の拠り所は、予想（期待）だけである。株式市場が発達して、多数の投機家が市場に参加してくるようになると、まさに「美人投票」の結果を招くようになるだろう。

しかし投機だからといって常に弊害をもたらすというわけではない。ミルトン・フリードマン（Milton Friedman）は、投機は価格を安定させると主張している(17)。なぜなら投機は、将来品不足が予想されるとき、現在品物を安く買っておいて将来高く売る行為であるが、投機家の予想が実現する場合、これは将来の品不足を緩和することになるから、価格の変動を投機がなかった場合と比べると、小さくすることになるからである。しかし投機家の予想が外れた場合には、品物が余っているときに売ることになるから、価格の変動を大きくすることになる。もっともこのとき、投機家は損失を被り市場から退散することになる。したがって投機家が利益を得ている限り、価格の変動は投機によって小さくなると言える。しかしここで考えられている投機家の取引相手は、生産者あるいは消費者であり、投機家間における取引ではないことに注意を払う必要がある。すなわちファンダメンタルズを基にした期待形成であり、投機行為によって価格差が次第に縮小していく世界を描いていると思われる。

投機家間における取引にとって重要なのは、将来品不足になるか品余りになるかではなく、他の投機家が将来の価格の動きをどのように考えているかである。そしてこの場合も美人投票のケースと同じように、予想の連鎖が延々と続くような状況になり得るのである。この結果決まる価格は、品不足や品余りとはまったく関係ないものになる。このような価格で取引が始まると、実際の市場の不足や余りを反映していないので、価格の暴騰を引き起こし、非効率極まりない結果になる。それでも投機家の規模が小さい段階ではそれほど大きな混乱をもたらさないが、最近のようにグローバリゼーションやデリバティブなどの市場の発達があると、バブルを引き起こす可能性が高くなる。

ファンダメンタルズから長期間乖離し続けると、それはバブルということになるが、日本経済においては、一九八〇年代の後半においてバブルが起こったと言われている。日経平均株価は一九八五年末には一三〇〇〇円台であったが、一九八九年には三九〇〇〇円にまで上昇した。その後、株価は急落した。バブルの崩壊によって、日本経済は一〇年以上も「失われた一〇年」と言われるほどのデフレに苦しむことになった。アメリカにおいてもS&P500の株価収益率は、一九九五年は約一五ほどであったが、その後大きく上昇し続けた。二〇〇〇年に株価収益率はいったん低下するが、その後株価収益率は急上昇して、二〇〇二年には四〇を超えた。しかしその後、株価収益率は大幅に低下した。ところで一九九〇年代後半のアメリカ経済における株価上昇は、それ以前と違ってITやバイオの分野における革命、規制緩和、グローバリゼーション、ベンチャービジネスなどがあって期待収益が増大したからであって、バブルではないと主張する論者もいるが、それらの要因だけで長期間の株価上昇とその後の大幅な株価下落を説明するには無理があり、一般的にはバブルと言えるだろう。いずれにせよ、株価のスムーズな調整は難しいということであろう。

しかしながら投機が一時的には実際の財（資産）市場の需給から大きくかけ離れたとしても、長期的には需給を一致させるような動きが芽生えてきて、大きな価格上昇を食い止めることになるのではないかと考えられるが、なぜそのようなことにならないのか。それは財の需給均衡から独立している資産として「貨幣」があるからである。貨幣は前述したように人々が貨幣として受け入れてくれる限りにおいて貨幣なのであり、この意味において貨幣の適正な需要量は存在せずいくらでも貨幣需要は存在する。この貨幣の自己循環論理は、まさに「美人投票」の世界を表している。そしてこのような貨幣を媒介にして、資産の取引が行われるわけであるから、バブルの危険性は常に存在する。

人が自由な行動を求める限りにおいて、投機行為は避けがたい現象である。バブルの最中にあっては、特に個人の観点からは時流に乗らない方が非合理的な行為であると見なされる。しかしバブル崩壊後の日本の状況から考察すると、銀行システムが破綻して融資量などが大きく低下したことを考えると、個人が受けた損害以上に社会が受けた損害の方がはるかに大きいと考えられる。それ故、社会的にはバブルの発生を食い止め、また個人の観点からも、長い目で見てみると時流に乗らなかった場合の方が合理的であったと言えよう。バブルの真っただ中で、時流に乗らない冷静な判断が求められる。

グローバリゼーションによって、人々は世界のいたるところの市場に参加できるようになってきている。国際間における資本移動の増大は、資金の効率化を促し経済発展に寄与する面がある一方、市場の混乱を増大する可能性も秘めている。一九九〇年代の後半に起こった東南アジアの通貨危機はその良い例である。市場においてはリスクと期待収益はトレード・オフの関係にあることを常に意識しておくことが必要とされる。そして私たちにとって、市場は単に参加するだけのものではなく、経済社会の発展のために資するようなものにしていく努力が絶えず要求されているように思われる。そのような努力の結果として、人々の厚生水準も増大するように考えられる。

第3節　サブプライム問題

二〇〇七年夏ごろから、アメリカ経済はサブプライム問題に悩まされている。サブプライム問題とは、米国における信用力の低い個人向け住宅融資のことである。これまで金融機関は優良層への住宅ローンには実績があったし、住宅モーゲージ（抵当証券）を証券化して投資家に売るので、表面上返済リスクは存在しないと考えていた。さらに住宅という資産は均質的で、ある階層の人々を集めればこれまでの経験から大数《たいすう》の法則(18)により、リスク特性が安定化できると考えられた。また住宅ローンは当然のごとく住宅に限定されるので、個人差がなく、借り手も住宅という資産を保有しようと返済に努力すると考えられる。これだけのことなら、住宅ローンの増大という程度で済むのであるが、サブプライム問題は金融工学の発達によって、一層複雑化している。

サブプライム証券においては、金融工学の発展を利用して本来の住宅抵当担保証券が巧妙に合成されたり、他の資産が加えられたりしてリスクが分散され、リスクの階層ごとの証券化商品（債務担保証券）が新たに創造されている。さらにこの債務担保証券は、この証券を基礎に他の金融資産やデリバティブを使ってリスクを分散して、さらに新たな債務担保証券を創造している。こうした新たな証券は、リスクが分散され効率的に資金が運用され、社会厚生の向上に寄与すると想定されていた。

ところで金融機関をはじめ投資家がこのようなリスキーな証券を購入する場合、格付け会社の評価を基準に購入する。金融機関の審査部に当たる格付け会社は、これまでに住宅ローンを借りた人（優良層）と現在申し込みをしている人との質的な差を考慮して貸し倒れリスクを評価する。質的な差を考慮するといってもこれまでの実績の数値を基に計算するので、まったく経験のないしかもリスクのある貸し手に貸す場合は、審査を甘くしないと貸せないことになる(19)。また初めて貸す階層のデータはまったくないわけであるが、相手の信用力を数字で評価する場合、金融工学の発達によってこれまでのリスクの小さい階層と同じリスク評価（数字）にすることができるのである。この場合、新たな貸し手階層市場には何らかの歪みがあることが前提とされている。したがってその歪みが解消するまでの期間のことになる。このような場合、リスクの高い階層を集めて高金利で貸しても、格付け会社はリスクの低い階層と同じリスクと評価するので、低コストで証券化が可能になり超過利益を手にすることができる。

また後に説明するが「金余り現象」による住宅ブーム（住宅価格の上昇）によって、融資を受けた人も、最初の住宅価格が上昇している間に、有利なローンに切り替えることによって、比較的容易にローンが返済できたのである(20)。したがって住宅価格が上昇している限りにおいて、サブプライム証券やその派生商品のリスクに対する審査の甘さは、露呈することなく、融資を受ける人、融資をする金融機関、サブプライム証券に投資する投資家すべてにとって利益が発生するように企てられていた。

ところが金利の引き上げから住宅ブームが終わり、住宅価格が下がりその担保価値が低下すると、住宅ローンの借り手がさらなる融資を受けることができなくなり、返済不能に陥っているケースが多くなっている。その結果、金融機関および住宅関連専門金融機関は、多額の不良債権を抱えることになった。最近においては、サブプライム証券だけでなく、一般の住宅担保ローン債券を組み込んだ証券も購入されなくなってきている。銀行間における貸出金利も大きく上昇している。サブプライム証券を購入している投資家は、世界の金融機関や投資家にまたがっており、その影響は思った以上に大きな影響を及ぼしている。

サブプライム問題がなぜこのような大きな影響をもたらしているかを考えると、本来的にはリスクが存在しているのであるが、金融工学の技術進歩によって表面的には安全な資産として作られていたものが、実体経済に起こったショックからそのリスキーな資産価格が暴落すると、人々の市場への期待が崩れ市場が崩壊し、リスクがあるすべての資産が嫌われる傾向があるからだと思われる。これはかつてアジア危機に続いてロシアで通貨危機が発生したとき、リスクがあると認められる資産はすべて嫌われ、安全資産、特に米ドルや米国国債が求められたことの再現であると考えられる。今回においても、米国国債への需要が増大して、その金利が下落しているのである。

ところでサブプライム問題は、その根底に世界における貯蓄過剰の存在がある。ある研究によると、経済成長によって貯蓄の方が投資より大きく反応する傾向があると言われている(21)。その結果、途上国の方が資本を輸出している結果になっているというわけである。これは、教科書的理解によれば途上国の方が資本の限界効率は高く、資本輸入国になるはずであるが、実際には逆の現象になっている。一九八〇年代以降の比較的、資本移動が自由になった期間で見てみると、成長率の高い国が資本を輸出している。海外に資本を輸出する場合、自国通貨の価値は下がり、輸出にとって有利に働く。したがって輸出主導の経済政策をとるとき、資本の輸出は経済成長にとって望ましい政策となる。

発展途上国における経済成長の過程において、貯蓄過剰は利子率の低下、不況圧力を引き起こす。国内に十分な投資機会があれば問題ないのであるが、投資家保護が不十分であり、また投資機会も少ないのが実情である。その結果、先進国に投資の機会を求め、それもハイリターンを狙うのである。さらに先進国においても実体経済からの投資需要だけでは不足する場合、投資機会を作る必要に迫られる。そこで従来においては取引されなかったようなものまで投資対象に取り込むことになる。例えば不動産の証券化、デリバティブ、あるいはリスクのある資産の証券などである。そしてこのような投資機会は、金融工学が発達している市場に存在する。今回のサブプライム問題も、そのような現象の一つであると考えられる。

サブプライム・ローンの目的は、低所得層のマイホームを促進するということであり、低所得層にとって願ってもない政策であった。実際、この政策によって低所得とされる非白人層の持ち家比率は、一九九五年末から二〇〇六年末までに八ポイント上昇したと言われている。しかし住宅バブルの崩壊により、担保不動産の差し押さえ率は三割に上り、一二〇万世帯が影響を受けると言われている(22)。本来、リスクの高い人に融資する場合、いかに金融工学を利用して派生商品を創造してリスクを分散したとしても、リスクの負担者を変えることはできても本来のリスクそのものがなくなるわけではない。誰かがリスクを負担しなければならないのである。市場の発達あるいは金融技術の発達により始めの段階においてうまくいくと、すべてうまくいくかのような錯覚に陥る傾向がある。しかしそこには落とし穴があって、その成功の自信が次には慢心となって自信の喪失を引き起こすことになる。というのは、自信を持つようになったから、リスクの高い人に融資したりリスクのある担保証券を購入したりするようになっていくからである。

考えてみればリスクの高い人がリスクの低い人になるのが、彼らにとって幸せになる一番の近道であると思われる。政策としては、リスクの高い人の人的資本を高める職業訓練などの施設や制度の充実を図ることが求められる。サブプライム問題は、彼らを救うというのを隠れ蓑にして、皆が儲けようという目的がどこかにあったと思われる。人を幸せにしようとする場合、自分の利益を考えているようでは、とうていその目的を達成することは不可能であることをサブプライム問題は、教えてくれているのではないかと思われる。

第4節　所得（お金）と幸福

ここでは直接に所得と幸福との関係について検討をする。これまでの標準的な経済学においては、個人においてより高い可処分所得の増大は、より高い効用すなわちより高い幸福につながることを想定していた。そこでリチャード・イースタリン（Richard Easterlin）は、データからそのようなことが実際に検証できるかどうかを試みた(23)。そこでの分析における幸福度の指標は、アメリカ（National Opinion Research Center）がGeneral Social Survey（GSS）の中で行っている調査結果を利用しており、一九七五年から一九九七年にかけての幸福度が1、2、3の三段階で、1、それほど幸せではない、2、普通に幸せ、3、最高に幸せ、に分類されている。所得については、一人当たり実質GDPがとられ、一九九〇年の物価でデフレートされている。その結果が図5に描かれている。横軸は時点（年）、左軸は一人当たり実質所得、右軸が幸福度の平均を表している。この図から平均的な一人当たりの実質所得は増加のトレンドを持っているが、平均的な幸福指標は安定していることが読み取れる。なお、いかなる年においても個人の観点からは、実質所得の上昇は幸福度の上昇をもたらすことが観察されている。このような傾向は、フランス、英国、ドイツや日本などにおいても観察されている(24)。

図5におけるデータはクロスセクションデータであるので、時点ごとでアンケートに答えている人は異なる。そこで次にパネルデータ（同じ人にアンケートをする）の調査結果を見てみよう(25)。これは、西ドイツの二一歳から六五歳までの八六四九人の一九八五年から二〇〇〇年の一六年間にかけての年収と幸福度についての調査結果である。幸福度については、「あなたは今の生活にどれくらい幸せを感じていますか」を0から1、2、

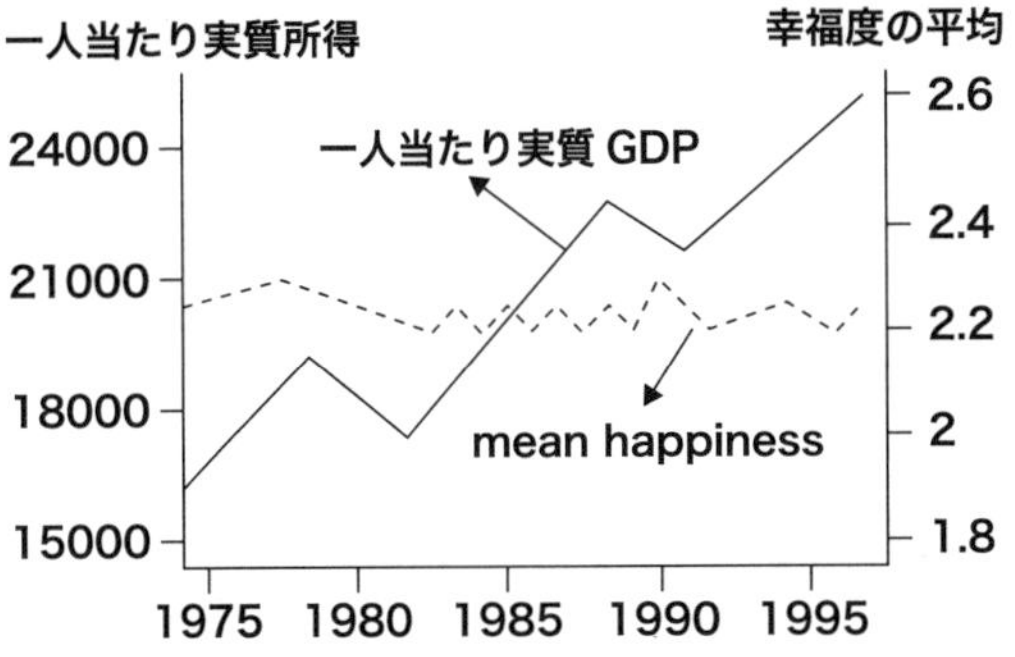

図 5

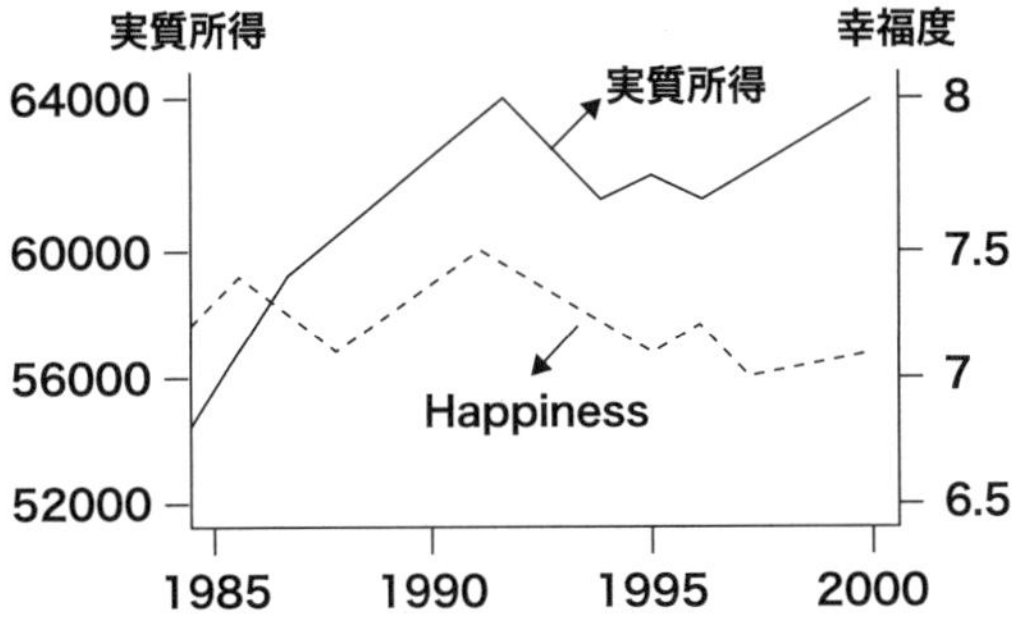

図 6

……10 までのスケールで聞いている。10が一番幸せである。図6にその結果が描かれている。右軸は幸福度、左軸が実質所得（単位はマルク）である。実質所得は一九九五年の物価でデフレートしている。

この図から読み取れることは、実質所得は増加トレンドがあるが、幸福度の変動は少なく、どちらかというと低下トレンドがあることである。一九八五年から二〇〇〇年までの短期間であるがこの調査結果から言えることは、平均的な人々は実質所得の増加ほどには、幸福度が増加したと感じている人は少ないということである。むしろ幸福度は低下している。換言すると、現在において金銭的には豊かになってきたが、心で感じる幸福度は何十年前と変わっていないということである(26)。

イースタリンのパズルを説明する要因として、二つ考えられている(27)。一つは所得に関して幸福度に影響を与えるのは絶対所得ではなく相対所得ではないかということである。というのは、人々には適応能力があって、所得の低下も含めて自分の身に起こった不幸に対しては、時間とともに克服していることが報告されている。例えば体が麻痺して思うように動きが取れなくなっても、時間が経つうちにそのような状況に適応して、幸福度はそのようなことが起きる前とほとんど変わらない状態になるというのである。所得の変動に対しても完全ではないが、ある程度そのようなことが言えるとされている。ところが他人との比較で自分の所得が低い場合には、幸福度も低いという研究が出てきている(28)。すなわち人々が感じる幸福感は、他の人々の状態に大きく依存する部分があるということであろう。もう一つの要因は、所得というより自分の地位(あるいは仕事)に対して満足の行く状態でない場合、幸福度が低いという研究結果が出ている。自分にはもっといい仕事や条件が与えられて当然であると思っている人にとっては、幸福感は低いと言うのである。したがって幸福感も人々がどのような信念あるいは考えを抱いているかにも大きく依存するであろう。またマクロ経済変数の中で、失業率が幸福度に大きな影響を与えているが、これも所得が減るという金銭的な影響というより、社会とのつながりが失われるという要因が大きく影響しているのかもしれない(29)。

相対所得に関して言えば日本の場合、ロナルド・ドーア(二〇〇七年)によると、二〇〇一年から二〇〇五年の間で大企業の一人当たり従業員給与は五・八%減少しているが、役員の給与プラス賞与は九七%増加している(30)。さらに一社当たりの配当は、一七四%上昇しているという。一人当たり従業員給与の低下は、パートや派遣社員の導入によるものだと考えられる。この頃、仕事の厳しさは深まってきているが、給与は上がらないという声をよく聞いたが、現場で責任を持たされている従業員にとっては、給与は上がらなくて仕事だけは厳しくなっていたのであろう。こういう状態が続くと、従業員の幸福度は低下していき、労働意欲も薄れていくと思われる。

日本の労働者の地位においても幸福度を低下させるような要因が働いている。というのは非正規社員と正規社員の格差が広がっているからである。非正規社員の増加の背後には、次の要因が働いている。すなわち世界経済のグローバリゼーションによって工程分業が進み、世界において最も効率的な国で生産されるようになっている。したがってその場合、外国人労働者との比較で国内雇用も考慮されるようになってきた。このように労働需要側の要因もあって、非正規社員の増加が起こってきた。一方、労働供給側も労働形態の多様化を好むところもあって、一時的に派遣社員、アルバイタ、フリータを受け入れている。

しかし正規社員と非正規社員との間における待遇の差は、仕事の内容は変わらないにもかかわらず、給与や社会保障の面において歴然としている。また正規社員と非正規社員との間の協調も、必ずしもうまくいっているとは考えられない。しかし企業にとって、正規社員と非正規社員がお互い協力してこそ企業の経営がうまくいくのである。正規社員が非正規社員を疎外するようになると、双方が疲れるだけで生産性も落ち、企業にとってもマイナスの結果をもたらす。このような疎外感は、幸福度を大きく低下させることになる。

以上の観点から考えると、人々は単なる所得（お金）の増大で幸福感を達成できることに疑問を持ちながらも、金銭的報酬を追い求める傾向がある。なぜなら人々は市場社会にあって競争することを余儀なくされているからである。そしてその競争社会において生き長らえていくためには、企業であれ従業員であれ、成果（業績）を残さなければならない。それも比較的短期間のうちに出さなければならない。ストックオプション制度はそれを制度的に促進している。成果・業績を残すために、人々は常に効率性を求められる。そして効率性は金銭で評価される。したがって金銭的報酬が多いことが、経済人の生きている証であると考えられるのである。

競争社会においてその競争に勝つために努力することから、新しい技術や製品が生まれるわけであるから、競争（それから得られる報酬）が必ずしも悪いというわけではない。しかし効率性の追求のために与えられたルールのもとで、何をやってもいいというわけではない。市場に対する考え方の違いもある。ヨーロッパとアメリカを比較すると、前者は平等を重視し、したがってどちらかというと大きな政府を志向する。後者は、効率性を重視、したがってある程度の所得格差は避けがたいと見る傾向がある。ここでは小さな政府が望まれる。したがって人々の幸福感も、国によってあるいは政府の政策によっても違ってくると言える。

アジアとりわけ日本における市場観は、若干異なっていると思われる。日本はどちらかというと個人の幸福より家族（社会全体）の厚生水準の増大が強調されると思われる。さらには他者との協調が重視され、したがってそこには他者に対する配慮、他者に対する思いやりが基本にある。しかし最近はグローバリゼーションによって競争が激化し、徐々にアメリカ的な個人的功利主義的になってきている。しかしこのような環境の中で、日本の良さ（伝統）を生かしていくような方法で、競争に挑んでいくべきだと思われる。

幸福度の上昇は、効率性の原理の追求だけでは達成されないように思われる。効率性プラス他者への思いやりが必要であると考えられる。これをどのような形で実現するかは、個人個人が考えていくべき課題であるが、最低限の条件として一人ひとりがそのような心を持って毎日を過ごしていくことが重要であろう。しかし一方で現代は、教育界においても効率性を重視する時代になってきている。しかしながら人材の育成は、効率性では達成できない。養鶏場では卵を「効率的」に産ませるために、無理やりな飼育方法をしているが、人材の育成においてこのような方法を採ることは愚策としか言いようがない。とりわけ若者や女性の人材の育成には「温かい心」が必要であろう。そのような政策によって、社会全体の幸福度は上昇すると考えられる。

おわりに

人々は幸福を追い求めて経済活動をする。その場合、できるだけ富を蓄えて幸福になろうとして、金銭的な資産、とりわけお金の獲得に血眼になる。あるときには、バブルだと分かっていながら、お金の獲得に走ってしまう。しかし一方で、長期的な観点から所得（お金）と幸福度を見てみると、幸福度が所得の上昇に影響されているようには考えられないのである。私たちがお金という魔術から解き放たれるすべはないのか。本論文では、市場を効率主義あるいは合理的決定の観点からだけでなく、規範主義あるいは倫理主義といった情感（emotion）の役割に注目して、社会に資するような市場を育成する努力が私たちに要求されていることが主張される。

[注]

1 Easterlin, Richard, "Does Economic Growth Improve the Human Lot? Some Empirical Evidence," in *Nations and Households in Economic Growth*: Essays in Honour of Moses Abramovitz. P. David and M. Reder, eds. Academic Press, 1974, pp.98-125.

2 ここでは特に、Di Tella, Rafael, Robert MacCulloch and Andrew J. Oswald, "Preferences over Inflation and Unemployment: Evidence from Surveys of Happiness, "*American Economic Review,* 91:1, 2001, pp.335-41 を参考にした

3 このような研究は、最近「行動経済学」として発展を遂げている。

4 生理学との関連では「神経経済学（neuroeconomics)」の分野として研究が行われている。

5 Cohen, J.D., "The Vulcanization of the Human Brain: A Neural Perspective on Interactions between Cognition and Emotion", *Journal of Economic Perspectives*, 19（1）,2005, p3-24 を参照。

6 ブルーノ・S・フライ&アロイス・スタッツアー『幸福の政治経済学』を参照（佐和隆光監訳、沢崎冬日訳、ダイヤモンド社、二〇〇五年)。

7 取引コストを無視して、定期預金の金利が三%、株の期待収益率が一〇%であるとき、ある人にとってどちらの資産に投資してもよい場合、リスクプレミアムは七%であるという。すなわち、リスクプレミアムとは、リスクを負担するに際して要求する収益率で、この場合安全資産より少なくとも七%高い収益率を要求している。したがってリスクプレミアムは、人によって異なる。

8 基準年の予算線上のA点で接する無差別曲線が上方にシフトしてD点で接する。無差別曲線とは、その曲線上の二つの財の組み合わせの効用が、すべて同じ（無差別）となっている曲線のことである。その形は、右下がりで原点に対して膨らんでいる。

9 100［(2 × 1) ＋ (1/2) × 1］/［(1 × 1) ＋ (1 × 1)］＝ 125

10 アメリカでは幾何平均（n個の財価格を掛けた積のn乗根）で、この場合、(2 × 1/2) の平方根で1となり、物価上昇率はゼロである。

11 無差別曲線の傾きはマイナスである。なぜなら、一方の財が増えたら効用が増大するので、効用水準が一定になるためには他方の財が減少しなければならない。プラスの傾きを持つことは、両方の財が増えることを意味し、効用が増大することになる。

12 限界代替率は正で定義するので、厳密には接線の傾きに－1を掛けたものである。

13 無差別曲線は、上方に行くに従って効用水準が増大する。予算線に接する最上位の無差別曲線が最大の効用水準を表す。

14 図2において、aが P_1、bが P_2 に対応している。

15 Kahneman, Daniel and Tversky, Amos, "Prospect Theory: An Analysis of Decision Making Under Risk," *Econometrica,* Vol.47, 1979, pp.263-291.

16 これは、初項が 1/1.05, 公比が 1/1.05 の無限等比級数で、その和は、[初項 /（1 −（公比））] である。

17 Milton Friedman, Essays in Positive Economics, The University of Chicago Press, 1953, pp185-187.

18 大数の法則：例えば返済不能の確率がこれまでの経験から五分の一であるとするなら、人々の数が多くなれば、その確率が五分の一に近づくという確率論の定理。

19 米国の住宅ローンは、焦げ付きリスクによって三つのタイプに分類される。一つ目はプライムで、これは焦げ付きリスクの低い人に対するケース、二つ目はサブプライムで、安定収入がなく、過去にローン返済が大幅に遅れた人、三つ目はオルトA（Alt−A）で前述した二つの間にあり、収入証明などがない人である。割合としては、七五％、一五％、一〇％である。

20 最初の二、三年は低い固定金利で返済額が少ない。この期間に住宅価格が値上がりして好条件のローンに借り換えないと、後になると返済額が多くなるので苦しくなる。

21 Pierre-Olivier Gourinchas and Olivier Jeanne,"Capital flow to developing countries: The allocation puzzle", *NBER Working Paper* No.13602, November, 2007.

22 日本経済新聞平成一九年一一月二七日。

23 Easterlin, Richard（1974）.

24 Easterlin, Richard, "Will Raising the Incomes of All Increase the Happiness of All?" *Journal of Economic Behavior and Organization.* 27:1,1995, pp35-48.

25 Di Tella Rafael and Robert MacCulloch, "Some Uses of Happiness Data in Economics", *Journal of Economic Perspectives,* Vol.20,Num.1,Winter 2006, pp25-46 を参照。

26 もちろん幸福に影響を与える要因は所得以外に多く考えられるので、これは断定的な結論でない。今後の一層の研究が期待される。

27 Daniel Kahneman and Alan B. Krueger, "Developments in the Measurement of Subjective Well-Being," *Journal of Economic Perspectives*, Vol.20, Num.1, Winter 2006, pp3-24

28 Luttmer, Erzo F., "Neighbors as Negatives: Relative Earnings and Well-Being," *Quarterly Journal of Economics*, 120: 3, 2004, pp.963-1002 を参照。

29 Di Tella Rafael and Robert MacCulloch の "Some Uses of Happiness Data in Economics" によれば失業率の一%上昇は、インフレ率の一%上昇より四・七倍幸福度を下げると指定されている。

30 伊藤光晴、ロナルド・ドーア「二一世紀、日本の大企業のビヘイビアは変わったのか」『世界』二〇〇七年、八、九、一〇、一一月号。

第3章　アメリカのマネジメントと日本のマネジメント

敦賀　誠一

はじめに

二〇〇七年五月にスイスのビジネススクール、ＩＭＤ（International Institute for Management Development：国際経営開発研究所）が世界五五カ国の国と地域の競争力を示す『世界競争力報告２００７』（World Competitiveness Yearbook 2007）を発表した。競争力報告書は「経済パフォーマンス」「政府の効率性」「企業の効率性」「インフラストラクチャー」という四つの側面から判断したものである。

それによると、競争力ベスト10は次のようになっている。第一位は昨年に引き続きアメリカ、そしてシンガポール、香港、ルクセンブルク、デンマーク、スイス、アイスランド、オランダ、スウェーデン、カナダと続いている。

大田弘子経済財政相は二〇〇六年一一月の「月例経済報告」の記者会見で、今回の景気拡大が五八カ月となり、「いざなぎ景気を超えて、戦後最長記録を更新した」との政府見解を発表した。しかし、日本の競争力は昨年の一六位から二四位に下落しているのである。この原因は多国籍企業化した一部の大企業がある一方、非効率な経営から脱却できない企業がまだ国内に多くあり、二元構造に陥っているという点が挙げられる。

このように日本経済はバブル崩壊の影響からまだ立ち直っていない状況である。それに加え、「二〇〇七年問題」（一九四七年～一九四九年に生まれた〝団塊の世代〟約八〇六万人の定年退職問題）が企業経営に大きな影を落としつつある。帝国データバンクが実施した企業の意識調査によると、団塊の世代の大量退職に対して、懸念があると回答した企業のうち、「技能の継承」に関して約七五％の企業が危機感を抱いているという結果であった。さらに、京都議定書の約束期間（二〇〇八年〜二〇一二年）がスタートし、CO_2換算でマイナス六％の削減に勢力を注がねばならない時期となってくる。

今、日本は大きな環境変化を迎えようとしている。それ故に、躍進著しいアメリカのマネジメントと二元構造となっている日本のマネジメントを比較・研究することにより、新しい外部環境の変化に適応できるマネジメントの姿を考察するものである。本章では、「第1節　アメリカのマネジメント、日本のマネジメント」では、組織の面からアプローチをし、「第2節　能力主義と目標管理の考え方」では人の面から考察をする。「第3節　利益・原価の考え方」では融資・投資概念に焦点を当て、「第4節　新しいマネジメントを求めて」では、新しいマネジメントモデルを示唆する。

第1節　アメリカのマネジメント、日本のマネジメント

第1項　マネジメントとは

マネジメント（management）は広義における「経営的側面」と狭義による「管理的側面」を有する大きい概念である。したがって、ここではマネジメントを次のように定義する。マネジメントとは「組織の目的を達成するために、利用可能な資源の最適活用化に関する意思決定を行い、その結果に向けて実践する行為」である(1)。

マネジメントの諸機能は計画化（planning）、組織化（organizing）、人事化（staffing）、指揮（direction）、

統制（control）である（図1—1参照）。「計画化」とは組織の目的やそれに属する部署の個別的目的を達成するための方針やプログラム（program）、あるいは手続きなどを選択することである。「組織化」は組織目的の達成のために必要な業務活動を決定することである。目的達成のための権限の委譲や組織内における権限の水平的・垂直的な関係調整などの措置が含まれる。「人事化」には人の配属、組織構造変更による職務への人の配置などが含まれる。「指揮」は部下を指導・監督することである。「統制」とは実績を計画に適合するように強制する行為である[2]。

図 1-1　マネジメントの諸機能

「組織化」「人事化」「求人」などの組織の構築・運営に関し、アメリカと日本では大きな違いが出ている。組織構築の基本的な考え方は仕事の論理的な割り出しを基調として実施することである[3]。「組織化」とは仕事の割り出しを行うことである。仕事の割り出しによる各職務を決定し、それを遂行するために必要とするスキル（skill：技術・技能）を評価する。職務遂行のための必要なスキルを有している人はどこにいるのか、あるいは職務遂行のためにどのようなスキルを習得する訓練をすべきかを考えるのである。すなわち、職務遂行とそのスキルとの最適化を図っていくのである。これが「組織化」の第一歩である。「組織化」後に、人々の意欲づくりのための動機付け（motivation）を行う[4]。

日本の企業では、組織構築はまず求人活動から始める傾向が強い。まずは人材の頭数をそろえることから始めるのである。例えば、新卒者採用方法は「新卒・一括・ところてん」の三語で表現することができた。それは「何でもそつなくこなせるタイプの人材を、新卒で本社が一括採用する」という基本方針を意味していた(5)。このような「組織化」に基づかない採用方法では、組織内に必要な人材の過不足が起こり、人的資源の最適化は図れない。「組織化」をすることなく人材を集め、そして動機付けを行う。動機付けが効果を発揮して、組織目的を達成しているように見受けられるが、よくその内容を吟味すると、各人の努力の方向に一貫性がなく、組織内にシナジー効果が現れていない場合がある(6)。

今日のインターネット時代には、「組織化」の考え方による組織の構築・運営をする必要が感じられる。「組織化」を十分に行うことにより、組織内に論理性が通り、各人の努力がシナジー効果を発揮して、より大きな実績に結びつき、労働の意味が出てくる。さらに職務と職務遂行能力の適合化が図られるので、労働意欲に駆られるようになってくる。組織化を考えずに「これだけとっておけば、中にはいい者もいるだろう」というような、曖昧な方式では、組織内における人的資源の最適化は難しい(7)。

他方、アメリカの企業では、「組織化」「人事化」を実施した上で求人活動が行われる(8)。組織内の人間関係に関しては、「生産性や能率を向上させるには、悪い人間関係を立ち切る」ことが必要との考えである。さらに善悪の判断は何を基準として行うかというと、これは単純な仲良し関係が善なのではなくて、P・F・ドラッカー(P.F.Drucker)の言うごとく、「生産性向上に結びつかない仲良し関係は悪い人間関係である」との考え方に還元している。

元来、日本の組織ではすべてをフォーマル(formal:公式組織)で規定することよりも、インフォーマル

(informal：非公式組織）な領域をできるだけ多く残し、人間関係に気を配る組織運営を行っていた。しかし、このような状況にもかかわらず、アメリカからJ・E・メイヨー（J.E.Mayo）などの人間性尊重主義の人間関係論（Human Relations Theory）が導入され、厳しさを失った組織運営が長い間続くこととなった(9)。

このような弊害を示す実例として、人事考課や勤務評定が挙げられる(10)。このような組織運営においては、正確性・迅速性・省力化・多様化を求められている成熟した市場に対応ができない。「変化」に対応できる企業体質は、正確な情報による素早い判断や、数的諸元を基準とする割り切った処理をすることに内部抵抗が生じては構築できないのである。バブル崩壊後、日本の人事採用方式は、履歴書中心主義から職務経歴書（キャリアシート：career sheet）重視に変わりつつある。しかし、そのことはここ数年の新規採用者にのみ適用され、それ以前に採用した中高年層などには浸透していない点が問題である。このことが今、人事採用担当者が頭を痛める「七・五・三」現象という中卒の七割、高卒は五割、大卒で三割が就職後三年以内に離職するという一因である(11)。

第2項　システム思考

システム（system）とは「ある目的を達成するために、個別的に識別でき相互に関連のある要素が組み合わされ、何らかの機能を果たすもの」である。システムのルーツはギリシャ語で「共に（syn）組み立てる（set up）」という意味で、組織化された全体を指している(12)。

システムは要素に対する言葉であり、一つひとつの要素が有機的結合をなしている全体である。このことは一つひとつの要素をいくら改善したとしても全体が最適化に向かうわけではないということである。重要なことは全体最適が各々の部分最適の合計以上のものとなるという有機的結合（シナジー効果）を有しているということである。

物事をシステムとして捉えること、あるいは物事をシステムという視線で見たり考えたりすることを、システム思考と言う(13)。例えば、企業経営をシステムとして捉えてみる（図1―2参照）。企業経営の目的には利益最大化、売上高最大化、市場占有率最大化などがある。これらの目的達成のために、要素に当たる経営資源を職能部門へ分配する。経営資源は、人（Man）・物（Material）・金（Money）・方法（Method）の4Mである。職能部門としては生産機能（production function）・販売機能（marketing function）・財務機能（finance function）・人事機能

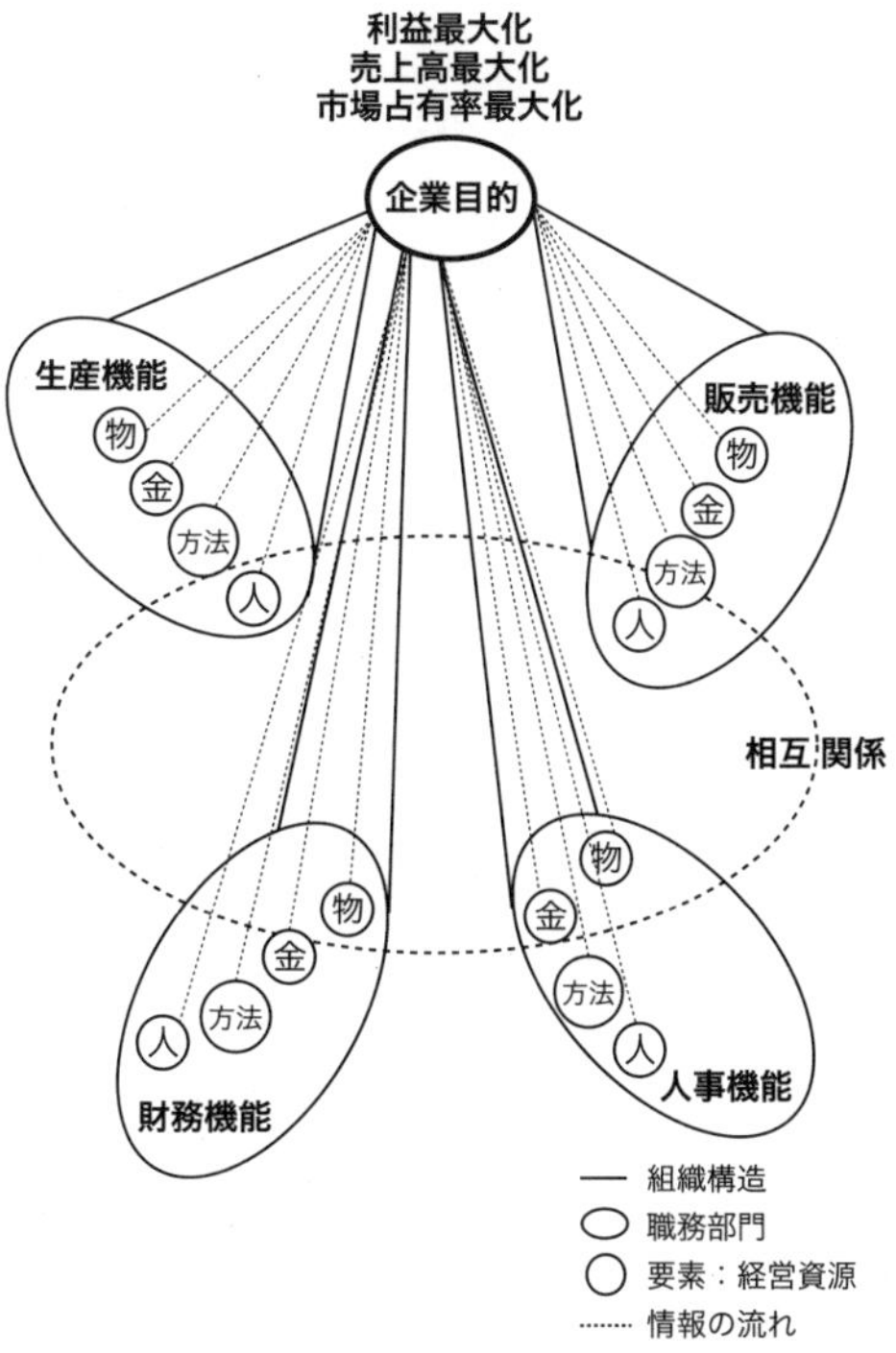

図1-2　経営システム

(personnel function) がある(14)。

このような要素が有機的結合により、シナジー効果を発揮して、市場社会での競争優位を占めることができる。ところが、日本のマネジメントでは、「各人が一生懸命やれば、その組織は大丈夫である」という考え方や、「気のついた仕事を全部やれば、その企業はもっと良くなる」との考え方が主流であった。この考え方は、組織を構成する要素一つひとつが充実すれば、組織が良くなるとの考え方であり、一種の「総花主義」である。「総花主義」は、たいてい中途半端になる傾向がある。「総花主義」の弊害を打開するには重点主義が必要となる。しかし重点主義を採用すると、非重点部門に不満が生じるのである。非重点部門に指定されると、人・金・物すべてにおいて後回しにされるからである。そこで非重点部門に不満が起こらないような重点部門と非重点部門とに区別する方法が必要となる(15)。

この方法論としてシステム思考を利用するのである。システム思考は全体の評価尺度を共通の基準とすることにより、個と個の間、つまり要素と要素、ないしは部分と部分との間の比較評価ができる。全体の評価尺度に照らしてどの個、つまりどの要素や部分が重要であり、どの要素や部分はさして重要でないか、あるいはいくつかの個の中でどれが最も重要であるとか、重要度の順位はどうであるというような情報が獲得できるのである。このことによって重点部門と非重点部門とに識別が可能となる。

ただし注意すべきは、このときの重点部門というのは、その際とられている全体の評価尺度に照らしてのことであって、全体を評価する尺度が異なれば、当然重点、非重点の関係も異なってくるのである。全体の評価尺度を共通の基準として、個、要素あるいは部分を評価する(16)。これがシステム思考で、この評価によって、重点部門と非重点部門に分けて施行する。システム思考により、人・物・金・情報という経営資源を重点部門と非重点部門に振り分けることにより、経営資源の最適化が可能となり、その結果、生産性および能率の向上につながっていくのである。システム思考は、要するに重点主義をとるためのものである。

一九九〇年以降のアメリカ企業では、インターネットによる充実したＭＩＳ（Management Information System：経営情報システム）が構築されている。ＭＩＳは経営管理に必要な情報を各階層の管理者に対して提供するコンピュータシステムである。業種や規模に対応した固有のＭＩＳができていれば、最上位の管理者層では組織目標の設定や変更、目的達成のための資源政策などの決定の参考になる。また戦術的決定を行う中間管理職では組織目標を達成するための資源の効果的・効率的な獲得と利用、下位管理者層の業務的決定についても効率的遂行が確実になる(17)。今日のアメリカ企業の活躍はフォーチュン・グローバル５００(18)を見れば明らかである。

日本の企業でも、システム論が盛んに研究されているが、システムを口にしながらも、要素中心、総花主義がまだまだ残っている。すなわち、日本ではシステム論議と経営の実情とが離れすぎている。しかし、経営を創造的に改革するにはシステム思考に根ざす重点主義経営の実施が急がれるのである。

第３項　Ｐ―Ｄ―Ｃ―Ａサイクル

ＰＤＣＡサイクル（plan-do-check-act cycle）とは、

Ｐ（計画：plan）：実績や将来予測などをもとに業務計画の作成

Ｄ（実施：do）：計画に沿って業務を実施

C（評価：check）：計画と実施の差異を評価
A（改善：act）：評価に基づく改善

を実施する。最後のA（改善）ではC（評価）の結果から、最初のP（計画）の内容を継続（定着）・修正・破棄のいずれかを選択し、次回のP（計画）に結び付ける（図1―3参照）。このスパイラル・アップ（spiral up：らせん状の仕組）のプロセス（process：過程）を繰り返すことにより、品質の維持・向上および継続的な業務改善活動を推進するマネジメント手法である(19)。

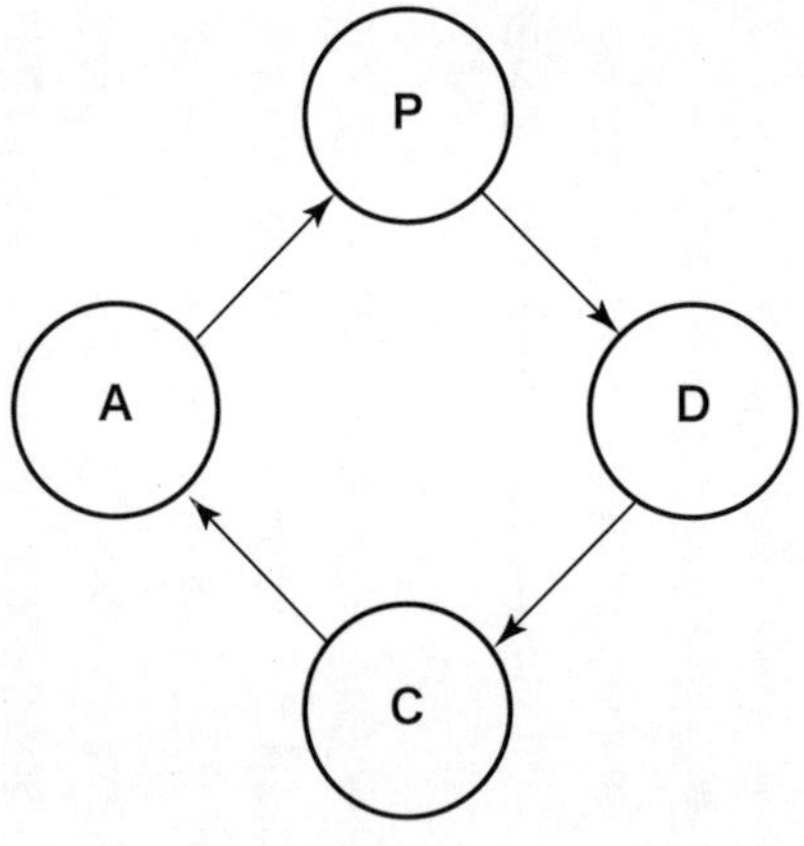

図1-3　PDCAサイクル

一九五〇年にアメリカからW・E・デミング博士（Dr. William Edwards Deming）が（財）日本科学技術連盟（JUSE）の招きで来日した時、総合的品質管理（TQC：Total Quality Control）の重要性を説き、このPDCAサイクルの実施を広めた。彼の理論を熱心に学び、実践に移した日本の製造業は画期的な品質向上を果たし、強い競争力を生んだのである(20)。

アメリカでは産業革命（一八〇七年の出国禁止令から一八六一年勃発の南北戦争）後、最新機械の導入・互換式大量生産により工場経営規模の急速な拡大が進行した(21)。増大する東・南ヨーロッパからの未熟練労働者を利用し、自国熟練工の不足を補うために、分業（技術的分業、個別的分業）による工程の単純化が進められた。この分業はF・W・テイラー（Frederick W.Taylor）が生み出した科学的管理法（principles of scientific management）の一つの手法である。科学的管理法とは「計画」と「実施」の分離、職務区分の「細分化」と「厳格化」である(22)。

計画立案が管理者の仕事であり、その立案された計画どおりに仕事を実施することが作業者に課せられた仕事となった。また実施の結果と計画との間に差異が生じたかどうかをチェックし、必要に応じて処置を取ることも管理者の仕事となった。つまり、管理者は計画・点検・処置（P・C・A）を行い、作業者は（実施：D）だけをすることになったのである。この「計画」と「実施」の分離という考え方は、実施を担当する作業者には、仕事を管理する「自主管理能力」はないという前提条件に立っている。作業者が「自主管理能力」を仕事の上で発揮するには、この能力を有することを認めた上で、適切な教育訓練が必要である。さらに、作業者の勤勉な努力と管理者の指導が適切であることなどが重要な前提条件となる。先進諸国の生活水準と教育レベルは年々向上している。したがって、作業者に「自主管理能力」がないという前提に立つシステムは時代遅れであると言えよう(23)。

日本ではTQCやTQM（Total Quality Management：全社的品質管理）とかと呼ばれても、事実上は製造業の製造部門だけで行われているに過ぎない。これに反してアメリカでは、製造業ばかりではなく、サービス産業にもTQMが浸透している。サービス産業では飲食店やホテルだけでなく、電気・通信・電話・銀行・証券・小売旅行代理店等にも幅広く浸透しているのである。今日のアメリカ企業の強みがこの点にうかがえる。ただし、アメリカの企業では、いまだに「計画」と「実施」の分離が製造業を中心として残っており、その点を考慮

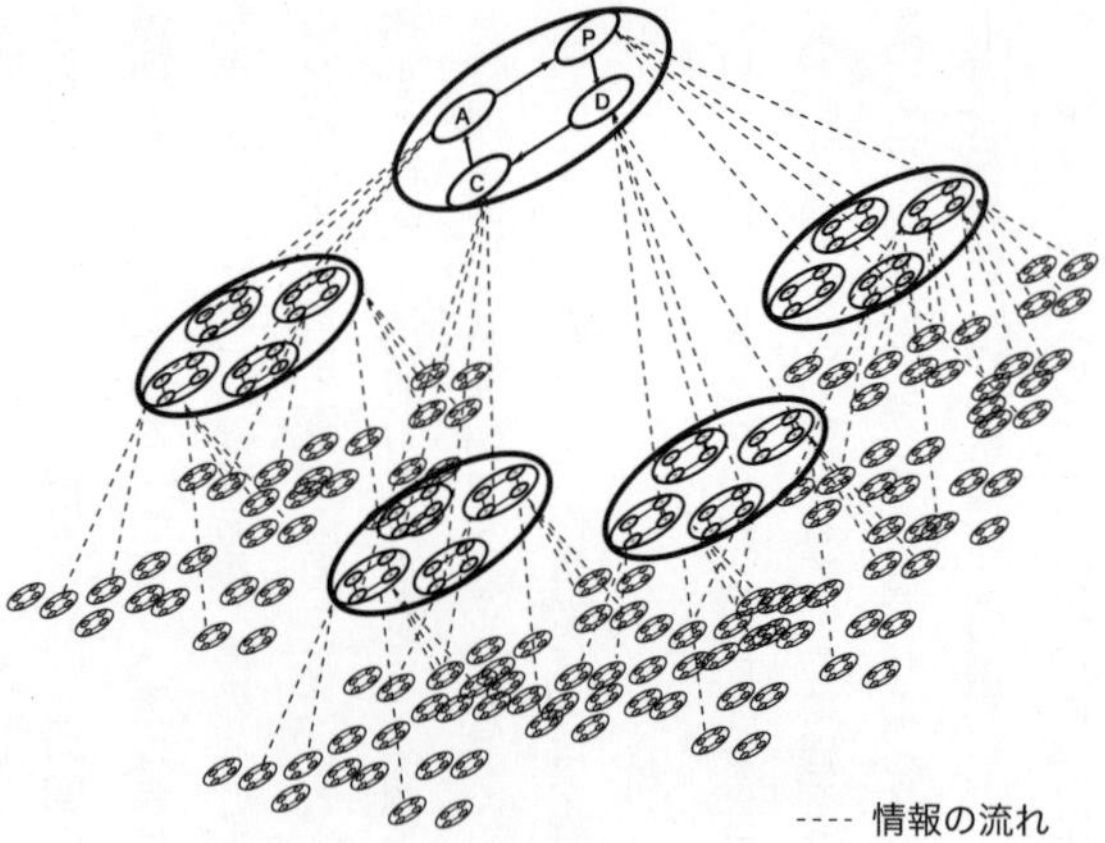

図1-4　自主管理による階層別PDCAサイクル

するとまだまだ日本企業が活躍する場が存在すると思われる(24)。

マネジメントを管理と捉えるならば、マネジメントとは「自主管理能力」を基礎とした上に成り立つものである。もちろん、経営者・管理者による教育訓練を伴うものであることは言うまでもない。そこで、「自主管理能力」に基づくPDCAサイクルを考えると、次のようになる。それは、

P：実績や将来予測をもとに、経営者・管理者・作業者が一体となり業務計画を作成

D：自ら立案に参画した計画に沿って業務を実施

C：計画と実施の差異を経営者・管理者・作業者が一体となり点検・評価

A：評価に基づく改善を経営者・管理者・作業者が協議の上、実施

となる。MIS活用を前提にした「自主管理能力」に基づくPDCAサイクルである。経営者・管理者・作業者が刻々と変わる「計画」と「実績」の差異を的確に把握し、その上で各々「計画」と「実績」の差異を埋めるための「処置」をMISを活用しながらシミュレーションを繰り返すことにより、最適化する「処置」を見いだす

のである（図1―4参照）(25)。

第2節　能力主義と目標管理の考え方

第1項　能力主義と成果主義

能力主義（職能資格制度）は一九六〇年代後半からバブル崩壊のころまで、日本の職場を覆っていた管理方式と労働体系である。ここでの「能力」とは、集団的に職務を遂行することができる協調性と責任感があることを指している。それは別の表現をすると、人柄や人間性と言われることである(26)。

能力主義は「企業への貢献度あるいは貢献能力（職務遂行能力）についての人事考課（査定）で賃金（昇給）および職位（昇進・昇格）を決定する制度」と説明されているように、その核心部分は人事考課によって構成されていた(27)。人事考課はそれぞれ客観性・科学性に乏しい能力考課・成績考課・情意考課の三本柱からなる。重要なことは、職務遂行能力とはすでに獲得された職務を遂行するための能力ではなく、将来に獲得される潜在能力を職務遂行能力とした点である(28)。

能力主義は、このようにして職能の形骸化と労働者の非自立化を助けた。また、それに適した人材を育成するための教育システムも作り上げた。小学校から始まるレールの中で、試験によってのみ選抜され、レールの上を走ることだけを刷り込まれ、いつしか自分の足で歩くことを忘れ、最後に青果物のように等級別に企業という列車に乗り込み、あとは定年まで走りつづけることである(29)。

表 2-1　就職先選定の重視点

	よい給料	安定した職場	よい人間関係	達成感のある仕事
平　均	34.5%	31.8%	10.1%	21.6%
日　本	11.7%	33.3%	27.0%	25.9%
アメリカ	31.5%	14.5%	11.9%	41.8%

※『世界 60 カ国価値観データブック』106 頁より作成。

「世界価値観調査２０００」(30)のアンケート調査では、就職先選定の重視点として、「よい給料」「安定した職場」「よい人間関係」「達成感のある仕事」を支持する度合を尋ねた質問で、表２－１のような結果を得た。現在の日本ではまだ、生温い人間関係に価値観が置かれ、アメリカは競争意識が突出している結果となっている。

バブル崩壊後、日本企業の多くは能力主義から成果主義へと移管した。現在採用されている成果主義を見ると、少なくとも次の三つのタイプに分かれている。それは、

1．素朴な成果主義
2．プロセス重視型成果主義
3．分離型成果主義

である。「素朴な成果主義」とは売上、利益、費用などの数値実績と報酬を直接、関係させたものである。「プロセス重視型成果主義」は売上、利益、費用などの目標値の達成率だけではなく、成果を生み出したプロセスをも評価するものである。「分離型成果主義」では一応、成果主義を標榜するが、年功的要素を後退させた成果主義である。

成果主義の影響は賃金制度だけでなく、賃金制度の変化を通して、人事管理全般

に影響を及ぼしつつある。それは、

1. 高齢者活用の可能性
2. 能力開発の重要性の高まり
3. 中年期以降のリターン・マッチ
4. 管理職に昇進しなかった中年期以降の従業員のモラール維持
5. 企業内の人間関係のあり方

などである(31)。

能力主義から成果主義への変更は、中高年の自殺者や若年者のうつ病の増加という目に見える形で社会問題化している。この影響は今後も一〇年近くはかかると思われるが、本質的な解決には企業内教育だけではなく、日本の教育システムの変更なくしてはありえないであろう。

第2項 目標管理の現状

能力主義から成果主義へと、人事政策の変更に伴い、その手法の一つとして目標管理(Management by Objectives : MBO)が再び注目を浴びた。目標管理は日本に紹介されて半世紀の歴史となる。目標管理はP・F・ドラッカー(Peter Ferdinant Drucker)により開発されたマネジメント手法で、著書『現代の経営』により知らされた。それ以降、目標管理は数多くの日本企業で導入され、時代を追うごとに進化発展してきた(32)。

日本能率協会の調べでは、従業員数一〇〇〇人以上の企業では八〇%以上で目標管理を導入している。しかし、

表 2-2　生活にとっての重要度

	日本の平均得点	世界の順位
家　族	3.90	24 位
宗　教	1.96	56 位
仕　事	3.31	52 位
友人・知人	3.40	18 位
余暇時間	3.32	10 位
政　治	2.83	3 位

※『世界 60 カ国価値観データブック』10 頁より作成。

表 2-3　仕事で重要視する項目

	給料	心理的圧迫が少ない	失業の怖れが少ない	世間から尊敬	勤務時間
日本	83.0%	69.1%	80.3%	36.9%	71.6%
アメリカ	88.7%	38.2%	71.8%	45.6%	67.0%

※『世界 60 カ国価値観データブック』107 頁より作成。

個別に各企業の取組方を見てみると多種多様の様相が見受けられる。共通点は目標設定、実績、フォロー、評価というプロセスを目標管理シート(33)にて活用・運用していることである。しかし、各企業間で制度の内容やルール、ツールなどにさまざまな違いが見られる。アンケートの調査結果では目標管理を人事評価と連結することにより、問題を抱えながら運用しているケースがおよそ七〇％に達する。問題なく運用している企業に共通する点は、現場実務との調整に配慮がなされていることである(34)。

バブル崩壊後、「失われた一〇年」と言われる長期不況に苦しんでいる現在、「価値観」という心理的な指標から日本人が世界の中でどのような位置にあるのかを参考に目標管理のあり方を考えてみたい。「世界価値観調査 2000」は各国・地域ごとに一八歳以上の男女一〇〇〇サンプル程度の回収を基本とした個人対象の意識調査である。基本的価値観調査として、あなたの生活にとっての重要度の視点で、「家族」「友人・知人」「余暇時間」「政治」「仕事」「宗教」「奉仕」を支持する度合を尋ねた質問では、表2―2のような結果を得た。その結果では、日本は「政治」「余暇時間」「友人・知人」を重視し、「家族」は中程度の重視、「宗教」「仕事」は重視しない国となっている。しかも、「仕事」に至っては五九カ国中五二位となっている。日本より「仕事」を重視しない国はアイルランド・北アイルランドを含む七カ国だけである。

「仕事」で重要だと思う項目で、「給料」「心理的圧迫が少ない」「失業の恐れが少ない」「世間から尊敬」「勤務時間」を支持する度合を尋ねた質問を日本とアメリカで比較検討した（表2―3参照）。その結果、「心理的圧迫が少ない」の項目でアメリカと日本で大きな差が出ている。そして「世間から尊敬」の項目では日本よりアメリカの数値が高いことと考え合わせると、現在の国力あるいは企業の優位性が現れているものと思える(35)。

何がこうした状況を、アメリカで作り出したのか。一言で言えば、新しい発想を育てていくビジネスに投資をしていくことに積極的な風潮が、こういう状況を作り出したのである。いわゆるキャピタルゲインに対する税金のかけ方、新しいビジネスが失敗した時の救済策など日本とは制度的に違う仕組みもあるが、一番の違いは、新しい試みを後押しするか、足を引っ張るかという社会的風潮の違いである(36)。

第3節　利益・原価の考え方

第1項　原価概念

一九六二年一一月、旧大蔵省企業会計審査会が『原価計算基準』を発表した(37)。それには、「わが国における原価計算は、従来、財務諸表を作成するに当たって真実の原価を正確に算定表示するとともに、価格計算に対して資料を提供することを主たる任務として成立し、発展してきた」と述べられている。そして、原価の一般概念を「原価とは、経営における一定の給付にかかわらせて、把握された財貨又は用役（以下これを「財貨」という）の消費を、貨幣価値的に表わしたものである」と述べている(38)。つまり、経営活動の結果の報告書である財務諸表（損益計算書・貸借対照表）を正しく作るための原価の計算方法を規定しているのである。

アメリカにおいてはアメリカ会計学会（American Accounting Association）が一九五五年度の「原価概念および基準委員会」の報告書において、原価の一般概念を次のように定義している(39)。「企業目的にとって原価とは、有形・無形の経済財を取得し、または作り出す場合に、目的意識的に放出された（または放出される見込みの）価値の評価額に対する一般的な用語である」(40)。アメリカ会計学会の定義は、原価計算制度のみならず、特殊原価調査（代替案の評価・選定に当たって必要となる関連原価および経常的には用いられない特殊な原価概念）をも含めた、広い意味での原価の一般概念を述べている(41)。

原価計算の初期段階においては、製品の製造に実際に要した原価が真実の原価（true cost）であると考え、実際全部原価さえ把握すれば、その原価は真実の原価である以上、あらゆる目的に役立つと考えられていた。ところが市場における競争が激しくなり、遊休生産能力を抱えている状態で、実際全部原価に基づく意思決定を行うと、利益を失うことが分かった。

例えば、受注価格が安くて実際全部原価を回収できなくても、受注することにより新たに増加する売上高（差額収益）が受注することにより増加する原価（差額原価）を上回れば、差額利益が発生するのである。具体的には、キャッシュメモリーの製造販売会社がある。二〇〇七年四月の原価構成は表3―1のようになっている。ただし、生産数量は六〇万個である。

表 3-1　2007 年 4 月　60 万個生産の原価構成

材　料　費	3,000 万円	（1 個当たり@50 円）
人　件　費	6,000 万円	
償　却　費	3,000 万円	
計	12,000 万円	（製造原価@200 円）

表 3-2　実際全部原価算出による製造原価

材料費	5,000 万円	（5,000 万円 ÷100 万個＝1 個当たり@50 円）
人件費	6,000 万円	（6,000 万円 ÷100 万個＝1 個当たり@60 円）
償却費	3,000 万円	（3,000 万円 ÷100 万個＝1 個当たり@30 円）
計	14,000 万円	（製造原価@140 円）

なお、月間の製造能力は人員・設備ともに一〇〇万個で、現状四〇万個の余裕がある。このとき、得意先から四〇万個の発注があった。ただし、価格を大幅に下げた場合に限るとのことである。売価をどのように設定すれば、受注できるか検討してみる。

人件費六〇〇〇万円と償却費三〇〇〇万円は、受注するしないに関わらず変化しない。変化するのは材料費、五〇円×四〇万個＝二〇〇〇万円（@五〇円／一個）だけである。したがって、差額原価は@五〇円／一個であり、売上高（差額収益）が@五〇円／一個（二〇〇〇万円）以上で販売すれば利益増となる。しかし、これを実際全部原価で計算すると、表3―2のようになり、一個当たり@一四〇円以上、五六〇〇万円以上で販売しないと損失という結果になる。このようなことから、実際全部原価があらゆる原価計算目的に役立つわけではなく、原価計算目的に応じて、その目的に適切な原価を使い分けねばならないとする考え方が生成してきた(42)。

このような原価の特徴を、"Different costs for dlfferent

Purposes"（異なる目的には異なる原価を）と言う。意思決定のための有益な原価情報は、経常的な原価計算制度において計算されるだけでは不十分である。経常的な原価計算制度において用いられないが、経営意思決定上重要な原価概念が特殊原価概念である（43）。

外部環境の変化がますます激しくなる時代だけに、コンピュータによるシミュレーション（simulation）を活用し、外部環境の変化を機会として捉えなくてはならない。日本の経営者はコンピュータスキルにおいてアメリカの経営者と大きな差が存在していると思われる。その点の改善が望まれるのである。

第2項　意思決定のための原価

原価計算基準から離れて、経営計画に対して使用する原価の諸概念を特殊原価概念という。特殊原価調査は、計算目的に特殊性を持ち、臨時的に行われ、経営計画と関連性を持っている（44）。次に代表的な特殊原価を示す（表3―3を参照）（45）。

意思決定において重要な意味を持つ特殊原価は、「機会原価（opportunity cost）」の概念である。機会原価とは、ある代替案を選択した場合に、失うこととなった機会（他の代替案）から得られるであろう最大の利益、すなわち最大の逸失利益である。機会原価は、原価財の消費を貨幣支出額によって測定する支出原価と対立する概念である。支出原価が経常的な原価計算制度において用いられる原価であるのに対し、機会原価は経営意思決定のための原価である。機会原価は受注の可否、投資の是非を判断するもとになる（46）。財務諸表の損益計算書は「いくら利益をあげたか」を示すが、「いくら儲け損なったか」を示すものではない。それ故に、企業経営上では

表 3-3　特殊原価の種類

種　類	内　容	例
機会原価 (opportunity cost)	ある代替案を選択した場合に、失うこととなった機会（他の代替案）から得られるであろう最大の利益、すなわち最大の逸失利益である。	
付加原価 (imputed cost)	現金支出を伴わず、したがって財務会計上の記録には現れないが、原価計算上、その価値犠牲を計算できるような原価である。	自己資本利子、自己所有資産の貸借料、企業家賃金など
埋没原価 (sunk cost)	代替案の選択において、その1つを採用し他を捨てても変化しない原価である。	取替資産の未償却部分
回避可能原価 (discretionary cost)	経営目的を達成するためには、必ずしも必要とはならない原価である。	工場の壁へのペンキ塗りの費用など
延期可能原価 (postponable cost)	現在の経営活動の能率にはほとんどまたはまったく影響を及ぼさないで、将来に延期できる原価である。	機械の修繕費など
現金支出原価 (out-of-pocket cost)	経営管理者の行う一定の意思決定の結果、現金支出を生ぜしめるような原価である。	新設備価格から旧設備の処分価格を控除した正味投資額など
差額原価 (differential cost)	差額原価とは、特定の意思決定によって変化する原価のことをいう。	操業度の変化によって生じる原価

※『原価計算の基礎知識』204-205 頁より作成。

「いくら利益をあげたか」の論議ではなく、「いくら儲け損なったか」を十二分に論ずることなく、グローバリゼーション時代を生き残ることは難しい。

第3項　利益概念の違い

利益分析は財務諸表分析である。財務諸表のうち、一定期間の経営成績を示すのが損益計算書であり、一定時点の財政状態を表すのが貸借対照表である。したがって、損益計算書分析によって、一定期間における企業の収益性が判明し、また貸借対照表分析によって、一定時点の企業の流動性が解明でき、財務診断を行うことが可能となる(47)。

企業の収益性は、利益金額だけでは不十分であるので、売上高利益率や資本利益率でも評価する。同じ利益額が得られた場合、売上高の大小や使用資本の多寡によって、収益性が相違するのである。

企業全体の取得利益は、

売上高－売上原価－（販売費＋一般管理費）＝営業利益

営業利益＋営業外利益－営業外費用＝経常利益

と計算され、売上高に占める比率を売上高利益率（return on sales）と言う。利益額は売上高の大小によって増減し、また生産活動のために投下された経済的価値の総額である資本に依存する(48)。

企業は本来、投資活動の集合体である。したがって、個々の投資に際しても投資利回りという考え方が重要である。しかし、次のような理由により日本の経営者や財務・経理担当者に利回りの概念が根づかなかった。それは、

1．高度成長期のインフレーション（inflation）の影響で、実質金利のマイナス傾向や担保価値の増加

2．株式の持合により「もの言わぬ株主」が大半を占めたことである。このような状況下にあったため、日本では融資に対する金利が中心で、アメリカのように投資に対する利回りという利益概念が薄弱となった。このことがアメリカ企業と日本企業の利益格差の一因になっていることは間違いない。

フォーチュン・グローバル500に日本の企業は六七社名前を連ねている（アメリカの企業数は一六二社）。売上高では第六位にトヨタ自動車、第三七位にホンダ自動車、第四〇位NTT、第四五位日産自動車、第四八位に日立製作所とベスト五〇社に五社入っている。しかし、利益高上位五〇社の中には、トヨタ自動車一社のみで、順位も一五位となっている。また、前年比較で利益高増加率上位五〇社には、一社も入っていない状態である(49)。

勝ち組と言われている日本の企業でも、世界の企業の中で見てみると、売上至上主義的要素が残っており、投下資本利益率（ROI：Return On Investment）や自己資本利率（ROE：Return On Equity）、株式資本利益率（Return On Asset）など、収益性に視点を移すと問題点が見え隠れしているのである。

第4節　新しいマネジメントを求めて

第1項　環境問題とマネジメント

二〇世紀は先進国を中心に経済効率を第一に考える「大量生産⇓大量消費⇓大量廃棄」システムの時代であった(50)。これに対し、二一世紀に求められているシステムは経済的効率と同時に環境保全に立脚する永続可能な発展である(51)。

日本では一九五〇年代後半から一九七〇年の高度経済成長期に公害による住民への大きな被害が発生した。このうち被害が大きいものを「四大公害病（水俣病・四日市喘息・新潟水俣病・イタイイタイ病）」と言う。一九七一年に環境庁が新設され、公害という地域被害者問題から環境という日本国民全員に関わる一大問題へと拡大された(52)。

近年、地球規模の環境問題（地球温暖化、オゾン層の破壊、酸性雨、熱帯雨林の減少、砂漠化・土壌浸食、野生生物の種の減少、海洋汚染、有害廃棄物の越境移動、開発途上国の環境問題など）が企業や事業のパラダイム転換を促した(53)。企業は九〇年代前半までは「製造プロセス」の分野で環境対策を立てることに力点を置いてきたが、九〇年代後半から「製品そのもの」が環境との関連を含めて評価を受ける時代に移行した。製造プロセスにおける環境対策は企業が自分自身の創意・工夫で実現できるのに対し、製品そのものはいくら環境に配慮した自信作を製造しても、いったんマーケット上での競争にさらされるや、製品が売れなければ負けるのである。環境に配慮した製品というだけではなくて、コスト競争、デザイン重視の製品開発の熾烈な競争にさらされている。そのような意味で、企業経営は大変厳しい時代に突入したと言える(54)。

このような外部環境の変化を企業経営者がどのように認識するかが問題である。外部環境の変化を「危機」と捉えるか「機会」と判断するかということである。日本能率協会が一九九九年にまとめた「新たな企業の成長・発展をめざす環境経営」は、環境経営を「企業活動を循環構造にすることにより、環境負荷を極小化し、エコロジーとエコノミーの統合をめざす経営」と定義している。重要なことは、線形モデルだった産業活動を、生態系の原理である循環構造に変えていくことである。環境問題への取り組みは、国民が環境問題を強く意識し、環境問題に対して強力に押し進めた企業に商品の購買という形でインセンティブを与え、取り組まない企業にはペナルティを与えるといった形で進めなければ成功しない。すなわち企業、消費者、政府・自治体が一体となった取り組みが求められるのである(55)。

この環境問題への対応事例がドイツに見受けられる。ドイツは一九七〇年代に、廃棄物処理が非常に大きな問題になり、水管理法（Wasserhaushaltsgesetz）や排水排出手数料法（Abwasserabgabengesetz）などの法律が立法化された(56)。しかし、廃棄物を処理するという従来の公害対応の姿勢だけでは徐々に立ち行かなくなったのである。そこで一九八〇年代になると、排出された廃棄物を処理するという形から、廃棄物を出さないという、いわゆるリデュース（reduce：廃棄物の発生抑制）型の姿勢に転換した。さらに、一九九〇年代には有名な循環経済法というのが一九九四年に成立したのである。このように廃棄物処理ということから廃棄物の縮小へ、そして総合的に対応するという姿勢にドイツは変貌を遂げたのである(57)。

日本でも環境問題に対処できた事例がある。日本の自動車業界は一九七八年に定められた環境に関する規制（日本版マスキー規制）で、世界で一番厳しいと言われた排ガス規制をクリアした。それを契機に日本の自動車産業は国際競争力が飛躍的に強化されたのである。自動車産業は排ガス規制をコストアップの要因であり、自動車産業の競争力を弱めるものと考えていた。しかし、環境対策が顧客の欲求を刺激し、新規市場の開発と新規顧客の創出につながる、言い換えれば「マイナス」を「プラス」に変えることができた歴史的な変換点であった(58)。

今や環境問題の捉え方は企業戦略の大きなテーマになりつつある。企業はコストダウンだけに目を向けることではなく、顧客や地域住民、株主と共生する道を探し続けることが企業戦略になったのである。そして、個人や機関投資家が企業に投資する際の基準に、経済的な指標と同時に、社会的な指標も考慮する動きが広がっている。経済的パフォーマンスが良く、社会的に責任を果たしている企業に投資する、あるいは金融機関やファンドが社会的な課題の解決に関わっている事業体に出資する。それがＳＲＩ（Socially Responsible Investment：社会的責任投資）である(59)。

ＳＲＩは、先進国と一部の発展途上国の市場で、その資金量が急速に増加している。ＳＲＩの資金量はアメリカが二兆二九〇〇億ドル（二〇〇五年）、ヨーロッパは一兆二二〇〇億ドル（二〇〇五年）であるが、日本はまだ二六億ドル（二〇〇七年）である。アメリカでは、株主の力を行使して、企業行動を倫理にかなう方向に向けさせる手法が取られ、年次株主総会で提起される社会および環境関連の議決数が二〇〇三年度から二〇〇五年度の間に一六％も増加した(60)。

第2項　循環型経営を求めて

二〇〇三年日本経済団体連合会は日本経済の再生を目指して、『活力と魅力溢れる日本をめざして』を提言した。その中で、次のような内容を述べている。循環型社会を形成し、環境を強みとする「環境立国」となるためには、国内状況と国際社会との二つの側面で、条件を整えていかなければならない。その条件とは、

1．企業が環境保全に向けた取り組みを自律的に強化する
2．環境に配慮した企業の取り組みを積極的に評価する個人の存在
3．国は循環型社会に向けた技術革新の押し
4．海外を含めた循環を達成するための二国間、多国間の交渉
5．新しいエネルギーシステムの構築

などである(61)。

企業が環境保全に向けた取り組み（循環型経営）を行うためには、製品に対する原材料の取得から製造段階、流通段階、消費、廃棄のあらゆるプロセスにおける環境への負荷を総合的に推定するＬＣＡ（Life Cycle Assessment：ライフサイクル評価）を用いる必要がある(62)。ＬＣＡは次のような四つのステップから成り立

っている。

1．目的および調査範囲の設定
2．インベントリ分析
3．影響評価
4．結果の解釈

「目的および調査範囲の設定」ではＬＣＡを実施する目的およびその結果を何に使用するのかを明確にしなければならない。次の「インベントリ分析」でライフサイクル中の各工程に対する環境負荷のデータを定量化する。三番目の「影響評価」では環境影響項目への影響度を評価し、最後の「結果の解釈」で、環境影響評価結果を分析、報告する(63)。

近年、３Ｒ（Reduce・Reuse・Recycle）への取り組みが多くの場面で展開されるようになってきた。リデュース（Reduce）とは廃棄物の発生抑制のことであり、リユース（Reuse）は再使用、リサイクル（Recycle）が再生資源化を意味している。限りある資源を有効に繰り返し使う取り組みである。しかし、循環型経営の入り口はまだ先にある。「循環型経営」と呼べる成長をしながら、エネルギーや資源利用を削減できるマネジメントはまだ試行錯誤の段階から脱出できていないのが現状である(64)。

おわりに

新世紀に入り、その第一ステージが終わろうとしている。日本は「失われた一〇年」の後遺症からまだ立ち直る気配が見受けられない。しかし、天然資源の枯渇や地球温暖化問題などの地球的規模での環境影響の問題を生じたため、いち早く循環型社会を形成し環境を強みとする国・企業・国民へと変わらなければならない。もし、日本の国・企業・国民が前世紀のような思想のもとで活動するならば、持続可能な発展は望むことはできない。

循環型社会とは自然の摂理を尊重し、自然に負荷をかけない社会、すなわち、資源を有効に活用し、豊かな環境の恵みを享受できる質を重視した社会を指し示している。循環という言葉は輪廻をイメージさせる。すなわち、循環とはまさしく「東洋の心」と言える。

「和魂洋才」という言葉がある。それは日本古来の精神世界を大切にしつつ西洋の技術を受け入れ、両者を調和させ発展させていくという意味の言葉である。循環型社会および循環経営の構築はもう一度「和魂洋才」への軌道修正から始めなければならない。日本は「東洋の心」を習得しつつ、東洋と西洋の再融合により、地球的規模での循環型社会という新世界の構築に生き延びる道がある。

[注]

1 人見勝人『現代生産入門』(同文館出版、一九九四年)七四頁。

2 Harold Koontz, Cyril O'Donnell, *Principles of management: an analyses of management functions* (McGraw-Hill, 1964), pp.39-41.
3 P・F・ドラッカー『イノベーションと企業家精神』(ダイヤモンド社、一九八五年) 二三頁。
4 拙著「経営システムに関する一考察」『龍谷大学大学院研究紀要』第一一号(一九九七年) 一一五頁。
5 城繁幸『若者はなぜ3年で辞めるのか?』(光文社、二〇〇六年) 三三頁。
6 松田武彦『計画と情報』(日本放送出版協会、一九六九年) 一五四頁。
7 拙著「経営システムに関する一考察」 一一四頁。
8 八城政基『日本の経営 米国の経営』(日経ビジネス人文庫、二〇〇〇年) 五〇頁。
9 http://home.kanto-gakuin.ac.jp/~kaoki/ko03.html.
10 伊丹敬之『日本の企業システム第3巻』(有斐閣、一九九三年) 二七六頁。
11 日本経済新聞社編『働くということ』(日本経済新聞社、二〇〇五年) 七八頁。
12 人見勝人『入門編生産システム工学 第2版』(共立出版、二〇〇〇年) 一三頁。
13 『知的財産報告書』(旭化成株式会社、二〇〇四年三月)。http://www.asahi-kasei.co.jp/asahi/jp/aboutasahi/ip_report_pdf/ip_report2004.pdf.
14 人見勝人『生産システム論』(同文館、一九九二年) 一七九頁。
15 松田武彦、前掲『計画と情報』一六五頁。
16 独立行政法人・情報処理推進機構『成果報告書』 四三四頁。http://www.ipa.go.jp/about/jigyoseika/04fy-pro/chosa/srm/srm5.pdf.
17 八城政基、竹村健一『外資系の頭で考える』(太陽企画出版、二〇〇三年) 六九頁。
18 *FORTUNE* July 23, 2007.
19 『情報マネジメント用語辞典』。http://www.atmarkit.co.jp/aig/04biz/pdca.html.
20 財団法人・先端建設技術センター『Advance No.21』(二〇〇四年六月)。http://www.actec.or.jp/advance/21.html.
21 豊原治郎『アメリカ産業革命史序説』(未来社、一九六二年) 一一頁。

22 野村正實『熟練と分業』（御茶の水書房、一九九三年）一二六頁。
23 近藤良夫『全社的品質管理』（日科技連出版社、一九九三年）二三頁。
24 ジョージ・フィールズ『日米会社比較』（小学館、一九九九年）一六三―一八三頁。
25 八城政基、前掲『日本の経営　米国の経営』一〇一頁。
26 大野正和「能力主義の現実と成果主義の理想」。http://www.geocities.jp/japankaroshi/nouryoku.htm.
27 木元進一郎他『激動期の日本労務管理』（高速印刷出版、一九九一年）五九頁。
28 基礎経済科学研究所『日本型企業社会の構造　一九九二年』三五七頁。
29 城繁幸、前掲『若者はなぜ3年で辞めるのか？』一八五頁。
30 電通、電通総研編『世界60カ国価値観データブック』（同友館、二〇〇四年）一〇六頁。
31 中村啓介「成果主義と人事改革」『日本労働研究雑誌』四三―四五頁。http://www.jil.go.jp/institute/zassi/backnumber/2007/special/pdf/043-047.pdf.
32 金津健治『目標管理の考え方・進め方・強め方』（インデックス・コミュニケーションズ、二〇〇四年）一三頁。
33 「目標管理シート」（詳細版）。http://www.insource.co.jp/present/pdf/mokuhyo_dandori.pd.
34 藤川博之「成果重視時代の目標管理制度」。http://hrm.jmam.co.jp/column/scene/sc03_1.html.
35 電通、電通総研編、前掲『世界60カ国価値観データブック』一〇頁、一〇八頁。
36 田中滋、淺川港『まず、日本的人事を変えよ！』（ダイヤモンド社、二〇〇一年）九四頁。
37 柳田仁『国際経営会計論』（中央経済社、二〇〇六年）二三三頁。
38 渡辺喜久『工業会計』（同文館、一九九五年）二二三頁、二二四頁。
39 山田庫平『原価計算の基礎知識』（東京経済情報出版、一九九七年）二二頁。
40 American Accounting Association, "Tentative Statement of Cost Concepts Underlying Reports for Management Purposes," *The Accounting Review* (April 1956,183).

41 岡本清『原価計算（六訂版）』（国元書房、二〇〇〇年）一〇―一一頁。
42 岡本清、広本敏郎、尾畑裕、挽文子『管理会計』（国元書房、二〇〇三年）一五頁。
43 小島義輝『米国進出企業の経営と会計』（日本経済新聞社、一九九六年）一〇五頁。
44 長坂悦敬「特殊原価調査上での原価概念」。http://kccn.konan-u.ac.jp/business/cost_accounting/contents_02/03.html.
45 山田庫平、前掲『原価計算の基礎知識』二〇四―二〇五頁。
46 今坂朔久『新原価の魔術』（白桃書房、一九六七年）四九頁。
47 西澤脩『増訂管理会計を語る』（白桃書房、一九九六年）一九―二〇頁。
48 廣綱晶子『最新「マネジメント」とケース分析』（秀和システム、二〇〇四年）八九頁。
49 *FORTUNE* JULY 23.2007/NO.13, p.p.F-1,F-14.
50 宮本憲一『環境経済学』（岩波書店、一九八九年）五五頁。
51 浄土真宗教学研究所環境問題特設部会『環境問題を考える』（本願寺出版、二〇〇〇年）二九四―二九五頁。
52 新潟水俣病出版事業編集協議会『未来に語りついで』（新潟県、二〇〇二年）三〇頁。http://www.pref.niigata.jp/fukushihoken/fukushigyousei/minamatabyou/mirai/pdf/12chapter8.pdf.
53 住友恒、村上仁士、伊藤禎彦他『環境工学』（理工図書、一九九八年）二七―二九頁。
54 日本銀行情報サービス『にちぎんクオータリー ２００３年秋季号』（日本銀行、二〇〇三年）三三頁。
55 高多理吉『季刊国際貿易と投資 No.49』（国際貿易投資研究所、二〇〇二年）一二四頁。
56 Horst Siebert, *Economics of Environment* (Springer-Verlag 1998) p.187.
57 安田尚道『持続的発展の経営学』（唯学書房、一九九九年）七頁。
58 瀬古俊之『自動車研究 No.29』（日本自動車研究所、二〇〇七年）一八九頁。
59 谷本寛治『ＳＲＩ 社会的責任投資入門』（日本経済新聞社、二〇〇三年）一頁。
60 クリストファー・フレイヴィン『地球環境データブック ２００７―０８』（ワールドウォッチジャパン、二〇〇七年）一五七―一五八頁。

61 日本経団連『活力と魅力溢れる日本をめざして』（日本経団連出版、二〇〇三年）四〇―四五頁。
62 片岡教孝、鈴木嘉彦『循環型社会入門』（オーム社、二〇〇一年）一三三頁。
63 竹島修平「自動車用鉛蓄電池におけるＬＣＡ」『ＦＢテクニカルニュース 二〇〇一年』No.五七号、三―四頁。http://www.furukawadenchi.co.jp/tech/pdf/fbtn57_02.pdf.
64 三橋規宏「OPINION」『RITE NOW』（地球環境産業技術研究機構、二〇〇一年）四〇号、二―三頁。http://www.rite.or.jp/Japanese/kicho/kikaku/now/now40/40_02_03.pdf.

第4章　日米商交渉論

冨永　信太郎

はじめに

商交渉の目的は、それが日本で行われようがあるいは米国で行われようが、単純明快である。それは、可能な限り利益を大きくし、可能な限り危険負担を小さくすることにある。その方法が日本と米国では異なる。山の頂上にある利益を求めるためにその山を登る道は無数に存在する。その道が異なるために、日米間における商交渉も複雑な様相を呈している。

本章の前半で三つの事例を挙げる。その事例の中に問題点を見つけ、そして、それらの問題点を考察した後に、後半部分において、日本実業人(1)が米国実業人との商交渉を営むに当たって心得るべきことを述べる。

第1節　事例と異文化問題発見

第1項　事例1「空気を読む」

日系米国人のジェームス・ワタナベ(James Watanabe)は、米国に進出した日本の会社に勤めている。彼の直属上司は、日本から米国に派遣されている。彼の名前は伊藤三郎で、既に米国には三年住んでいる。伊藤は、英語が巧みなので、二人は英語で話をしていてなんら支障はなかった。さらに伊藤は、ワタナベに日本人の商慣習についていろいろと語ってくれたので、ワタナベは伊藤を尊敬していた。しかし、伊藤がどんなに懇切丁寧にワタナベに説明しても、あることだけは、ワタナベには理解が難しかった。それは、伊藤がいつも言う、「雰囲気を読め」、だった。伊藤は、「それは日本語で空気と言うのだ」と彼に言っていた。以下のような対話があった。

以下の対話中、伊藤三郎をＳＩとしジェームス・ワタナベをＪＷとする。

ＳＩ　ジェームスさん、日本人と接しているとき、必ず打ち合わせ中の雰囲気を観察してみてください。既にあなたも知っているように、それを「空気」と私たちは呼びます。空気を読まなければ、対面している日本人から本音を知ることが難しくなります。

ＪＷ　伊藤さん、空気を読むのは大変難しいです。どうしたら空気が読めるんですか。

ＳＩ　あなたが日本人と何かを話しているときの状況をよく観察することです。

ＪＷ　私はいつも注意して日本人が話すことを聞いています。英語力に難がある日本人が多いので特に気をつけます。さらに、何を彼らが主張したいのか知ろうと努めます。それが空気を読むことになるんですか。

ＳＩ　それとは少々異なります。「習うより慣れろ」、という諺があります。日頃からあなたの同僚や上司たちがしていることをよく観察すると理解が可能になります。人の行為を観察すれば、そこに隠れている重要な情報を得ることができます。だから、日本人顧客の非言語会話を注意深く観察すると、彼らが議題に対して肯定的か否定的かの信号を受け取ることができるようになります。

JW　そこが非常に難しい点です。なぜなら、日本人は否定的なことをめったに口に出して言わないからです。もし私が空気を読めば、打ち合わせしている相手方日本人が、状況を肯定的に捉えているかまたは否定的に捉えているかが分かるのですか。

SI　そのとおりです。

JW　怒らないでくださいね、伊藤さん。それでも私はどうしたら空気が読めるかが分からないんです。空気を読むコツをぜひ教えてください。

SI　コツのようなものではないんですよ。ただ相手を注意深く観察すれば良いだけです。

JW　私は、非言語会話を読まなければならないんでしょう。言葉に表現されていない情報をどうやって読むことができるのか全く分かりません。言葉じゃないんですよ。彼らが何を思っているのか言葉で表現してくれなければ、彼らの意思を理解するのは非常に難しいです。

SI　そんなに難しいんですか。なぜ?

JW　伊藤さん、それは私が聞きたいことです。

ここにおける問題点は、現在の日本においてKY（空気(2)が読めない：Kuuki-ga Yomenai）な人が社会的に不利な立場にいる、とよくテレビ、ラジオ、新聞、雑誌などの媒体で取り沙汰されていることと密接に関連する。

日本人が言う「空気」は、英語に翻訳されにくい。直訳するとairとなる。それは人間が呼吸する空気を意味するし、その場合は不定冠詞を排除した状態で使用される。しかしそれに不定冠詞が付くan airは、日本語の「雰囲気」の意味に近くなる。しかしながら日本人が言う「空気」は、人の思考、感情に強い影響を与えるので、必ずしも不定冠詞を伴ったairと同義にはならない。

日本人の多くは、場の空気を注意深く観察し、その空気に潜む人の漠然とした意思を読み、その空気が示唆するあるいは求める方向性から外れないように努力しようとするが、米国人にそれを期待しても徒労に終わる場合が多い。日本人同士がお互いに意思疎通を図るとき、場の空気を読みながら意見調整を図ることがよく起きる。その場合、空気を読むことが人の意思を正確に把握するかどうかは疑問の多いところである。その読みが正しいかそうでないかはこの場合はあまり重要ではない。これは、科学的に説明が付けにくいが、日本人が空気を読みたがる癖は知っておいた方が良い。なぜなら、米国人との商交渉時に、多くの日本人は交渉の場における空気を読みながら意見調整を図ろうとするし、その空気を正確に読み取れずに苦労しているからだ。

事例の中で伊藤が日系米国人のワタナベに対して、日本人と折衝するとき、相手のことをよく観察して、その空気を読み、相手の気持ちを推し量ることの重要性を教えているが、ワタナベはそれがよく分からないでいる。米国に派遣される日本人は、米国にいる日系米国人に対して親近感を持ち、本国にいる日本人と同様に日系米国人を捉える場合がある。おそらく安心感から生まれる感情に根差してのことだろう。しかしながら、米国に生まれ育った日系米国人の多くは、日本列島に住む日本人とはかなり異なる方法で意思疎通を図る。米国にいるその他大勢の米国人と同じような対話方法を持つのは当然である。そういった日系米国人に日本人と同じような期待感を持つと、お互いの意思疎通のずれが発生する。

米国内にも空気を読める米国人は少なくない。しかし、実業人として有能な米国人ほど、空気に本人の意思が左右されることはない。また空気を読むことは、事例にもあるように非言語会話を理解しようとする行為である。そのためには、推測を働かせなければならない。米国実業人は、推測に依存した交渉はできるだけ避けようとする。米国では、交渉にとって最も重要なことは、言語により表現された相手の意思を理解し把握し、言語を用いて相手にこちらの意思や主張を理解させ納得させることにある。非言語的な「空気」を読んでそれを推測し言語に表すのは、米国実業人にとって、少々冒険に近い。しかしながら、日本人は多くの場合、相手が米国人であっても空気を読もうとする。そのことを米国人の部下にもなんとかして理解してもらおうとしている伊藤の態度が悪いのではない。言わないよりも言った方が良い。ところが、それをワタナベが完全に理解するのは相当困難であることも理解すべきである。

第2項　事例2　「日本人の意思決定」

マーガレット・タッカー（Margaret Tucker、以下「マーガレット」）は米国の会社に勤めていて、アジア各国に彼女の会社の製品を販売する責任者だ。台湾、韓国、中国、フィリピン、シンガポールを含む他の東南アジア諸国そしてインドにおける彼女の販売実績は順調である。もっとも文化的な障害はあるが、それは大したことではない。なぜなら、アジア各国における彼女の顧客らは、彼女が実践する方法と類似した方法を採択しているので、実際の交渉には目立った不満を持つことがない。マーガレットは、彼女の仕事の進め方に対して示す彼らの率直な反応に満足していた。彼らはまた彼女の提案に関してかなり早い回答を示した。時々、彼らは彼女に対して率直過ぎることがあるし、その態度に少々辟易《へきえき》することもあるが、それは重大な問題とはならなかった。なぜなら、商売が順調に伸びていたからだ。

彼女を最も悩ませたのは、アジアで最大の市場潜在力を持つ日本市場であった。うまくいけば、マーガレットの成績がはるかに上がるのは間違いなかった。しかしながら、日本市場の実績規模は、日本と比べてかなり小さい市場の台湾と同程度であまり芳しくなかった。彼女は、彼女と日本実業人の間に目に見えない障害があると感じていた。例えば、彼女と打ち合わせをする多くの日本実業人は、彼女が提起するさまざまな案に対して、素早く、それらが気に入るか否かの回答を示さない。ある場合には、彼女が打ち出す新事業提案に関しての意思決定が非常に遅く、彼女をいらいらさせた。

マーガレットは、アジアの広範囲な市場を担当していたので、日本にはあまり多くの日数をかけて滞在することができなかった。彼女は、卓越した時間管理能力を駆使した交渉を展開し、その典型的な米国実業人としての誇りを抱いていた。日本以外のアジア市場では、彼女の躍動的で積極的な交渉方法は十分に受け入れられていた。何の疑いもなく、彼女は、同じ方法が日本人にも適用されると信じていた。しかし、期待したとおりの結果が伴わなかった。

マーガレットは、一カ月前に、かなり魅力的な商機となるような提案を日本のある大企業にもたらした。彼女は、同じ会社を二度訪問した。意思決定権を持つ日本企業の役員にも会った。しかし、彼女は、彼女が提示した案に対してその役員からなんら明瞭な意思表示を得ることがなかった。そしてその会社を三度目に訪問したとき、その会社の社員幾人かと彼女が提示した案について何も明瞭な返事がなかった。

失望していたとき、マーガレットは、その会社の英語に巧みな若い男性社員から夕食に誘われた。彼はいつも彼女と折衝する窓口として機能していた。彼女はその誘いを断った。その理由は、彼が若いことと、彼には意思決定権がないだろうと判断したからだ。同時に彼女は彼に言った。「一カ月前に提示した私の案についてできるだけ早く回答がほしい。さもなければ私は別の会社と折衝するつもりでいる」

この事例は、アジアの中の日本とその他の国々との比較の中で米国人の立場から見た日本実業人との問題点が見える。典型的な米国実業人が持つ能力も部分的に説明されている。

一つ目は、「相手からの率直な反応に満足する」、二つ目に「提案に対する素早い回答を期待する」、そして三つ目として「卓越した時間管理能力を持つために、取引相手と短時間に商談を決めたい」、などがある。

これらの要素は、日本以外のアジア諸国ではあまり問題なく受け入れられている。当然ながら、マーガレットは、日本実業人からも同様な反応を期待している。ところが、意に反して日本実業人との交渉はうまくはかどらない。結果として日本市場における販売高は、日本市場よりもかなり小さい台湾市場における販売高と変わらない。これに対してマーガレットは不満を抱いている。目に見えない障害が日本にあると感じている。

そういう状況下、マーガレットは、ある日本の大企業に魅力的な商談を持ちかけた。その会社を二度訪問し、決定権を持つ役員とも会った。しかし明瞭な意思表示は得られなかった。三度目の訪問時にもなんらの意思表示も得られなかった。商談の道筋を付けるために、彼女との折衝窓口として機能していた英語に巧みな若い男性社員からの夕食の誘いを断り、彼から意思表示を求めた。その際、もし意思表示がなかったら、他社を当たると言って圧力をかけた。

さて、問題点は何であろうか。なおここで留意すべき点は、問題点を発見したとき、それを米国人または日本人になんらかの非があると思わないことである。これについては、本節の最後に「事例研究のまとめ」として述べる。

一般的に米国実業人は、学校を卒業して会社に入ると、さまざまな訓練を受ける。販売に従事するならば、プレゼンテーションつまり商品や役務の説明方法、電話の話し方、面談約束の取り付け方、企業訪問の方法、時間管理、交渉方法、成約に向けてのまとめ方など、徹底した訓練を社内で受ける。その場合に、社内研修講師ばかりでなく社外の専門講師も起用される。あるいは、社外で提供されている販売管理方法を個人でお金を払って受講する人もいる。その訓練経験を履歴書に書く米国人は多い。

マーガレットもそういった訓練を何度も受けて成長してきている。当然、彼女は訓練された優秀な商交渉者でもある。販売を含む米国流の経営管理方法は、日本以外のアジア諸国では案外とそのまま通用する場合が多い。

筆者の経験に照らして言えば、多くのアジア実業人は米国実業人と交渉するとき英語を巧みに使う。それと、物事を率直に発言する韓国系、中国系、その他東南アジアの人たちは、米国人との交渉においてもあまり違和感がない。もちろんそれぞれの民族的特徴を反映する文化が異なるのは言うまでもないが、その差異は米国実業人との商交渉上の困難さとは直結しない。

日本人も他のアジア人と同様に取引交渉が可能だと思い込んでいるところに、マーガレットが抱える問題がまず存在する。この事例に見られる彼女が持つ資質は、物事を率直に言いあい、意思表示をできるだけ早く行い、取引交渉において時間を有効に活用するためにマーガレットが無駄だと思う時間の使い方を避けたい、といった意向の中に現れている。

そして彼女が持つこれらの資質は、日本実業人にとっても問題となる。多くの日本実業人たちも米国実業人たちの取引交渉方法について熟知していない場合が多い。事例の中で見られたマーガレットの資質は三点が浮き彫りになっている。それを以下再掲する。

一、相手からの率直な反応に満足する。

二、提案に対する素早い回答を期待する。

三、卓越した時間管理能力を持つために、取引相手と短時間に商談を決めたい。

日本人も米国人も上記した以外にさまざまな特質を持つ。本事例では、上記三点のみに限定して日本人の平均的な反応とを比較してみる。

日本人の多くは、商談において物事を率直に言うのが必ずしも良いとは思わない傾向にある。松尾芭蕉は、「ものいへば唇寒し秋の風」(3)と詠んだ。この言葉は、物事を率直に言うのは人間関係にあまり良い影響を与えないだろうという教訓として受け取ることができる。日本実業人の多くは、長く会社に勤めているうちに、先輩社員から「言い過ぎないように」仕事現場で叩き込まれる。それは、「出る杭は打たれる」、という諺にも見られる。いつしかそれが習い性となり、日本人同士での商交渉においても、あまり話し過ぎないように気をつける現象が散見される。

また組織的に動こうとする日本人は、突出した個人的な活動を控える傾向にある。企業内に担当者はいるが、その担当者はその人が属する最小単位の課内の総意から外れるような言動を取りたがらない。担当者は、外部から働きかけられるさまざまな提案を上司に諮りながら外部との折衝を行う。もし外部からもたらされる取引提案が大きい場合は、その課の責任者、いわゆる課長は、その上司に意見を求めるし、さらに上層部へとそれが打診される。

そうした場合、担当者は、上層部から返ってくる決定を待たなければならない。それがいつ担当者に返ってくるかは、分からないのだ。また担当者は、何でも上層部に打診できるわけではない。かなり時間をかけて、担当者の直属上司、課長らと何度も話し合いを繰り返す。その過程の中で担当者は社外の取引提案者に対してさまざまな質問を投げる。日本人ならば、その過程はよく理解できるし、時間がかかることをあまり大きな問題としては捉えない。むしろ質問があることを前向きに捉える。そういった質問に答えながら、いつかは、担当者が稟議《りんぎ》書《しょ》を起草することを期待する。この稟議書なるものが日本企業に特徴的な意思決定のための一つの方法でもある。課長、部長などの権限を越す大型案件は、取締役会の承認を得なければならないことがある。そのために、末端担当者、直属上司、課長、次長、部長という段階を踏んだ根回しが行われる。全員が、外部から提案された大型案件について共通認識を持ち、そして、その危険率を検討し、これならいける、という感触を確かに持った時点で、担当者に稟議書を起草するように上部から指示が来る。言い換えると、上層部の承認が得られるだろうという確信が得られて初めて稟議書が作成されるのだ。だから、時間がかかる。それを多くの日本実業人は米国実業人との取引交渉にも適用する。この点を理解する米国実業人は実に少ないために、日本実業人の対応が遅いと感じる傾向にある。それが前述した第二点の問題となる。

さらに、米国実業人らは、無駄な動きをしないことが能力の高い交渉者だと認識する傾向にある。前述した第三点の時間管理と関係する。よく言われるビジネスライクな方法（business-like approach）の一つだ。米国人は、国内であれ海外であれ、出張するとき、できるだけ日中に仕事の話を進めたいし、相手方もそのようにするだろうと期待する。

日中商談を進め、宿に帰るとその日に相手と打ち合わせた内容の整理を行い、本社に対して電子メールで報告する。重要な課題で早急な意思決定を本社から求める場合は電子メールと平行して国際電話をかけてその相談をする。時差の加減で早朝あるいは深夜電話による打ち合わせがなされる。その結果を持って日中相手方と折衝を続けるのだ。昼食を一緒に取りながら仕事の打ち合わせを行う米国実業人も多い。しかしながら夕食の場合には、その目的がよく見えず、単に、友好的な関係を構築することにある場合には、マーガレットのように時間を仕事の目的に集中して活用したい目的志向の強い米国実業人の多くが、それをあまり重要視しない傾向にある。ところが日本実業人の多くは、取引相手と友好的な関係の中で折衝したがる傾向にあるので、会社が引けた後飲食したり、あるいは、休日を利用してゴルフをしながら、なごやかな雰囲気の中で相手との関係を良好に保とうと努めようとすることがしばしば見られる。取引案件の規模が大きければ大きいほど、それは日中だけの話し合いでは前に進まない。

マーガレットが三回日本企業の役員と会っただけで、その意思決定を求めるのは、相手を米国もしくはアジアの他の国々の実業人と同じような感覚で捉えていると言える。だから、若く英語に堪能な日本企業担当者が提案した夕食を断った時点で、マーガレットは友好関係を構築する機会を喪失したことになる。そして、相手に二者択一の選択を迫り、さらに、関係がこじれることが予想される。これが第三点の問題である。

第3項　事例3「販売店管理」

米国に進出しているある日本企業は、精密機械を日本の親会社から輸入し、現地に在庫を置き北米区域で販売している。その会社に日本から派遣されている責任者は田中太郎という。北米区域をいくつかに分け、それぞれに販売店を置き、販売店契約を結び、製品の保守や維持管理もそこにさせている。しかし、そのうちの一つの販売店社長であるウィリアム・スミス（William Smith）から、保守および維持管理教育について体系的に提供してほしいと、いつも苦情をもらっている。以下のような会話があった。

以下の対話中、田中太郎をＴＴとし、ウィリアム・スミスをＷＳとする。

ＷＳ　田中さん、販売店契約書に合意されているように、私たちがいつも要求する機械の取り扱いとその保守のための訓練と指導を体系的に提供してほしい。今まで、私たちは正式な訓練と指導を受けていません。なぜなのですか。

ＴＴ　私たちは、御社から機械の注文をもらい、それを出荷するたび、今までずっと我々の販売技術者たちを御社に派遣して、御社の社員とともに御社のお客さんのところまで行き、機械の据付時に試運転しながらその取扱方法や保守方法について現場で教えてきています。それは、契約違反にならないはずです。私たちは二四時間常に私たちの人間を御社に置くわけにはいきません。

WS　私が言いたいのはこうです、田中さん。我が社には二人の優秀な販売技術者がいます。彼らを御社に一週間派遣します。その費用は我々が持ちます。その後に、御社の専門技術者に我が社に来ていただいて、彼らが完全に機械の取扱方法や保守方法について体得するようにしていただきたいのです。そうすれば、その二人が他の社員を訓練指導することが可能となります。これは契約条件のとおりです。ご存知かと思いますが。

TT　今我々は非常に忙しいんです。そんな時間はほとんどありません。いつも我々の優秀な社員を御社に送っていたので、これがそんなに大きな問題だとは思っていませんでした。

WS　田中さん、いいですか、米国の会社は、販売店に対して商品取り扱い上の教育訓練を通常提供するのです。そしてその方法を体系化しています。さらにはその方法が訓練指導手引書として準備されています。もしそのような訓練や訓練指導手引書が我々に提供できないならば、我々は御社製品の販売を増やす自信がありません。

TT　ちょっと待ってください。東京本社と相談します。しばらくお時間をいただけますか。

WS　東京本社と相談しなければならないなんて、信じられません。

この事例における問題点は、「契約に対する意識、両当事者の関係、技術移転の方法、および権限のあり方」に対する日米双方の意識の違いに存在する。

日本における商取引は、企業対企業（Business-to-Business、以下「B-to-B」）の図式において、大企業と中小企業間の取引交渉では、主に大企業の契約書式を中小企業に提示し、それをそのままの形で中小企業が合意する場合が多い。もっとも規模は小さくても、中小企業が持つ商権あるいは技術が圧倒的に優位にある場合は、中小企業の契約書式に大企業が従うこともある。また同じ規模の企業同士での取引交渉においても、契約交渉を必ずしも必要とせずとも、取引交渉が進む場合がある。注文書それ自体が契約書として機能することもある。米国では、B-to-B 取引交渉では、規模の大小にかかわらず、お互いの交渉者がそれぞれ弁護士を立てて、かなり緊迫した契約交渉を行う場合が多い。日本企業は一般的に、契約書の中身を詳細に吟味し、疑問点につき質問をし、それを明らかにし、納得がいかなければ対案を提出しながら、対立的な討議をすることもあまりない。そして、合意に達した契約書中の条項が今後の事業を推進するための履行基準書としての役目があるとも捉えない傾向にある。両当事者にとってある程度の大まかな意思表示書でもある。これからお互いの友好関係の中でともに事業を進めてお互い頑張りましょうといった内容として捉えても良い。

なぜそれが通用するかと言えば、日本実業人は、契約調印後になんらかの問題が発生したときには、友好的な関係でそれを協議し解決しようという意識があるからだ。例えば以下のような紛争解決条項が一般的に契約書の中に存在する。

「本契約に定めのない事項、または本契約について甲乙解釈を異にした事項については、双方誠意をもって友好的に協議の上解決するものとする」

平均的米国企業の紛争解決条項として以下のような文言がある。

In the event of a breach of this Agreement, or a dispute as to the meaning of this Agreement, or any of its terms which the parties cannot resolve by themselves amicably, the parties agree to submit such dispute to resolution in the manner hereinafter described.（本契約書の違反、もしくは、本契約書の意味に関する紛争、または、両当事者が友好的に解決できない本契約書のいかなる条項がある場合も、両当事者は、以下述べる方法に従って当該紛争につき提起することに同意する。）

それ以降想定できる問題点を述べて、その解決方法を具体的に書いていく。当英文には、「友好的に解決できない……場合も」と書かれていて、「友好的に解決する努力を払うものとする」、とは言っていない。もちろん、英文契約書にはさまざまな条項が存在し、紛争解決手段としてまず友好的解決を図ることを第一の目的とし、それでも解決が図れないときに、具体的な解決方法を示すことがある。しかしながら、平均的米国実業人の意識の根底に存在するのは、紛争が生じた場合には、被害をこうむったと認める側がそれを相手方に明瞭に指摘し、対決していく姿勢である。彼らは契約交渉を対立（conflict）の図式の中で行うし、紛争が発生したときは、さらにそれが激化し、対決（confrontation）となる。

事例の中で、スミスが「販売店契約書に合意されているように」という切り口で田中に迫っているのは、契約書の条項を実行してくれ、という当然の要求である。ところが田中は、契約書の条項よりも、注文品を納品してその機械を販売店の顧客に設置するときに田中が技術者をそこに派遣して、現場において機械の運転方法、保守の方法などを指導しているので、形式よりも中身としての現場指導（on-the-job training）に重点を置いているのが分かる。このすれ違いが起きる理由として考えられるのは、先にも述べた日本人の契約に対する意識の違いだけではなく、多くの日本人は現場における教育指導に重きを置く傾向にあるために、むしろ、田中としては相手に対して必要以上の役務を提供していると思っている可能性が高い。そこがすれ違いの要因となっている。

次に考えなければいけないのが、契約当事者の関係である。販売店は英語で distributor と言い、代理店は agent と言う。販売店契約書における両当事者は、お互いが本人（principal）であり、本人対本人（principal-to-principal）の独立した関係で存在する。代理店の場合には、本人の代わりとして代理店が機能するから、これは本人対代理人（principal-to-agent）の関係図式となる。英文販売店契約書の中に以下のような文言が多々見られる。

The parties agree that the relationship between Distributor and Company under this Agreement is that of principal-to-principal and no agency shall be established herein.（両当事者は、本契約書に基づく販売店と会社の間に存在する関係が本人対本人にあり、代理権はなんら本契約書中に規定されていないものとすることに合意する。）

スミスは、田中の会社の社員がスミスの会社の社員とともに田中の顧客に会い、機械の設置を手伝い、その操作方法と保守の方法を教えることに対して、違和感を抱いている。田中はそれに気付いていない。スミスは、田中が好意でそういうことを行っていることを認知しているので、あえてその問題には触れずに契約書条項の実行を求めている。それが本人対本人の関係である。互いに独立しているからこそ、田中から正式に機械の操作方法、保守方法ならびにそれらを含む体系的な取扱説明書を求めている。

本来、販売店の顧客情報は、販売店の営業秘匿（trade secrets）の一つである。通常販売店契約書中に販売店の顧客情報を相手方に開示する義務条項は書かれない。仮にそういう情報が相手方に知られた場合には、その情報を秘密裏に扱う条項が存在するのが普通だ。販売店の義務の一つは、田中の会社の製品を販売することと本人としての自助努力を傾注してそれを行うことにある。だからこそ正式な訓練を受けて彼ら自身の努力で機械の据付および保守を行いたいのである。そこがすれ違っているのが二番目の問題点である。

三番目の問題点は、日本人と米国人が持つ技術移転方法の違いにある。多くの日本企業は、新入社員に対して現場訓練に重きを置いている。研修は存在するが、それは、企業人としての心得に重点が置かれていて、実際の具体的な訓練は、新入社員が現場に配置されてから、実地における現場訓練を通して技術を体得する。「習うより慣れろ」や「技は盗め」などがここで発揮される。その延長上に他社に対する技術移転も存在する。正式な訓練や指導では、技術の伝授およびその習得が難しい、という日本的な発想に基づいているからである。

ところが米国では、技術と称する無体財産は、正式な訓練で他人に伝授されて初めて価値があると捉える。しかもその期間は長くない。せいぜい一週間から多くて二週間程度である。これに関して、多くの日本実業人は、困難を覚える。なぜならば技術が属人化していて、客観的な無体財産として確立できていない場合がほとんどだからである。熟練した技術者から手取り足取りその人が持つ技術を学び、そして盗むのが日本的な技術移転の典型的な方法なのだ。米国では、他人に技術を移転する方法を体系化し、その方法でさえ技術として昇華しているために、短時間に他人に技術を移転する方法を確立している。そのために、技術を指導する専門指導員が訓練を受けて、対外的にその任務に当たる。指導者育成も技術移転に必要な業務である。それらが日本と米国における技術移転に関する大きな違いであり、それらの違いが事例の問題となって浮上する。

四番目の問題は、田中が「本社と相談する」と言ったことにある。組織的に動く日本人が、本社と相談し、問題解決に当たろうという内部の問題を、本人対本人の関係にある独立した販売店社長のスミスに対する潜在的に抱いた仲間意識から、うっかり述べてしまったようだ。これが日本で起きる場合には大した問題ではない。米国実業人との折衝において、合意された契約書条項の問題解決に当たり、あたかも田中には権限がない、ということを相手に述べてしまったことと同じである。日米双方間における商慣習の違いから起きたことでもある。

第4項　事例研究のまとめ

事例に掲載した問題点をどのように解決するか。それは、その場の状況に合わせて検討していくべきことである。解決策は普遍的にどんな場合にも同じ方法が適用されるということはない。問題点を発見することは、解決の近道である。事例の中で登場する日本人と米国人は、お互いに何が問題であるかを理解していない。実は、そこが問題なのである。

お互いは、お互いの国ではぐくまれている文化に影響を受けた意思疎通の方法、解釈の方法、交渉の方法を持ち、それにより相手の反応を判断し、理解する。人の言動および行動の様式も同じく背景として存在する文化に強く影響を受ける。従って、本人が期待することとは全く異なる反応を相手に見たとき、それに違和感を抱き、否定的に受け止めると、本人の感情にも影響が及び、その先の交渉が苦痛となることがある。文化は人の理性にも感情にも影響を与える。これが日米間商交渉において最も困難な障害となって日本人および米国人の前に現れる。

そういった文化的差異を優劣あるいは良し悪しの観点から見ると、交渉ははかどらない。ややもすると敵対的な関係に陥ることがある。だからと言って、そのままにしておいて良いということはない。文化的差異から発生している問題解決に向けてお互いが努力することが肝要となる。

第2節　商交渉に必要な英語力、表現力および論理性

世界地図を広げて見ると、日本がいかに小さいかが分かる。世界に大きな影響を与えているのは、米国である。英語はもはや世界標準語であると言って良い。当然ながら米国人は英語を使って世界の実業人たちと交渉を行うことを前提にしている。彼らが英語を使うことにより、米国内で通用している方法が同じく英語を使って商交渉をする他国の人々にも通用すると期待するのは避けられない。

ここで重要なのは、何が世界の大勢を占めているかである。何を標準として国際商交渉を進めるかと言えば、

米国で通用する商交渉方法である。地球標準(4)(Global Standards)は、すなわち米国標準(US Standards)であると言って良い。好むと好まざるとにかかわらず、米国標準を地球標準として推し進める米国実業人と交渉し、可能な限り大きな利益を求め、可能な限り危険負担を小さくするためには、米国で実行されている商交渉方法を知り、それを身に付けると良い。

当然ながら、英語をしっかりと学び、交渉に使えるように高い英語運用力を身に付ける必要性がある。そのためには、まず高校で学んだ英文法をしっかりと身に付けることから始める。受験英語として実務とはかけ離れていると思う必要はない。高校で学ぶ英文法はなんら問題ないばかりか非常に重要である。

その英文法基礎力の上に必要となるのは、語彙力である。知っている英単語よりも使える英単語を増やすことが求められる。大修館出版『ジーニアス英和辞典』第四版(5)は、中学生に必要な英単語として三つ星が付き、その数は約一一五〇、高校生に必要な英単語が二つ星で、その数は約三一〇〇、大学生・社会人に必要な英単語が一つ星で、約五三〇〇としていて、その合計は約九四五〇である。四捨五入して約九五〇〇語が使えるようになることをまず目指したい。実業人としてさらに必要となるのは、仕事上使う専門用語である。それは仕事を通して学ぶ方が早い。いずれにしても、英語を使って米国人と商交渉するその最低基本線としての語彙力は九五〇〇語が使える状態である。

インターネットの発達により、米国のラジオ、テレビ情報が家にいながら聞き、見ることが可能となった。それらの活用をしながら、耳を慣らしていくと聞き取り力が身に付く。さらに、米国人と積極的に接触し、友人を作り、恒常的に英語を話し聞く機会を得る努力をしたい。そうやって使える英単語を増やしていく。

しかしながら、日本人は中身までも米国人になる必要はない。米国式交渉方法を学び、英語に磨きをかけるということは交渉道具を手に入れるのと同じことであり、本人そのものの資質は日本人のままで良い。それが交渉時の本人の味つまり個性として態度および英語の表現に出てくる。

現在日本では、小学校から英米人教師が付き、英語の授業が開始されている。それは、JETプログラムと呼ばれていて、総務省、外務省、文部科学省の三省が推進している。

脚注に掲載しているJETのウェッブサイト(6)(Website)にJETプログラムの目的として以下のことが書かれている。

「JETプログラムは主に海外の青年を招致することによって、地方自治体、教育委員会、および日本全国の小・中・高等学校で、国際交流と外国語教育を支援し、地域レベルでの草の根の国際化を推進することを目的としています……」

日本人の教師は、英語を母語とする人たちのように流暢な発音で話すこともできなければ、教えることもできないだろうから、当プログラムを推進するためにALT(Assistant Language Teacher)という制度を設けて、英米語を母語とする教師を日本人教師の助手として採用し、積極的に生徒たちがそういう外国人から英語を学ぶ。

こういうように公的機関が、高い教養を積んでいる外国人英語指導者を審査して招くことは、日本の子供たちのためにもなる。良い教師たちを外国から招くからには、その十全な活用が必要だ。

ここで重要となるのが、当プログラムが目指す「草の根の国際化を推進する」ために、学校の教師たちと両親が、生徒の立場に拠って、「国際化」とは何か、ということを十分に話し合った上で、外国から来た教師たちと接するべきである。そうしないと、生徒は「英語を学ぶ」という形式的目的を達成するのが国際化だと勘違いしかねないからだ。英語ができれば、外国人と話をして、国際化できるではないか、と思うかもしれないが、国際化が何なのかを、母語の日本語で捉えないならば、英語を身につけるのが国際化であり、その行き着く先は、英語人(7)の文化を身に付け、英語人のように振る舞い、英語人のように「もの」や「こと」を思考し、英語人の世界観を身に付けることが国際化である、と思い込むかもしれないからだ。

将来の日本を背負う小中学校の生徒たちに対して、国際化の意味を考えさせ、なぜ国際化する必要があるのか、どうすべきなのか、を具体的に教えてから、英語を学ぶようにさせないと、英語を本人が有利になるように使うのが難しくなるのだ。これに類似した意見は、鈴木孝夫も、大修館主催の講演(8)で語っている。以下、それを部分引用する。

「日本のことを「英語化」できる英語教育を：……日本の子どもや大学生が、日本のこと、自分自身を英語という国際語にどれだけ盛り込めるかという目的をもってやるのが新しい英語教育だと思うのです。……」

この要点は、自己表現にある。私という人間がどんな思想を持っているのか、どんな性格であるか、何を主張したいのか、それを英語で語ることができるようになることを目指すことを英語教育に盛り込むという主張である。

鈴木はさらに言う。

「徳川時代の歴史を話そうと思っても、関所は、参勤交代は、なんていうだろうと英語で考えたことがない。そういうことが中学の英語、小学校教科書に出てくれば、自分の歴史を話せる。でも、日本について日本語で考える、さらには自分の気持ちを英語で考えるという癖がないと、自己主張も喧嘩もできない。……」

日本人が日本人としての自己発見を日本語だけでなく、英語でも行いつつ、日本人の知性および精神性をはぐくんでいる日本人の独自性を、英語で表現することの必要性がここで説かれている。

そして鈴木は、「なぜそうなのかというと、日本の情報開示をヨーロッパ語でやる必要が、今まで日本に求められなかったからです。しかし、現在はそれが一番必要です。ですから、日本の語学教育は方向を逆にして、今までと全く違うことを始めなくてはなりません。外国のことを外国語の授業で教えるのはやめる。もちろんこれは一般の教養、それから国民全部を対象とする……」と続ける。

鈴木の主張は、日本実業人が英語人と対等に商交渉を営む上で大変貴重な示唆を提示している。

英語で自己表現および日本人としての独自性を英語人に説明できるようになるために義務教育で英語教育をもっと促進すべきであろう。つまり、英語を学ぶ目的は、英語を自己主張の手段として活用し、日本的な特徴が英語人に伝えられるようにすることである。

英語の環境に身を置くのは良い。これはしっかりと強調する。しかし、その前に、母語の日本語で、同じ日本人に対して、私の考えは何だ、私の国の文化とは何だ、私の国の歴史は何だ、そういう自己の思いを相手にきちんと説明する訓練を経ないと、英語でも説明できない。元来、日本人ならば母語の日本語で理解し説明できないことを英語で説明することができない。英語教育と並行して、国語教育を充実させるべきであろう。小中学校生徒の頭脳は柔軟である。絵画的、感覚的、多義的、情動的なやまと言葉と抽象的思考を表現しやすい漢語の活用法など、教えることはたくさんある。

つまりその過程に自己発見がある。そういう訓練を経て初めて、外国に飛び立ったとき、他者の目を通して素早く自己発見ができるのである。地球標準の一つとしての英語は、日本人が外国人に自己を主張する道具なのである。

日本人は、日本人が長い歴史の中ではぐくんできた文化を劣位に見なす必要はない。日本人に特有の文化を恥じることなく、自己の独自性、いわゆる自己同一性の証として、自己内に取り込み、堂々と、英語でその説明ができるようにすべきだ。中国人、インド人、ペルシャ人その他多くの外国人らも然りである。彼らは既にそれを実践している。

米国に進出して、英語がうまく活用できず、仮想的日本村に安住し、米国人との交渉がうまくはかどらずに自信が揺らぐのは、そういった日本人自身が自己をよく知らないからである。日本文化を日本語できちんと捉えていれば、自己を形成する精神の核にある日本文化が言葉で説明できるようになるので自己発見がたやすくなる。

そうすれば、それを英語で説明することが可能となる。そして米国に行って、強い自己を持つ米国人に接しても、狼狽せずに済む。

その際、誇りを持って、英語で日本の文化とは、日本の歴史とは、そして、私の考えとは、私はどういう人間であるか、ということを、外国人に伝えることができるようになる。それを国際化の目的とするべきである。

日本語で説明できないことは英語でも説明できない。まだ母語の日本語回路が脳にしっかりとできていない状態で英語を使って思想を表現させるのは本末転倒であり、かえって、小学生の言語能力獲得の障害にさえなる。実業人も同様である。日本の地理的特徴、日本の伝統文化、日本社会の成り立ちとその構造などをしっかりと日本語で理解すれば、それらを英語で説明することが可能となる。要は英語の前に自己発見することである。

商交渉は、自己紹介から始まる。それはプレゼンテーションの一部だ。次に本人がどんな仕事をしているかという説明をし、簡単に会社説明も追加する。そして本題へと移る。そういったプレゼンテーションを堂々とやってのけるために、自己に対する自信が必要となる。

米国でよく目にするのが、本格的な商交渉に至る前の見込み客を探す活動だ。それをプロスペクティング（prospecting）と言う。そのとき、お互いは相手のことを知るため、必死で仕事に直結しないさまざまなことを話し聞く。例えば、相手の趣味、嗜好、家族構成などを相手の気持ちを尊重しながら聞いていく。そういった情報の中に本人が気付かない潜在的必要性（needs）が存在する。それを知るために重要となるのが、日常会話能力である。そしてそのときこそ日本人としての独自性が物を言う。自己をできるだけ前面に出さず、相手のことを非常に気遣い、相手を主体にした接し方をすることにより、相手の警戒心が解け始め、徐々に相手が個人的な内容でも話題として出してくるようになる。

米国において超一流のトークショー・エンターテイナーであるエド・マクマーンが書いたSuperselling (Printice Hall Press（9））に珠玉の言葉がある。

「いったい人はどんな瞬間に物を買うのだろう。物が物を売ることはない。物は人が売る。買い手も売り手も人である。物はその人と人の間を行き来するだけだ。そこに人の心理が介在する。嫌な人から物を買いたくないのは言うまでもない。どうせなら会っていて心地よい気持ちになる人から物を買いたくなる。とどのつまりその人の魅力が他の人の買う気持ちを動機付ける。そのために必要なのは、物を売る人が買う人のためのエンターテーナーとして機能することにある」

ここで言うその人の魅力を日本人に適用すると、日本人としての独自性をしっかりと持ち、その独自性が英語で見事に表現できる、そして、そういう日本人といれば日本について知りたいことが学べる、だからこそその日本人と一緒にいると楽しくなる、ということになる。

ここで一つ注目したい重要な課題がある。英語と比較して「日本語は非論理的である」とは思わないことである。非論理的とは、理解不能を意味する。もし日本語が非論理的であったならば、日本古典文学の「源氏物語」や「枕草子」を誰も理解することができなくなる。ましてや明治維新後、日本人が先進諸国で刊行された科学書や技術書を日本語に翻訳して読み、理解し、そして西洋に追いつくほどの経済力を構築することができなかったはずだ。地球標準の英語に対する気後れ感から、日本語を否定的に見る癖が付かないようにし、むしろ母語である日本語に自信と誇りを持つことから、日本人としての独自性を知る、つまり、自己発見の出発点としたい。

日本文学研究者として名高いドナルド・キーンが日本語で書いた『日本語の美』(10)は、日本語を後天的に学んだ米国人としての客観的な日本語の分析であり、日本語の素晴らしさについてさまざまな角度から論じている。大野晋著『日本語の文法を考える』(11)、荒木博之著『日本語が見えると英語も見える』(12)の二冊の本は、日本語の特徴を文化的に説明している。その二冊の本に共通する論点の一つとして「自発」を挙げたい。

自発とは「自然発生もしくは自然展開」を意味する。例えば、「この池はたくさん魚が釣れる」における「れる」という助動詞は、自発である。この文章には魚を釣り上げる人が主語になってはいない。「この池は」も主部ではない。「この池は」の「は」が意味するのは格ではなく、話題提供の助詞である。「この池について語ろう」とでも解釈できる。実はこの文章には、文の主張をしている人の意思は表現されていないのだ。「魚が釣れる」の「が」は、主格あるいは目的格という格助詞では文章の主張に関する説明が付かない。重要な表現は「釣れる」の「れる」にある。

自発の意味が何であるのか、それは、次のような解釈を可能にする。「この池で魚を釣っている人の釣りの腕前はなんら強調されずに、あたかも自然に魚が針に掛かって来るかのようだ。同時にそれは魚の意思でもない。」これを自発という。だからこの文章を英語に翻訳するのは難しくなる。

英語文化は、「釣る」というなんらかの人の行為を表現するとき、その行為の主体者である人を主語に用いたがるから、例えば、I can fish a lot in this pond. などの表現が英語人の頭に浮かぶだろう。多くの米国人は、その人が持つ能力を主張したがる。そういった表現がたやすくできるように英語を活用するのが米国人でもある。

ところが多くの日本人はその人が持つ能力を誇示するのをためらう。そこに日本人が、独自に長い歴史の中ではぐくんできた自発表現を無自覚的に活用するという現象が浮き上がってくる。このことを特に日本人は客観的に認めると、英語にしやすい日本語表現はどうすべきかも見えてくる。「この池は魚がたくさん釣れる」と心に浮かんだ表現を、「釣る」という行為の主体者を文章に入れて「私はこの池でたくさん魚を釣ることができる」といった表現に同じ日本語で翻訳してみれば、それは英語になりやすい。そして肝心なのは、そういう自発表現に対してなんら臆することはないということだ。むしろそういった自己主張の見えない客観的かつ自発的な表現の素晴らしさに誇りを持つべきである。ただし、そういう自発表現を英語にした場合、英語人には分かりにくいことを知ることが肝要だ。

自発表現は助動詞「れる」「られる」に見られるばかりでなく、「ある」「いる」「なる」などにも見られる。例えば、「我が家にはパソコンが二台あります」という文章を英語に直訳すると、There are two personal computers at my home. となる。この英語でも意味は分かる。しかし、英語人は、パソコンを所有しているその主体者に興味がある。だからこう聞くかもしれない。You mean, you have the two PCs at your home? 二台のパソコンを発言の主体者が所有していれば、その質問に対して、That's right. などと答えることができる。日本語の原文は自発表現の一つである。この場合には、パソコンが発言者の家に存在することを強調していて、その所有者が誰であるかを特定していない。

どこかの会社に電話を入れて、「田中さん（男性と仮定）はいらっしゃいますか」と言う場合、それを英語に直訳すると、Is there Mr. Tanaka? となる。英語人が理解しやすい英語表現は、Could (Can or May) I speak to Mr. Tanaka? であろう。日本語の文章は、発言の主体者がないばかりか、田中さんと話をしたいという意思の表現もない。あたかも自然発生的に田中さんが会社の事務所に存在しているのをただ単に確認したいような表現である。

二人の日本人がどこか繁華街で歓談しながら飲食し、夜も深まったので、近くの駅まで行きそれぞれが電車で帰宅することになった。一人は定期券を持たず、もう一人は定期券を持っていて、前者をAさん、後者をBさんとしよう。Aさんが切符を買うために混んでいる券売機の前の列に並んだ。Bさんは列に並ばなかった。AさんはBさんに聞いた。「切符は要りませんか」Bさんが答えた。「定期がありますから大丈夫です」Aさんは、「そうですか。じゃ、切符を買うまでちょっと待ってくださいね」と言った。「定期があります」という文章にはBさんが定期を所有していることが文脈で分かる。この類の自発的日本語の文章を英語にするのには少々工夫がいる。和文英訳に慣れている人ならば、「定期がありますから大丈夫です」という文章を発言者の主体を入れて、I have a commuter pass. I don't need to buy a ticket. などと英訳しても良い。日本語原文の自発表現をそのまま英語に直訳すると、There is a commuter pass, so I am all right. となる。おそらく、この英語表現を聞く英語人は一瞬戸惑うだろう。

日本人が転勤するときの挨拶状によく以下のような文章を目にする。「私《わたくし》、四月一日をもって仙台支店に転勤することになりました。」この「なる」という表現も自発である。行為者の主体が存在しないからだ。挨拶状を書いた人があたかも自然展開的に仙台支店に移動するような意味合いが文章の中に存在する。転勤する人の意思がその文章には表現されていない。これを英語に直訳するのは難しい。せいぜい受身的表現の With effect from April 1, I will be relocated to Sendai. が関の山だろう。

この自発表現を日本人は無意識に好んで活用する。そういう自発発想で浮かんだ思いが英語になった場合に、英語人には分かりづらいことと、そして、発言者の主体が見えないために、自己主張が見えない遠慮がちな表現として捉えられがちであるために、交渉において日本人に不利になる場合が多い。

昭和四五年に、なかにし礼作詞、筒美京平作曲の「雨が止んだら」の出だしは「雨が止んだらお別れなのね」とある。ここでは、条件節の部分が「雨が止んだら」となり、「だら」の「だ」を過去と解釈する人は多い。そのつもりでこれを英語にすると、If the rain stopped と言いたくなるだろう。次の主節は、「お別れなのね」であり、これから先のことを言っているのだから、we will break off が頭に浮かぶ可能性がある。そしてこの二つの節を繋げると If the rain stopped, we will break off. となり、英語人がこれを読むと奇異に受け取るだろう。

英語の条件文は、原則的に三つある(13)。一つ目は条件節内の動詞が現在形となり、主節が未来形となる。二つ目は、条件節が過去形となり、主節は、would などの過去の助動詞を伴う。三つ目は、条件節が had ＋ 過去分詞で、主節が would（could, might など）＋ have ＋ 過去分詞を伴う文章となる。この二つ目の条件が問題である。条件節が過去の動詞で表現される仮定法過去が表す意味は、大きく二つある。一つ目は現実的に不可能なことを条件設定する、または、強い願望を表現する場合、そして二つ目は、事実と反することを仮定として設定する。それから英語にした文章を考えると、条件節内が過去形で、主節が未来形で表現されているので、理解に苦しむことになる。それを避ける手立てとして、条件節を漢語の書き下し的な表現に変えてみると良い。「雨が止んだら」を「雨が止めば」とすると、If the rain stops が自然に頭に浮かぶ。それに主節の we will break off が繋がると、英語人も日本人と同様にその情景を連想しながら、その切なさを理解するだろう。

前記を踏まえた上でさらに重要なのが、言葉の定義だ。例えば、技術という言葉はいろんな場面で使われる。生産技術を manufacturing technology と英訳すると、英語人の頭脳には、製造に関連した包括的な技術が含まれると解釈する可能性が高い。この場合、原材料管理、生産管理、作業者管理、品質管理、生産機器管理、工場内の電気・空調などの管理、最終検品管理、出荷管理など製造に関わる全ての技術が包括的に technology に表現される。単に、production techniques を意味したかったのかもしれない。日本人の多くは技術という言葉の中に多義的な意味を持たせる。それは技術ばかりではない。その他多くの用語が多義的に使用される場合が多いのだ。技術取引交渉をする場合に、この技術の定義をしっかりと日本語でやっておけば、その日本語を厳密に英訳することが可能となる。製造技術と生産技術は異なる。しかし同じ技術という言葉を使っているので、事情は複雑になる。後者の場合には、例えば生産「技巧」といった日本語を使い、技術と区別しても良い。あるいは、製造技術は製造に関わる全ての技術を包括的に意味し、生産技術は製造技術の中の生産加工方法を意味するなどと定義しておくと良い。そうすればそれに対応する英語が異なることが分かるし、適切な英語を使う意味でのポカヨケともなる。技術分野ばかりでなくその他多くの分野において、言葉の厳密な定義をした方が良いのは言うまでもない。

日本人に求められる論理性とは、自発的表現を控えて、発言の主体と客体、行為の主体と客体を明確に論述し、さらに、条件設定が分かりやすいように、母語の日本語で明瞭に表現することが先決である。そして用語を定義する。それができて初めてそういった日本語が英語に翻訳しやすくなる。英語の前に必要なのは日本語を論理的に活用する方法を習得することにある。

多くの日本人は日本語の構造についてあまり深くは考えず、さらに、日本人同士がどのような対話をしているかについても無自覚な場合が多い。日本人が英語で米国人と対話する場合、日本で生まれ育ち、日本の教育を受けて英語を後天的に取得した日本人は、日本語でできた思考回路に基づいて英語を話す傾向にある。多くの場合、英語の文章を考えるとき、日本人は、日本語の構造に準拠した英語を頭に思い浮かべる。米国人も同様である。日本語を巧みに使う米国人の思考も、英語が基本になってその構造に準拠した日本語が頭に思い浮かぶ。しかしながら、英語は地球標準語なので、米国人と商交渉を営む日本人は英語を活用しなければならない。日本人が日本的英語を話すのは避けられないし、むしろそれを残念に思う必要はない。ただし、交渉においては、お互いの主張をお互いが理解しあうことが非常に重要なので、英語を駆使して米国人と交渉するには、その英語が米国人に理解されやすくなっていなければならない。

第3節　契約交渉の要諦

商交渉の真髄は契約交渉にある。多くの日本人は契約そのものが苦手である。契約書は、契約当事者の権利と義務を明瞭に記述する。ここにおいて、日本人独特の心理が障害となることがある。日本人は、義務はよく理解する。しかしながら権利の意味を正しく知っているのかどうかは疑問である。権利の権には力の意味がある。新漢語林[14]で「権」を見ると、「……いきおい。力、勢力。物事を強制したり処置する威力。……」が目に入る。「権」と合体した「利」の権利は、さしずめ強制力をもって取得する利として理解することも可能だ。ところが英語の right は Oxford Advanced Learner's Dictionary[15]（以下「ＯＡＬＤ」）によると what is morally good or correct（道義的に良いもしくは正しいもの）あるいは a moral or legal claim to have or get something or to behave in a particular way（何かを持つもしくは得るため、または、ある特定の方法で振る舞うための道義的もしくは法的要求）などの意味がある。そこに強制する力の意味は存在しない。日本人は明治初期のころに西洋法典を学び、さまざまな法律用語を和訳した。日本人は歴史上 rights を持ったことがなかったので、right を「権利」と和訳した。政治の上層部にいる人たちだけが持っていた強制執行力は、right ではなく、権力であった。right を表すには多様な英語表現が可能だが、契約書で最も多く使われるものは助動詞の may である。これをＯＡＬＤで調べると（formal）used to ask for or give permission（正式、許可を求めるもしくは与えるために使われる）の意味がある。そこから転じて、「何々ができる」、という意味が取れる。通常英文契約書中の may は「〜することができる」と和訳される。ゆえにそれを権利と捉えるのだが、そこにおいて、権利が力と関係した強制力を持つような響きがあるために、多くの日本人は権利と義務が交錯する契約書を苦手とするようだ。これは日本人が深層心理に無自覚的に抱く感覚である。

米国実業人が契約交渉するときに堂々と主張する rights は、彼らがそれを要求することは「正当なこと」もしくは「正当な要求」という信念から生まれていると理解すれば、彼らが理不尽なことを無理やり強制的に要求していると誤解せず、圧迫感も感じなくて済む。同時に日本実業人も同様に正当と信じる要求を主張すべきである。

契約書に使われるshallは義務を表す。shallは強い強制力を持つ命令の意味がある。ＯＡＬＤには、(old-fashioned or formal) used to show that you are determined, or to give an order or instruction（古式英語もしくは正式、決断した、または、命令もしくは指示を与えることを示すのに使われる）が目に入る。「何々しなさい」、という命令が転じて、「何々しなければならない」、という義務を表す助動詞として作用する。通常、英文契約書で使われるshallは「何々するものとする」と和訳される。これが果たして義務であるのかどうか、契約書の文言に慣れ親しんでいない人には理解が難しいかもしれない。なぜならば、誰が「何々をしてよろしい」「何々をしなさい」と指図するのかが多くの日本人には理解が難しいからである。

米国人は母語の英語を活用しているので、shallもmayも英語の原義どおりに解釈する。shallが命令でmayは許可を表す。日本人にとって命令と許可を誰が与えるのか不明瞭なので、shallとmayを命令と許可の意味で日本語に直訳しないのだ。

では、いったい誰が命令と許可を与えるのだろうか。それを理解するためには、英文契約書の背景に存在する英米法の本質を理解することが必要となる。英国は、英語でThe United Kingdomと呼称されるように王国（Kingdom）の連合国家である。もともと、各王国内に独自の法体系が存在し、王国間に共通する法体系として共通法（Common Law）があった。それが厳格かつ硬直化していたので、その補正をする意味で衡平法（Equity）ができ上がった。共通法と衡平法が共存している二元的法体系を、英米法とも呼んでいる。そこで特徴的なのは、衡平（Equity）が意味する正義の概念である。英米法の理念として、「等しきものを等しく扱う」(16)法理念は契約の精神にも生きている。つまり、契約書において権利と義務は契約当事者双方が均衡を保った状態で成立するのを前提としている。そういったことをどこが最終的に判断するかと言えば、もともと王宮内に存在した裁判所である。王宮も裁判所も英語でCourtと言う。日本語ではそれが分離されているものだから、王宮と裁判所に関連があるとは思えない。そもそも英国における国王は神の代理人であった。従って裁判所つまり王宮が命令および許可を与える形式を取る契約書は、キリスト教の神がそれを与えるものと理解できる。神が、契約当事者に命令・許可を与え、そこに衡平に根差す正義の概念を注入する。これが契約書である。そうすればshallとmayの理解がたやすくなるだろう。

ところが実際の契約交渉においては、お互いの当事者が正当と信じる主張、つまり権利とそれに対応する「実行しなければならない」義務が必ずしも客観的に均衡を保つわけではない。契約交渉においては、その当事者が精一杯主張しあい、そして、その主張と主張のぶつかり合いを経た交渉を通じてお互いが折り合ったとき、お互いの主張が均衡したと見なすのである。そして主張と主張がぶつかりあうことを前提としているのが交渉であり、だから、契約書への署名によって、そういった丁々発止の交渉を経て中身に合意したことと証するのである。

米国における契約書の冒頭部分にはよく以下のような文言が記載される。

Now, therefore, in consideration of the mutual covenants and promises contained herein, the parties hereby agree as follows:（よって、本契約書の両当事者は、本契約書に含まれる相互の誓約と約束を約因として、以下のように合意する：）

the parties hereby agree がまさにそれである。契約当事者が交渉を経て合意に達したことを証している。その時点で、双方の当事者は契約書どおりに双方の事業を実行していくことになる。途中で大きな問題が起きれば、裁判所に提訴し、裁判所が問題となる契約書条項の強制力があるかないかを決定する。

現代では、交渉を楽しむことも米国実業人によく見られることである。商交渉の前線に立つ米国実業人は、契約交渉を知的格闘技と捉えつつ、同時に、交渉を楽しむ術を心得ている。そういった人たちが交渉人として米国の企業から選抜される。

そして彼らはよく訓練を受けている。米国人だから交渉がうまく、弁舌が巧みだというわけではない。その訓練は会社が提供する。そしてそれは弁護士の活用法も含む。交渉の前線に立つ米国実業人の多くは、弁護士に交渉を委ねない。弁護士は、法律の専門家であり、取引の専門家ではない。交渉の矢面に立つのはよく訓練を受けた実業人である。

弁護士の役割は、契約書条項において法律的に問題が少なくなるように、かつ、権利と義務の主張が法的に明瞭に確立するように表現することにある。

そこにおいて米国実業人に求められるのは、取引の中身を箇条書きに整然と書く能力である。それを弁護士に渡すと弁護士は法的にしっかりとした契約書原案を作成する。その後、実業人と弁護士は、契約書原案の一行、一句、一語に至るまで徹底的に確認しあう。そして、契約交渉当事者と弁護士は契約交渉戦略と細かな戦術も想定しながら策定する。大きな契約案件になればなるほど、こういった戦略会議は重要となる。この作業をおろそかにすると、契約交渉時に不利な状況に陥る場合がある。

日本実業人は、自己に自信と誇りを持ち毅然とした態度で米国実業人と交渉すべきだ。交渉は知的格闘技であると同時に、その交渉を楽しむ余裕を持ちたい。それは十分訓練を受けることにより可能となる。心の余裕は訓練を受けることにより持てる。そういった本音と本音のぶつかりあう交渉を経て互いの信頼関係を構築し、継続的な取引へと発展させていきたい。

おわりに

日本から一歩外に出て米国に行くと、目の前には今まで経験したことのない問題が次から次に発生してくるように感じられる。それは、日本特有の文化慣習に培われた「感受性」「物の見方、捉え方」「解釈の方法」などにより、米国人の営みを受け取るからだ。

日本では、問題が発生しないような、そういう不思議な力が日本国民に一様に働いている。目に見えない文化的な言動および行動に対する抑制力である。このおかげで、日本では、人と人との交流が円滑に進行しているのだが、これが米国でも通用するだろうという無意識の心の働きとなり、問題が発生したとき、対処方法が分からずに心的な重圧感を持ってしまい途方にくれることが多々ある。

米国は、多様性に満ちた環境を持つ。白人といってもプロテスタント系、カトリック系などがあり、英国系といえど、スコットランド系、イングランド系、ウェールズ系などの人たちがいて、その隣国のアイルランド系もいる。さらに、ドイツ系、フランス系、イタリア系、ギリシャ系、北欧系、東欧系、スラブ系……などさまざまな欧州の人たちが加わる。アフリカ系やヒスパニック系なども多い。それればかりではない。アジア人も多数いる。中国系といっても、東北系、内陸部系、南方系、西域系など方言別に多種類の中国人が存在する。それに日系、韓国系、ベトナム系、インド系、パキスタン系、トルコ系、イラン系、イラク系、サウジアラビア系などさまざまな民族が入り乱れている。

多種多様な民族はそれなりの文化的な背景を持つ。同じ民族も宗教が異なる場合がある。そして母語とする言語も多種類に分かれる。同じ英語を使っても、その使い方はそれぞれに異なる。そういった多様な文化圏を構成するのが米国であり、そこでは、自分と他人は全く異なる感性、ものの見方、考え方、捉え方があるということをあるがままに認識すべきだ。そういった環境では、推測に依存し過ぎると誤解が増えて、人間関係にヒビが入りやすい。だから明瞭に人の感情や理性を言葉で表現する習慣が米国に存在する。それは米国だけではなく多くの国々では普通に行われることである。

そういった中、日本人は、空気を読むことに過剰に依存せず、英語で自己の思いや感情を表現し、それを米国実業人に伝える必要性が存在する。その努力を続ける向こうには、日本実業人が米国実業人らと同じ土俵で知的格闘技という商交渉を楽しむことができる世界が待っている。交渉が成り立った副産物として、日本人と米国人の長い友好関係が構築される。なぜならば、お互いが契約交渉を経て合意に達したその関係は、日米実業人両者が、共同事業推進者、英語で言うPartnersとなるからだ。つまり山の頂点にある大きな利益と少ない危険を目指した結果としての契約成立の副産物は、日本実業人と米国実業人がPartnersとなることにある。

[注]

1 最近はビジネスパーソンがこの意味でよく使われるが、可能な限り日本語を使用して表現したいので「実業人」とした。

2 空気と日本人の関係を具体的に論じている本として、山本七平『空気の研究』(文藝春秋・文春文庫、一九八三年)を参照されたい。

3 小学館・日本古典文学全集41『松尾芭蕉集』一九七二年、二八〇頁。

4 通常は「世界標準」と和訳されているが、できるだけ原意を損なわず「地球標準」とした。中国では、Globalを「全球」としている。これはさらに原意が出ている。

5 大修館書店『ジーニアス英和辞典』第四版、二〇〇六年、「この辞典の使い方」viii頁。

6 http://www.jetprogramme.org/j/introduction/goals.html.

7 英語を母語として、もしくは、日常生活において英語を活用している人たちを指す用語として筆者が採択した。

8 「基調講演」日本人と英語。http://www.taishukan.co.jp/event_genius/ko-en.html.

9 Ed McMahon, *ED McMAHON'S SUPERSELLING*, Printice Hall Press, 1989.

10 中央公論社・中公文庫『日本語の美』二〇〇〇年。

11 岩波書店出版・岩波新書『日本語の文法を考える』一九九七年、一二三―一二七頁「自発を基本とするル・ラル」。

12 中央公論社・中公文庫『日本語が見えると英語も見える』一九九六年、五五―六九頁「価値としての自発」。

13 Oxford University Press, *A Practical English Grammar*, Fourth Edition 1985, p. 197.

14 大修館書店『新漢語林』二〇〇五年。

15 Oxford University Press, *Oxford Advanced Learner's Dictionary of Current English*, Seventh Edition 2005.

16 平凡社百科事典:http://www.cditss.com/hiroba/justice.htm.

第２部　お金の社会科学的側面

第5章　トルーマン政権の経済外交

——対共産主義政策としての対外援助

西川　秀和

はじめに

本章では、アメリカ政治外交と対外援助の関係を分析する。ジョン・モントゴメリー（John D. Montgomery）によれば、アメリカの対外援助は三つのカテゴリーに分けられるという(1)。

第一に、外交的対外援助である。外交的対外援助は通常の外交関係における援助である。外交関係を結んでいる国が震災に襲われた場合に食糧や技術者を送るなどの人道的援助が例として挙げられる。

第二に、補償的対外援助である。これは通常の外交関係から一歩踏み込んだ関係で行われる援助で、アメリカが対象国から何らかの協力を得る場合に行われる。アメリカが独自の軍事目的で対象国の基地を使用する場合の代償としての援助が例として挙げられる。

第三に、戦略的対外援助である。アメリカの世界戦略に基づき、世界情勢をアメリカにとって有利となるように戦略的に行う援助である。

本章で論じるのは戦略的対外援助である。冷戦初期からアメリカは、第二次世界大戦で疲弊した諸国にさまざまな経済支援を行ってきた。それは単に人道的な目的で行われたのではなく、国際政治の舞台におけるアメリカの長期的な軍事的・経済的利益、すなわち共産主義の拡大防止という目的が主であった。そうした目的を達成するために戦略的対外援助が行われたのである。すなわち、戦略的対外援助を実施した過程を分析することで冷戦におけるアメリカの世界戦略を浮き彫りにすることができる。

その代表例がトルーマン・ドクトリン、マーシャル・プラン、そしてポイント・フォー計画である。本章では、この三政策を中心に、アメリカが経済という手段でもっていかに有利に外交を進めようとしたのかを論証する。従来、トルーマン・ドクトリンとマーシャル・プランの両政策に深い関連性があるということは、ロバート・ファレル（Robert H. Ferrell）やアロンゾ・ハンビー（Alonzo L. Hamby）、デイヴィッド・マカルー（David G. McCullough）を初めとしてさまざまな研究者が認めている(2)。しかし、ポイント・フォー計画については、トルーマン自身が、トルーマン・ドクトリンとマーシャル・プラン、そしてポイント・フォー計画の密接な関連性を示唆しているのにもかかわらず(3)、例えばポール・ジョンソン（Paul Johnson）がポイント・フォー計画を国際版フェア・ディールと評価しているように(4)、ポイント・フォー計画はフェア・ディールの国際的展開という側面が強調されることが多い。本章では、トルーマン・ドクトリンとマーシャル・プラン、そしてポイント・フォー計画がソ連勢力を封じ込めるという点で軌を一にしていたことを論証する。

第1節　第二次世界大戦後の状況

第二次世界大戦が終結した時、アメリカは、戦勝国の中では突出した有利な立場を得ることになった。アメリカ本土は全く戦火にさらされることなく、戦時経済で肥大化した生産手段がそのまま残されたのである。

一九四六年のアメリカの鉱工業生産高は資本主義世界全体の六二％、一九四七年のアメリカの金保有額二二九億ドルは世界全体の六六％を占めていた(5)。軍事面では第二次世界大戦を挟んで大きな変化が見られた。人口一〇〇〇人当たりの兵員数は、第二次世界大戦前と大戦後とでは全く異なり(6)、一九四〇年に四五万人だった現役兵員数は、第二次世界大戦中に比べると格段に少ないとはいえ、冷戦期最少の一九四八年でも一四四万人にも達するようになった(7)。アメリカは平時でも多くの兵員を抱えるようになったのである。また国家歳出に占める名目国防費の割合も飛躍的に増大し、一九四〇年は一六・五%(国内総生産の一・四%)を占めるに過ぎなかったのが、平時経済に戻った一九四七年でも三七・〇%(国内総生産の五・八%)に達し、冷戦期の中で最も低い値を示した一九八〇年でも二二・七%(国内総生産の四・七%)を占めていた。中でも一九五一年から一九七〇年までは軒並み四〇%を超えていた(8)。冷戦期を通じてアメリカの軍事費は、世界の軍事費の二割から四割を占めていた(9)。戦後、アメリカは「世界の他のどんな国よりも強大」(10)な軍事力を手にしたのである。他に名目輸出高も一九四〇年の四一億二四〇〇万ドルに対して、一九四六年には一一七億六四〇〇万ドルと大きく躍進し、毎年一〇〇億ドル台を超えるようになった(11)。

アメリカがどれほどの自信に満ち溢れていたかは、ハリー・トルーマン(Harry S. Truman)大統領が、一九四六年の一般教書演説でアメリカの役割を次のように述べていることからも分かる。

「この新たな国際時代を迎えるに当たり、我々には新たなる多くの責任がある。我が国と国民の全身全霊は、国際的な行動への貢献と促進に向けられるべきである。(中略)戦争中にアメリカが示した力は、他国と我々の関係のあらゆる局面をなす現実である。我々に押し付けられた責任を回避することはできない。我々が考えること、計画すること、言うこと、そして行うことは、世界の命運にとっても最も重大なことな

のである」(12)

またトルーマン大統領は、アメリカの対外経済政策の目的についても一般教書の中で次のように述べている。

「アメリカの対外経済政策は、我が国の繁栄を促進し、同時に世界市場の回復と拡大を支援し、そうすることで世界の平和と安全に貢献することを目的としている。我々は戦争による荒廃に救いの手を差し伸べ、住処を失った人々の苦しみを和らげ、復興と発展を支援し、そして、世界貿易の拡大を促進するよう努力する」(13)

アメリカは、主に国連救済復興会議（UNRRA）に積極的に関与することで他国と協力の上、緊急性を要する戦災救済に尽力した。UNRRAは一九四三年一一月九日に発足した組織で、枢軸国の占領から解放された地域を戦火から救うことを主目的とした。アメリカは、UNRRAに出資総額の七割に当たる二六億六八〇〇万ドルを出資した。救済対象国は、主に東欧諸国で後にイタリア、オーストリアが加えられた。しかし、ドイツと日本は終戦後も対象とはならなかった。アメリカが出資金の大部分を拠出していたとはいえ、援助を政治的に利用することは禁止されていた(14)。

アメリカ国内では、政府がUNRRAに出資することに対して批判が徐々に強まった。ソ連に対する不信感の強まりが原因である。一九四五年八月のギャラップ世論調査によると、五四％のアメリカ人が、ソ連と協調して戦後世界を築いていけると感じていたが、同年一〇月半ばには四四％、一九四六年二月末には三五％と下落し、さらに三月半ばには、七％のアメリカ人が、ソ連の外交政策を受け入れることができると答えただけであった(15)。ソ連は、ＵＮＲＲＡによる援助が東欧諸国でどのように使われているか報じようとした記者に対して検閲を行ったり(16)、ＵＮＲＲＡによる援助が適正に使われているかどうかアメリカが査察を行おうとしたのに協力しなかったりした。こうしたソ連の姿勢もあり、ＵＮＲＲＡによる援助は、ソ連が東欧諸国に対する支配を強めるのに利用されているという批判が相次いだ。そのためアメリカ政府は、一九四七年、ＵＮＲＲＡへの出資を差し止めた。機能停止に陥ったＵＮＲＲＡはほどなくして解散を余儀なくされた(17)。

このようなソ連との軋轢《あつれき》が表面化する前、アメリカは戦後世界構想について極めて楽観的な見方をしていた。第二次世界大戦終結を見ることなく病死した前大統領のフランクリン・ローズヴェルト（Franklin D. Roosevelt）は、戦後の世界構想として、アメリカ、イギリス、ソ連、そして中国の「四人の警官」が協力して世界平和を維持する枠組みを考えていた(18)。ヤルタ会談の際にもローズヴェルトは、アメリカ軍が二年以上ヨーロッパにとどまることはないだろうとヨシフ・スターリン（Iosif V. Stalin）に保証し、戦後の世界構想の一端を明らかにしている(19)。

戦争終結直後は、何よりも先に世界各地に展開する兵士たちを母国で待つ家族のもとに戻すことが優先課題であった。第二次世界大戦終結により世界に対する責任を果たし終えたというのが多くのアメリカ人の気分だった。しかし、米ソ関係の悪化によりそうしたアメリカ人一般の希望とローズヴェルトの戦後構想は脆くも崩れ去ったのである。

一九四五年末から一九四六年初頭のイラン問題(20)を初めとする諸問題を契機に、アメリカ国民はソ連に対する不信感を強めていった。アメリカ人の目には、スターリン率いるソ連は、勇敢なる同盟者というより残忍で全体主義的で帝国主義的な存在として徐々に映ってきたのである(21)。しかも、ソ連がアメリカよりも強力な原子爆弾を持っているという噂(22)が流布し、国民のソ連に対する不信感はますます募る一方だった。

一方、スターリンも一九四六年二月九日に社会主義の優越性を喧伝する演説を大々的に行い、アメリカ政府内の強硬派はそれを「遅れてきた宣戦布告」(23)と呼んだ。特に強硬派に影響を与えたのが、二月二二日に国務省に宛ててジョージ・ケナン(George F. Kennan)が打電した米ソ関係についてのレポートである。その内容の骨子は、ソ連の過剰な勢力拡大に宥和的に対すべきではないというものである(24)。

アメリカ政府は第二次世界大戦中に培ったソ連との協調関係を崩さないようにしようと努めていた。こうした考えのもと、アメリカはソ連に対して「戦友」と呼びかけ、共存共栄を持ちかけていた(25)。トルーマン大統領は、第二次世界大戦終戦直後、ソ連との協調路線を原則的に維持することは可能だと考えていた。しかし、協調路線を維持するために、アメリカはポーランド問題に関して譲歩を強いられることになった。

ソ連に友好的な政府をポーランドに樹立することはソ連の安全保障上不可欠であるとスターリンが訴えたために(26)、トルーマンは米ソ協調を損なわないよう、スターリンの主張を認めざるを得なかった。ジェームズ・バーンズ(James F. Byrnes)国務長官は、こうしたトルーマンのスタンスについて後に「アメリカ国民は、私と大統領がポツダムで感じ取ったソ連の野望の全貌をつかみきれていない。ソ連との友好関係を維持するために、ポツダム後、我々の懸念を公にすることは差し控えた」(27)と述懐している。実際、記者がソ連の脅威の問題に触れてもトルーマンは、「ノーコメント」で済ますことが多く、ソ連に対する態度を明らかにしようとはしなかった(28)。

しかし、トルーマンは内心、ソ連への不信感を強めていた。トルーマンはバーンズに宛てたメモの中で、「ソ連がトルコへの侵略を企て、地中海への黒海海峡を掌握しようとしているのは疑いがない。もしロシアが鉄拳と強気の言葉を直視しなければ、戦争に発展するかもしれない。彼らが理解できる唯一の言葉は、君たちはいったい何個師団保有しているのかねという言葉である。私はもはや妥協すべきではないと考える。ソ連を甘やかすのはもう飽き飽きだ」(29)と心情を吐露している。トルーマンがこのように述べたのは、ヴィヤチェスラフ・モロトフ(Vyacheslav M. Molotov)ソ連外相がトルコに、一九二一年にソ連がトルコに割譲した領土を返還するように要求したのが直接の原因である(30)。

トルーマンが一定期間、ソ連に対する真意を隠していたのとは対照的に、もはやウィンストン・チャーチル(Winston L. S. Churchill)は共産主義の脅威を表明するのに吝《やぶさ》かではなかった(31)。一九四六年三月にミズーリ州フルトンでチャーチルは、いわゆる「鉄のカーテン演説」(32)を行い、国際共産主義が世界各地で「全体主義的統制」を諸国民に押し付けようとしているとアメリカ国民に警告した(33)。トルーマンは、母マーサ・トルーマン(Martha E. Y. Truman)と妹メアリ・トルーマン(Mary Jane Truman)に「鉄のカーテン演説はよくできていると思ったが、まだそれを支持する用意ができていない」(34)と書き送っているように、公式にはチャーチルの「鉄のカーテン演説」を支持する姿勢を示さなかった。

当時のアメリカのスタンスは、どちらかというと米ソ間における衝突よりも、イギリスとソ連の衝突を憂慮しているというスタンスであった。トルーマンは、一九四六年四月六日の陸軍記念日の演説で、イギリスとソ連が中東で覇権を争うことは戦争につながると警告し、アメリカは強大な軍事力を背景に、中東諸国の主権を守るための国連の活動を支援すると表明している(35)。

トルーマンのこうした努力にもかかわらず、モロトフは五月二七日、「英米資本は、国の大小を問わずさまざまな国に経済的影響力を及ぼそうとし、いわゆるそうした国々への経済援助を、英米の目的を達成する手段にすりかえようとしている」と「英米ブロック」を非難した。翌二八日、バーンズはこのモロトフの非難を排撃し、ソ連がドイツの産業解体に関する同意を拒否したことを非難した(36)。

このように米ソ関係は徐々に悪化しつつあったが、依然としてトルーマンは公的には米ソ協調を唱導していた。しかし、トルーマンは、一九四六年七月一二日に「今こそソ連に対してはっきりとした立場を取るべきだ。なめられるのはもううんざりだ」(37)とスピーチライターのクラーク・クリフォード(Clark M. Clifford)に書き送っているように、米ソ協調路線を取るのはこれ以上は不可能だと考えていた。そこでクリフォードは、ソ連に対する明確な非難を公表するようにトルーマンに提案したが、トルーマンは「私はまだ宣戦布告する準備ができていない」(38)と述べクリフォードの提案を退けた。トルーマン政権は、ソ連に対して不信感を募らせながらも、極力それを表面化させないようにしていた。それ故、トルーマン政権は、ソ連に対して不信感を募らせつつも敵対することなく、一方で明確な対抗策も打ち出せないというジレンマに陥っていた。

このような状況下で、第二次世界大戦直後の対外援助は、明確な軍事的・政治的目的に沿った戦略的対外援助ではなく、多分に人道的な外交的対外援助にとどまっていた。しかし、冷戦が顕在化するにつれ、アメリカの対外援助に対する考え方は変化していった。第二次世界大戦以後のアメリカの対外援助が外交的対外援助から戦略的対外援助に変化する転換点となったのがトルーマン・ドクトリンである。

第2節　トルーマン・ドクトリン——戦後の戦略的対外援助の始まり

トルーマン・ドクトリンに関する研究の中でも代表的な研究は、ハルフォード・ライアン（Halford R. Ryan）の研究である(39)。ライアンは、トルーマン・ドクトリンを、孤立主義から脱却し国際主義へとアメリカを転換させる重大な契機として積極的に評価している。一方でリン・ハインズ（Lynn B. Hinds）とセオドア・ヴィント（Theodore O. Windt, Jr.）は、トルーマン・ドクトリンを、政権の目的を実現するための大衆操作であったという切り口で分析している(40)。またロバート・フレイザー（Robert Frazier）は、トルーマン・ドクトリン形成過程において、ディーン・アチソン（Dean G. Acheson）国務次官が大きな役割を果たしたことを実証している。このフレイザーの研究(41)はトルーマン・ドクトリンの再評価に貢献する研究であった。

後述するが、アチソン国務次官やスピーチライターたちの考えからすると、トルーマン・ドクトリンの主目的は、共産主義の脅威を訴えて冷戦の開始を高らかに告げることではなく、ギリシャとトルコがソ連の支配下に入らないようにするため、さらなる援助を両国に与えることを議会に承認させることであった。第二次世界大戦中、戦費により肥大化した国家財政を平常化するために、緊縮財政を固守しようとしていた議会に、既に行ってきた援助に加えてさらなる「大規模な」援助を承認させることは、十分な説得力がなければ極めて困難であった。援助の対象は主にギリシャであり、ギリシャに対しては総額四億九四〇〇万ドル、トルコに対しては総額一億五九〇〇万ドルが当てられている。

第二次世界大戦後、ギリシャは戦災により深刻な経済危機に陥っていた。またギリシャ政府軍と国民解放戦線との内戦が勃発し、経済的のみならず政治的にも混迷の度を深めていた。国民解放戦線は周辺のユーゴスラヴィア、ブルガリア、そしてアルバニアといった社会主義国家の支援を受けていたために内戦は膠着状態に陥った。一九四四年にイギリス軍によって解放されて以来、一九四七年にいたるまでギリシャ政府は総額五億七一〇〇万ドルもの援助を得ていた。五億七一〇〇万ドルのうち、三億四五〇〇万ドルはUNRRA、一億八一〇〇万ドルがアメリカ、そして四四〇〇万ドルがイギリスによる援助である。一九四六年八月の段階では、もはやギリシャに対するさらなる援助は不要で、議会に追加予算を求める必要はないとアチソンは提言している(42)。このような巨額な援助のみならず、さらにイギリス軍が政局安定のためにギリシャに引き続き駐留していた。このような支援にもかかわらず、国民解放戦線に対抗するために必要となる戦費の恒常的な増大と国内の経済破綻により、ギリシャ政府は機能不全に陥りつつあった。

またトルコでは、ソ連に対する圧力が日に日に強まっていた。ソ連はトルコに対して、ダーダネルス海峡防衛を両国で共同して行うことと、トルコ領割譲を両国間で協議することを要求していた。トルコ政府は両方とも拒絶したが、ソ連の実力行使に対抗し得る軍備は全く持ち合わせていなかった。第二次世界大戦開戦以来、イギリスもトルコに対して大規模な軍事的・財政的援助を与えていたが、アメリカもトルコに総額一億三一〇〇万ドルの経済援助を与えていた。アメリカは、ソ連によるトルコ政府への要求を牽制しようとしたが、全く効果はなかった(43)。

一九四七年二月二一日になって、財政困難に苦しむイギリスは、ギリシャとトルコへの軍事的・経済的援助を六週間以内に打ち切らざるを得なくなった旨をアメリカに通達した(44)。このイギリスによる通達がトルーマン・ドクトリン発表の直接の契機である。

その三日後の二月二四日、国務省と軍の主要メンバーが出席した会議で、ギリシャとトルコがソ連の影響下に入れば、欧州や中東までも脅かされるようになるという認識が確認され、何らかの対処策が必要であるとの結論が出された。この時点では、そうした事態が合衆国の安全保障に重大な影響を及ぼすと指摘されたが、ではいったいどのような影響があるのか説明は十分ではなかった(45)。

同月二七日、議会指導者を招いた会議で、まず初めにジョージ・マーシャル(George C. Marshall)国務長官が援助の必要性について説明を行った。しかし、マーシャルの説明は簡潔で無味乾燥なものであったので、議会指導者に大した感銘を与えることができなかった。そこで会議に同席していたアチソン国務次官は、ギリシャとトルコの事態が、なぜアメリカの安全保障を左右することになるのかマーシャルに代わって次のように説明した(46)。

もしソ連がトルコを掌握することに成功すれば、ギリシャやイランにも勢力を拡大させるに違いない。それだけにとどまらず、ギリシャ自体でも共産主義勢力が、もし外部から支援を得ることができれば、ギリシャ全土の支配権を手中におさめるだろう。もしギリシャが共産主義勢力の手中に落ちたら、トルコは遅かれ早かれ屈服させられることになる。ソ連の目的は、東地中海と中東の支配であり、その野望はさらに南アジア、アフリカへと際限なく広がっていくだろう。もはやイギリスは世界の大国ではなく、アメリカとソ連だけが世界の大国なのである。米ソ両国は全く相容れないイデオロギーを持っている。アメリカは、ソ連の侵略や共産主義者の破壊活動に脅かされている諸国を支援しなければならない。それは単にイギリスの放棄した火中の栗を拾うことではなく、アメリカの安全を守り、自由そのものを守ることなのである。もしソ連が世界の四分の三の人口と三分の二の領土を手に入れてしまえば、アメリカと世界の自由の命運は風前の灯となる。ギリシャとトルコになぜ援助するべきなのか。それは、イギリスが果たしてきた役割を肩代わりすることでもなく、同盟国への人道的な措置でもない。共産主義に対抗するために自由諸国を強化することで、結果的にアメリカの安全と自由を守ることになるからである(47)。

議会指導者たちはこのアチソンの訴えに大きく心を動かされた。例えば、出席者の一人であったアーサー・ヴァンデンバーグ（Arthur H. Vandenberg）上院議員は、「正直に言うと、私はすべての事実を知らないので最近のギリシャ情勢に対してどのように答えればよいのか分からない。私は何か言う前に事実［が知らされるの］を待っている。だがギリシャ問題が個別的なものではないということは十分認識している。それどころかギリシャ問題は、東側の共産主義と西側の民主主義のイデオロギー的衝突を象徴している。そしてギリシャ問題に対して、我々は遠大でまさに運命的な決定を下す必要がある」(48)とこの時の印象を語っている。

そして議会指導者たちは、大統領自身が議会と国民に状況を完全に説明するのであれば、どんな手段を採るにしろ、支持を惜しまないと約束した。大統領はそれに応えて議会と国民に関して演説を行うと確約した(49)。

ただ演説を行うことに最も積極的なアチソンでさえも、トルーマン・ドクトリンの公表により、当時はマッカーシイズムが吹き荒れる前だったとはいえ、ヒステリックな反共主義を激発させることを憂慮していた。極言すれば、議会にギリシャとトルコへの援助を認めさせるのに十分な「共産主義の脅威」さえ表現できればよかったのである。ギリシャとトルコに対する援助を、その問題だけに限定するのか、それともアメリカの世界戦略に位置づけて論ずるのか、スピーチライターたちの中で議論が重ねられた。草稿を見たマーシャルは「演説の中の反共主義が激烈過ぎる」(50)と勧告している。またスピーチライターの一人であるジョージ・エルゼイ(George M. Elsey)も草稿の内容を公表するには、国民の心構えができていないので時期尚早であると助言している(51)。しかし、結局、アチソンはギリシャとトルコに対する援助をアメリカの世界戦略に位置づけて論ずるように演説草稿の修正を指示した。ギリシャとトルコの問題だけに限定して論じたとしても、議会や国民を納得させることはできないとアチソンは考えたのである(52)。トルーマン大統領は、トルーマン・ドクトリンとして後に知られるようになる演説でギリシャとトルコへの援助を認めるよう、以下のように議会に通告した。

「もし我々がこの運命の刻にギリシャとトルコを支援できなければ、東方だけではなく西方にも影響が及ぶだろう。我々は迅速かつ決然とした行動を取らなければならない。私は、それ故、ギリシャとトルコに一九四八年六月三〇日までの期間に総額四億ドルの援助を行う権限を与えてくれるよう議会に求める」(53)

このように語った後、トルーマンは「合衆国は第二次世界大戦に勝利するために三四一〇億ドルものお金を費やした。これは世界の自由と平和への投資である。私がギリシャとトルコへ行うように勧めている援助は、この投資のせいぜい〇・一％程度の額である」(54)と述べ、ギリシャとトルコに対する援助の有効性を訴えている。さらにトルーマンは、トルーマン・ドクトリンの中でも特に名高い次の台詞でもって、ギリシャとトルコに対する援助をアメリカの世界戦略に位置づけた。

「世界史上の現時点では、あらゆる国々は、二つの選択可能な生き方から一つを選ばなければならない。選択されるのはしばしば自由な生き方ではない。一つの生き方は、多数者の意思に基づき、自由な国家制度、代議政府、自由選挙、個人の自由の保障、言論と信教の自由そして政治的抑圧からの自由などで特徴付けられる。もう一つの生き方は、少数者による多数者の抑制に基づく。それは、恐怖と抑圧、出版、ラジオの統制、固定選挙そして個人の自由の抑圧に基づいている。自由な人民が外国の圧力や武装した少数者によって仕組まれた服従に抵抗するのを援助するのが、合衆国の政策でなければならないと私は信じる」(55)

「二つの選択可能な生き方」とは言うまでもなく、資本主義と共産主義を指している。以上の文言は、すなわちアメリカが、共産主義による自由主義諸国へのいかなる攻撃をも阻止すると公約したに等しい。ギリシャとトルコの援助は、「二つの選択可能な生き方」をめぐる世界規模の戦いの一環であると位置づけられたのである。

なぜアメリカは自由主義諸国を援助しなければならないのか、トルーマンは次のように説いている。

「全体主義政権の種は貧困と欠乏の中で育てられる。この種は貧困と紛争の悪しき土壌の中で成長し拡散していく。この種は、よりよい生活への人民の希望が絶たれた時に最も成長する。我々は我々の希望を生かし続けなければならない。世界の自由な人民は、彼らの自由を維持するために我々の援助を期待している。我々がリーダーシップを取ることに躊躇するならば、世界の平和を危険にさらすことになり、我が国の繁栄をも危険にさらすことになる」(56)

「全体主義」とは共産主義に他ならない。自由主義諸国に浸透する共産主義をアメリカが防止することは、結局、アメリカ自体の利益にもなるのだと、対外援助を正当化する理論が展開されている。そして、この理論こそが冷戦の最中、アメリカが自由主義諸国に莫大な対外援助を続けていく基本的理念となったのである。ただ言及されることがほとんどないが、トルーマン・ドクトリンで一つ見落としてはならない点は、ソ連を名指しでは非難していないという点である。

トルーマン大統領の要請を受けた米国議会はギリシャとトルコに対する援助を認めるギリシャ・トルコ援助法を通過させた。その結果、一九四七年に四億ドル、さらに一九四八年には二億七五〇〇万ドルの援助が両国に対して行われた。ギリシャ政府とトルコ政府は、民主主義的な政府とは言えないので援助を与える対象としては適当とは言えないという批判もある中で(57)さらにこれだけの援助が実現できたのは大きな成果である。

まずギリシャに対する援助は主にギリシャ政府軍を強化するために使われた。ギリシャ政府軍は新しい装備を整えることができるようになり、国民解放戦線を抑えることができるようになった。さらにユーゴスラヴィアからの国民解放戦線への支援が途絶えたこともあって、ギリシャ政府はようやく国民解放戦線によるゲリラ活動を終息させることができた。ユーゴスラヴィアからの国民解放戦線の支援が途絶えたのは、ユーゴスラヴィアとソ連の関係が悪化したためである。ソ連支配から脱しようとしたユーゴスラヴィアにアメリカは歩み寄りの姿勢を示し、同国に対して一九五〇年から一九五六年にかけ、八億四〇〇万ドルもの援助を行っている(58)。

またトルコに対する援助は、情報がほとんど残っていないために詳細は明らかではないが、多くの学者は、トルコに対する軍事援助が、トルコ政府軍の強化に役立ち、アメリカとトルコの関係を好転させたと肯定的な評価を下している。そうした肯定的な評価が下されたのは、ソ連の勢力拡大を阻止するために、アメリカはトルコと友好関係を保たなければならないと多くの学者が考えたからである(59)。

このようにトルーマン・ドクトリンは、ギリシャとトルコへの援助を目的としていたが、実はギリシャとトルコ以外の国々に対する戦略的対外援助も同時に検討されていた。他の援助対象国が同時に検討されていたのは、ギリシャやトルコの問題が両国だけにとどまる問題ではなく、アメリカの世界戦略の中に位置づけられる問題であるとアチソンが考えていたからである(60)。トルーマン・ドクトリンは、単にギリシャとトルコに対する援助を議会に承認させただけではなく、それ以後の政策を議会に承認させやすくする効果をもたらした。

一九四七年三月五日の国務・陸・海三省調整委員会(SWNCC)の席上で、アチソンは、「[ギリシャとトルコに対する援助と]類似の財政的、技術的、そして軍事的支援を必要とする世界のあらゆる場所の状況」を研究すべきだと提言した。この提言を受け入れたSWNCCは、三月一一日、特別委員会を設置し、どのような国々がアメリカの援助を必要とする可能性があり、アメリカはどのような目的で援助を行うべきか検討した(61)。こうした検討は次節で述べるマーシャル・プランの下地となった。

第3節　マーシャル・プラン——トルーマン・ドクトリンの拡大適用

一九四六年から一九四七年にかけてのヨーロッパは、戦争による荒廃に加え、例年よりも厳しい冬を迎えていた。燃料となる石炭は不足し、電力も滞りがちでパンを作る小麦にも不自由し、バターさえも満足に入手できないほどであった。さらにアメリカからの借款も底をつきかけていた(62)。たとえアメリカに共産主義の脅威に対抗する意図がなくても、窮乏した人々に援助の手を差し伸べるべきだという人道的な見地からすればヨーロッパに対する経済援助は不可欠であった。一九四七年にヨーロッパの経済状況を視察したウィリアム・クレイトン（William L. Clayton）経済問題担当国務次官補は、五月に次のような覚書を国務省に送付した。この覚書の日付については明確ではないが、少なくとも五月二七日以前には国務省内で回覧されていた(63)。

「合衆国による迅速かつ実質的な援助なしでは、経済的、社会的、そして政治的な解体が欧州を覆い尽くすことになるでしょう。それは、将来の世界の安全と経済にとって暗い見通しになり、我が国の経済にとっても甚大な影響が及ぶでしょう。何としてでもそのような事態は阻止するべきです」(64)

このクレイトンの覚書は、ヨーロッパに対する大規模な援助が必要であることをマーシャルに痛感させた(65)。特にアチソンは、クレイトンの報告をマーシャル・プランの「実質的なアウトライン」(66)と評価した。先述の

ＳＷＮＣＣの検討に加え、マーシャルはケナンを責任者とした政策企画本部（ＰＰＳ）を設置し、ヨーロッパに対する援助計画の具体策を検討させた。

マーシャル・プランの端緒は、公的にはアチソン国務次官が一九四七年五月八日にクリーブランドで行った演説である。その演説でアチソンは、欧州経済を立て直し、健全化することがアメリカの追及するべき基本的目的であると述べている。この演説で特に注目すべき点は、旧敵国であるドイツと日本の再建が欧州とアジアの再建には不可欠であると述べた点である(67)。このアチソンの演説は、トルーマン・ドクトリンによって共産主義の脅威に完全にとらわれてしまった国民の目を覚まさせ、対外援助の重要性を現実的に認識させる役割を果たした。スピーチライターのジョセフ・ジョーンズ（Joseph M. Jones）は、アチソンの考えをさらに発展させ、欧州はアメリカの提示する復興計画の下に一つにまとまるべきだという考えを、マーシャルがウィスコンシン大学で行う予定の演説の草稿に盛り込んだ。ウィスコンシン大学での演説は予定変更で中止されることになったが、ジョーンズは他の演説の参考になるはずだと考え、草稿をアチソンに送付した。アチソンはジョーンズの草稿を読み、さらなる検討を加え、マーシャルにジョーンズの草稿に沿った内容の演説をするべきだと進言した。ジョーンズの草稿は、ケナンの案と多くの類似点があったが、ケナンの案よりも先に提出された。欧州が一つにまとまるべきだというマーシャルの考えはケナンの案によるものではない。最終的にはマーシャル自身が、ソ連専門家で外交官のチャールズ・ボーレン（Charles E. Bohlen）の助言を受けながら演説草稿を練った(68)。

ジョン・ジンベル（John Gimbel）は『マーシャル・プランの起源（The origins of the Marshall plan）』で、マーシャルが行った演説は、ケナンを中心にしたＰＰＳの報告とアチソンが行った五月八日の演説、そしてクレイトンの覚書の寄せ集めであると論じている。さらにジンベルは、ケナンの案とクレイトンの覚書の根本的な違いを指摘している。ジンベルによれば、ケナンの案では欧州のイニシアティヴを強調しているのに対し、クレイトンの覚書はアメリカによる欧州の救済という姿勢が強調されている。結局、マーシャルはクレイトンの覚書を中心に据えて演説草稿を作成したという(69)。しかし、一方でマイケル・ホーガン(Michael J. Hogan)は『マーシャル・プラン――アメリカ、イギリス、そして西欧の復興(The Marshall Plan : America, Britain, and the reconstruction of Western Europe)』で、ボーレンがケナンの案とクレイトンの覚書の両方に大きく依拠して草稿を練ったと指摘している。さらにホーガンはケナンの案がジョーンズを含め関係者に大きな影響を与えたと指摘している(70)。しかし、ジョーンズの場合は、ケナンの案よりも先に草稿を書き上げているので必ずしもそうとは言えない。ジンベルもホーガンもジョーンズの関与を明確には言及していないが、ケナンの案とアチソンの演説、そしてクレイトンの覚書に加えてジョーンズの草稿もマーシャルが行った演説草稿の作成に大きく貢献したことを見逃してはならない。

このような経緯を経て六月五日にマーシャルは、ハーバード大学で「マーシャル・プラン」として知られるようになる演説を行った(71)。マーシャルは、まず欧州の経済的崩壊について述べ、もはや欧州には食糧やその他の必需品を購入する余力が残されていないと演説した。さらにマーシャルは、「改善策は、悪循環を断ち切り、欧州諸国と欧州全体の経済的未来に対する欧州の人々の自信を回復させることである」と述べ、「政治的安定と確かな平和なしでは成り立たない世界の経済的な健全性を取り戻すために」アメリカはできることをすべきであると公表した。ただ復興は欧州の人々自身の手で行われなければならない、とマーシャルは欧州の自発的意志が必要であることを付け加えた(72)。この点はケナンの案を取り入れている。

同年一二月一九日にトルーマン大統領も、議会でマーシャル・プランに関して演説を行った。その主要部分は以下のとおりである。

「我々の決断は、ヨーロッパ大陸の多くの人民の未来を大きく左右するだろう。世界の自由諸国が、独立国家として希望に満ち溢れた平和と繁栄の未来を望むことができるか、それとも横暴な全体主義の侵略の脅威と貧困のうちに生きなければならないかは、我々の決断にかかっているのである。(中略)もしヨーロッパが復興できないならば、ヨーロッパの人民は、自暴自棄の哲理に駆り立てられることになる。その哲理とは、全体主義の管理下に基本的権利を投げ出すことによってのみ基本的欲求が満たされ得るというものである。そのような展開は、世界の平和と安定にとって強烈な一撃となるだろう」(73)

トルーマン大統領は、マーシャル・プランを、単にヨーロッパを援助する人道的な計画ではなく、世界の平和と安定、ひいてはアメリカ自体の安全と結び付けられる計画であると位置づけている。後に回顧録の中でトルーマンは、マーシャル・プランの意義を「この計画こそ欧州を経済不況から救い、ソ連の共産主義の奴隷化から救ったのであった」(74)と語っている。当時も名指しこそしていないものの、「ある国が協力を妨害した。かの国は、弱い隣国がマーシャル・プランに参加するのを妨げ、マーシャル・プランが成功するのを邪魔しようと全力を尽くしている。それだけではない。かの国は着実にその手を隣国に伸ばしつつある。それは悲劇の歴史である」[75]と暗にソ連を非難している。アメリカがソ連を非難する正当性を得るためにマーシャル・プランを利用した一面がある。

マーシャル・プランは翌一九四八年から一九五一年の四年間にわたって実施された。管轄省庁として相互安全保障本部の前進組織である経済協力局が設立され、総額一三一億五〇〇〇万ドルにも達する援助が行われた。援助の内訳は、原材料と半加工品が三三％、食糧、飼料、そして肥料が二九％、機械と乗り物が一七％、燃料が一六％、その他日用品が五％であり、主に欧州の危機的状況を救済し、生産基盤を復興させるための援助であった[76]。

援助を与える条件としてアメリカは、工業生産と農業生産の促進、通貨の信用性の回復と維持、欧州域内および他の国々との貿易促進の三つの条件を提示した。マーシャル・プランの対象となったのは、オーストリア、ベルギー、ルクセンブルク、デンマーク、フランス、イギリス、ギリシャ、アイスランド、イタリア、オランダ、ノルウェー、ポルトガル、スウェーデン、スイス、トリエステ、トルコ、西ドイツの各国である。アメリカが提示した条件からは、アメリカが、世界的な自由貿易を安定させるためには欧州の経済的安定と参加が不可欠であると考えていたことが分かる。また欧州を一つにまとめることでソ連の大陸侵攻に備えさせるという目的もあったことが明らかに示されている[77]。

こうした条件のもと、実施されたマーシャル・プランは一定の成果を挙げた。マーシャル・プラン対象国全体で、対戦前比で工業生産高が三五％増大し、同じく農業生産高は一〇％増大した[78]。経済状態の好転に伴って、欧州諸国の軍事支出も増大し[79]、ソ連の大陸侵攻を抑止するというアメリカが意図した目的は暫定的に達せられたと言える。

マーシャル・プランについては、オーソドックス派とレヴィジョニスト派の解釈において大きな相違がある。オーソドックス派は、ソ連に拒否される可能性が高いことを認識しつつも、アメリカは真摯な姿勢でソ連にマーシャル・プラン参加を呼びかけたと見なしている。一方、レヴィジョニスト派は、マーシャル・プランが完全にソ連封じ込めを意図したもので、ソ連に参加を呼びかけたのは外交的策略に過ぎないと見なしている(80)。

マーシャル自身は、マーシャル・プランからソ連を除外しないことに不安を覚えていた。また国務省内部では、ソ連の直接的な干渉よりも、欧州の経済が悪化することにより各国の共産党の勢いが増長することを危惧していた。共産党の勢力増長はソ連外交を有利にさせるからである。彼らは、共産党が欧州各国で主導権を握るようになればソ連が戦略的に優位になり、その分アメリカが不利になると考えていた(81)。こうした国務省内部の考えからすると、レヴィジョニスト派の考え方が正しい。

第4節　ポイント・フォー——第三世界へ広がる対外援助

「第四に我々は、科学的先進性と工業的進歩を未開発地域の成長と改善に利用できるようにするという斬新なプログラムに乗り出さなければならない。世界の半分以上の人々が、ほとんど悲惨に近い状態で暮らしている。(中略)合衆国は、科学技術、工業技術に関しては諸国の中で抜きん出ている。諸国民を援助するために使うことができる資源は限られている。しかし、我々の測り知れない技術的資源は、絶えず増加し、使いきれないほどである。私は、自由を愛好する諸国民が、よりよい生活への願望を実現するために我々の技術的蓄積を利用できるようにするべきだと思う」(82)

ポイント・フォー計画は、一九四九年一月二〇日、トルーマン大統領が就任演説で公表した計画である。この第四の点、すなわちポイント・フォー(83)は、「我々は断固たる支持を国連とその関連機関に与え続ける」という第一点、「我々は世界経済復興のためのプログラムを続ける」という第二点、「我々は自由愛好諸国を侵略に対して強化する」という第三点に引き続いて公表された。この計画は、トルーマン政権が推進していたフェア・ディール政策の国際版である。重点は技術援助に置かれている。種子、肥料、耕作法、播種法、収穫法、穀物貯蔵法などの知識を農村に普及させ、マラリア、赤痢、トラコーマ、牛疫といった疫病の治癒法を教授し、道路、運河、ダム、学校、病院といった社会基盤整備のための援助をするというのが計画の概容である(84)。このポイント・フォー計画に的を絞った研究は、最終的に計画が必ずしもうまくいかず、評価も芳しくなかったために、ほとんどなされていない。

計画を実施する機関として新規に技術協力庁が設立されたが、計画の実施はさまざまな機関が担うことになった。国連の諸機関、米州機構の他に連邦各省庁が分担して計画の実施に当たっている。関係する連邦各省庁は、農務省、連邦安全保障庁、民間航空管理局、道路公団、アメリカ陸軍技術部、労働局、社会保安庁、商務省、財務省など非常に多岐にわたった(85)。

こうしたポイント・フォー計画は、国務省広報局のベンジャミン・ハーディー(Benjamin H. Hardy)の原案に基づいている(86)。ハーディーは、新たなる冷戦戦略として「アメリカの技術的資源を国際共産主義との戦いで利用」(87)するように助言した。ハーディーの原案は、ハーディー自身が重要な役職に就いていない人物であり、またどのように技術資源を利用するのか具体策を伴っていないので、国務省内では全く取り上げられることはなかった。そのためハーディーは、スピーチライターのクリフォードとエルゼイのもとに原案を持ち込んだ。クリフォードとエルゼイは長い議論の末にハーディーの原案に肉付けを行った。その結果、国務省は改善点をいくつか示した後にそれを受け入れ、最終的にトルーマンが草稿を見て承認を与えた(88)。

ポイント・フォー計画が公表されると、ラジオ・モスクワは、一月二六日に「トルーマンが発した外国への政治的プログラムは、すなわちアメリカの拡大主義であり、それはかつてない規模のものである」と計画への非難を開始した(89)。またラジオ・モスクワのコメントを補強する形で、共産党機関紙のプラウダは、「アメリカの経済的世界拡大主義」と銘打ち、ポイント・フォー計画を前例のないアメリカの拡大主義であり、他国に干渉する新しい計画であると糾弾した。さらに同紙は、アメリカは、唯一の宗主国になり、資本主義世界の多くの国から搾取することを目指していると論を進め、最後にアメリカの技術と科学的知識は、発展途上国の生活水準を改善する助けとはならないと結論付けている(90)。

このような非難を受けることは十分に予想されたことであったが、それでもなおポイント・フォー計画を公表する利点は何だったのであろうか。アチソンは、一九四九年三月一四日、トルーマンへの覚書の中でポイント・フォーの利点を以下のように挙げている(91)。

一、国際貿易を拡大することにより国内経済の安定と生産性に貢献する。
二、世界中の善意を涵養し、自由愛好国家を強化することにより我が国の安全保障を強化できる。
三、世界経済においてよりよい均衡を保つことができる。
四、経済発展を図る国際的な活動を援助することにより国連を強化できる。
五、未開発国の国民によりよい未来への希望を与え、その希望を生活水準の明らかな改善でもってはぐくむことにより民主国家を強化できる。
六、国連と民主国家を強化することにより平和を促進することができる。

アチソンは、「民主主義だけでは世界の諸国民を駆り立てる大きな力を生み出すことはできない」(92)と考えており、ポイント・フォー計画を物質的な手段で自由や平和という精神的なものを獲得する計画であると見なしていた。その公的な目的は「戦後の西欧への経済援助プログラムから間接的にしか利益を得ることができない地域の平和愛好的な諸国民を援助する」(93)ことである。

さらにポイント・フォー計画には、発展途上国で「共産主義者が約束し喧伝するものに対抗する」(94)目的があった。そのことは、ポイント・フォー計画実施の責任者を務めたヘンリー・ベネット (Henry G. Bennett) の言葉から分かる。ベネットは、ハーレイ・キルゴア (Harley M. Kilgore) 上院議員とポイント・フォー計画について議論した際、次のように述べて、計画が共産主義の浸透防止という目的を持つことを明らかにしている。

「ポイント・フォーが重要なのは、いわゆる自由世界に住む人々の三分の二が、飢えて病気であり絶望的に貧困であって、そうした人々は生活状態に反感を抱いており、共産主義者が彼らの不満と無知に付け込むからです。共産主義がそうした状況を生み出したわけではありませんが、共産主義はそれを不当に利用し、世界征服の手段として使用するのです。我々がポイント・フォー計画に基づいて行っていることは、アジアやアフリカ、そしてラテンアメリカ諸国のそうした人々に、貧困から抜け出す方法は、共産主義者が示す方法ではないと示すことなのです」(95)

ポイント・フォー計画の問題点は、その援助の手が本当に困っているところに差し伸べられるのではなく、共産主義に対抗する上で重要な地域に偏ることにある(96)。ポイント・フォーが対象とする国は「平和愛好国」に限定されている。もちろんこの「平和愛好国」とは自由主義陣営に属する国を指すことは言うまでもない。計画の具体的な内容は、アメリカの各分野の技術者を援助対象国の政府機関に派遣するというものである。しかし、アメリカから援助対象国に派遣された技術者は、本国の指令により短期間で転属させられることが多く、一カ所に腰を据えた長期間にわたる開発には参与できなかった。短期間では有効に技術が伝わらなかったし、技術を伝えるべき発展途上国側の技術者が圧倒的に不足していた(97)。

このようにポイント・フォー計画は、実施される過程でさまざまな問題点が浮き彫りになったが、計画公表当初、トルーマン政権にとって、ポイント・フォー計画は共産主義拡張に抗する最も強力な武器の一つになるはずであった。また発展途上国での技術革新は民間投資の呼び水となり、結果的に自由貿易市場の拡大に貢献すると考えられていた。さらにポイント・フォー計画は相互安全保障プログラム（mutual security program）と密接に関連づけて実施することが想定されていた(98)。相互安全保障プログラムは、「相互」という言葉が付いているものの、実質はアメリカが一方的に諸外国への直接的軍事・経済援助を行う計画であった。しかし、トルーマン政権が「相互」という言葉をあえて付け加えたのは、諸外国に援助を与える代わりにアメリカの世界戦略の一端を担わせるという論理を展開したからである(99)。

結局、ポイント・フォー計画は、朝鮮戦争の勃発に加えて、議会による予算制限、第三世界の消極性などが原因で、当初、トルーマン政権が有効な冷戦戦略として考えたようには機能しなかった(100)。冷戦戦略の基本方針となったNSC68の中でもポイント・フォー計画は十分な効果を挙げていないと指摘されている(101)。しかし、アメリカの戦略的対外援助が第三世界へと広がる契機となった点でポイント・フォー計画は大きな転機になったと言える。

おわりに

これまでアメリカの対外援助の概要を述べたが、こうした対外援助に対しては賛成意見ばかりではなかった。代表的な反対論者としては経済学者のミルトン・フリードマン（Milton Friedman）が挙げられる。

フリードマンは、一九五八年にイェール・レヴューに発表した『対外経済援助――手段と目的』で「対外経済援助は、イデオロギー戦争の中で武器として広く認められている」(102)と評価しながらも、アメリカ政府による対外援助をやめるべきだと主張した。アメリカ政府による対外援助は、経済発展を遅らせ、社会主義を助長し、民主主義を発展させることはないとしている。さらにアメリカは、自由市場を発展させることで世界市場を拡大させるべきであり、国際貿易や国際投資を阻む障壁を撤廃すべきだとした。フリードマンによれば、発展途上国の中央政府に援助を与えても中央集権化が進み、自由と民主主義に逆行するだけであるという。「援助ではなく貿易」というのがフリードマンのモットーであった。

このような批判はありながらもアメリカが対外援助を続けていたのは歴史の示すとおりである。アメリカの対外援助の目的は、自由貿易の拡大という経済的な目的と、共産主義の脅威からアメリカ本国を防衛するという軍事的な目的と、さらに共産主義のプロパガンダに対抗するという政治的な目的の三つが複雑に絡み合っている。

フリードマンの考え方によると、自由貿易の拡大が世界中に富をもたらし、資本主義陣営の成功を保障するので、結局、共産主義の脅威から自由主義諸国を守ることになる。資本主義陣営の成功こそが冷戦の勝利への近道であったことは後に証明されたので、フリードマンの主張はあながち間違いではなかった。共産主義の脅威に対抗するために資本主義陣営を強化するという意味では、対外援助によっても自由貿易の拡大によっても結果は同じである。しかし、アメリカの明確なコミットメントを示すことができるという政治的利点を考えれば対外援助のほうが優れているのは確かである。

最終的に、アメリカが一九四五年から一九五八年にかけて行った対外経済援助の総額は、五七二億七五〇〇万ドルに及ぶ。首位のフランス（四三億九六〇〇万ドル）に続いて、二位、西ドイツ（三八億五九〇〇万ドル）(103)、三位、イギリス（三八億二二〇〇万ドル）、四位、日本（二六億二九〇〇万ドル）、五位、台湾（二三億七三〇〇万ドル)、六位、韓国(二一億六一〇〇万ドル)、七位、ギリシャ(一七億四〇〇〇万ドル)[104]、八位、オーストリア(一〇億八七〇〇万ドル)、九位、オランダ(九億一七〇〇万ドル)、一〇位、フィリピン(八億二三〇〇万ドル)である。首位から一〇位までで援助総額の約四割を占めている[105]。

アメリカの世界戦略に基づいて援助の優先度が決定されていたことは、上記に示した援助受け入れ総額の国別順位を見ると一目瞭然である。フランス、イギリス、西ドイツを初めとした西欧の経済復興と安定は、自由貿易市場の発展とソ連による大陸侵攻阻止というアメリカの世界戦略に不可欠な要素であった。さらに日本と台湾、そして韓国は極東の安定の要であったことは言うまでもない。このように第二次世界大戦後のアメリカの対外援助は、モントゴメリーの区分に従えば、トルーマン・ドクトリンとマーシャル・プラン、そしてポイント・フォー計画と、ソ連勢力を封じ込めるという点で軌を一にした戦略的対外援助に他ならなかったのである。

[注]

1 John Montgomery, *Foreign Aid in International Politics* (Englewood Cliffs: Prentice-Hall, 1967),pp.7-19.
2 Robert H. Ferrell, *Harry S. Truman: A Life* (Norwalk: Easton Press, 1994); Alonzo L. Hamby, *Man of the People: A Life of Harry S. Truman* (New York: Oxford University Press, 1995); David G. McCullough, *Truman* (New York: Simon & Schuster, 1992).
3 Office of Federal Register, National Archives and Records Service, General Services Administration, *Public Papers of the Presidents of the United States: Harry S. Truman 1949* (Washington: Government Printing Office, 1964), p.118.
4 ポール・ジョンソン『アメリカ人の歴史』(共同通信社、二〇〇二年)三〇六頁。
5 有賀貞『アメリカ史2』(山川出版社、一九九三年)三一九−二〇頁。

6 Susan Carter eds., *Historical Statistics of the United States: Earliest Times to the Present* (New York: Cambridge University Press, 2006), v.5, p.334.

7 *Ibid.*, p.355.

8 *Ibid.*, pp.367-68.

9 *Ibid.* p.371.

10 *Address Before a Joint Session of the Congress on Universal Military Training,* October 23, 1945.

11 Carter eds., *Historical Statistics of the United States: Earliest Times to the Present,* v.5, p.455.

12 *Message to the Congress on the State of the Union and on the Budget for 1947,* January 21, 1946.

13 *Ibid.*

14 Legislative Reference Service, Library of Congress, *U.S. Foreign Aid: Its Purposes, Scope, Administration, and Related Information* (New York: Greenwood Press, 1968), pp.21-28.

15 Hamby, *Man of the People: A Life of Harry S. Truman,* p.346.

16 Raymond Dennett and Robert Turner eds., *Documents on American Foreign Relations* (Princeton: Princeton University Press, 1948) v.8, p.364.

17 John Campbell, *The United States in World Affairs, 1945-47* (New York: Harper & Bros, 1947), p.338.

18 Thomas Langston, *The Cold War Presidency: A Documentary History* (Washington : A Division of Congressional Quarterly, 2007), p.2.

19 Ferrell, *Harry S. Truman: A Life,* p.265.

20 一九四五年一一月一八日、イランの一部であったアゼルバイジャンで革命が起き、同月二〇日、イラン政府は、アメリカに、ソ連がアゼルバイジャン革命を支援するのをやめさせるように求めた。一二月三日、ソ連は、一九四六年一月一日までに連合軍全部隊をイランから撤退させようというアメリカの提案を拒絶した。ソ連軍のイラン駐留期限は、一九四二年の協定によると本来、一九四六年三月四日だったが、ソ連はそれを守らなかった。さらにソ連はアゼルバイジャンでの駐留継続をも表明していた。

21 Hamby, *Man of the People: A Life of Harry S. Truman,* p.346.

22 *The President's News Conference of January 8, 1946.*

23 Paul Nitze, interviewed in CNN, *Cold War* (New York: Facts on File, 1994), p.573.

24 石田正治『冷戦国家の形成』（三一書房、一九九三年）四四―四五頁。

25 The Foreign Policy of the United States, revised as of April 1, 1945, *President Harry S. Truman's Office Files, 1945-1953 Part 3: Subject File, State, Secretary of : Policy Manual,* April 16, 1945.

26 Letter from Premier J.V. Stalin to President H. Truman, April 24, 1945, *Map Room Messages of President Truman (1945-1961), Communications between President Truman and Premier Stalin* (April 16-December 23, 1945).

27 James F. Byrnes, *Speaking Frankly* (New York: Harper, 1947), p.104.

28 *The President' s News Conference of February 21, 1946.*

29 Memo Criticizing Byrnes, January 5, 1946, *President Harry S. Truman's Office Files, 1945-1953 Part 5: Truman Diaries and Hand Witten Notes Files, Long Hand Personal Memos.*

30 Memorandum for the President, June 19, 1945, *President Harry S. Truman's Office Files, 1945-1953 Part 3: Subject File, Foreign Affairs Current Foreign Developments and State Department Memoranda for the President, 1945,* Folder 2.

31 ソ連が核の機密を手に入れ、戦後の紛争や混乱の中でその目的を成就するために、それをためらわず利用することをチャーチルは戦時中から恐れていた。

32 原題は Sinews of Peace。

33 Sinews of Peace, March 5, 1946, *President Harry S. Truman's Office Files, 1945-1953 Part 2: Correspondence File, Churchill, Winston: 1945-1946.*

34 Hamby, *Man of the People; A Life of Harry S. Truman,* p.348.

35 Legislative Reference Service, Library of Congress, *Trends in Russian Foreign Policy since World War I* (Washington: Government

Printing Office, 1947), p. 42.

36 *Ibid.*, p.43.

37 Robert Underhill, *The Truman Persuasions* (Ames : Iowa State University Press, 1981), pp.192-93.

38 *Ibid.*, p.184.

39 Halford R. Ryan, *Harry S, Truman: Presidential Rhetoric* (Westport, Conn.: Greenwood Press, 1993).

40 Lynn B. Hinds and Theodore O. Windt, Jr., *The Cold War as Rhetoric: The Beginnings, 1945-1950* (New York: Praeger, 1991), pp.129-64.

41 Robert Frazier, "Acheson and the Formation of the Truman Doctrine," *Journal of Modern Greek Studies* 17 (2) (October 1999), pp.229-51.

42 Memorandum for the President, August 7, 1946, *Harry S. Truman Library, Online Documents.*

43 Legislative Reference Service, *U.S. Foreign Aid: Its Purposes, Scope, Administration, and Related Information,* p.29, 106, 110.

44 John Rourke, *Congress and the Presidency in U.S. Foreign Policymaking: A Study of Interaction and Influence, 1945-1982* (New York: Westview Press, 1983), p.49.

45 Frazier, "Acheson and the Formation of the Truman Doctrine," p.233.

46 Memorandum for the File, The Drafting of the President's Message to Congress on the Greek Situation, *Truman Library, Online Documents, Truman Doctrine.*

47 Joseph M. Jones, *The Fifteen Weeks* (New York: The Viking Press, 1955), pp.140-41.

48 Arthur H. Vandenberg, Jr. ed., *The Private Papers of Senator Vandenberg* (Boston: Houghton Mifflin Company, 1952), p.340.

49 Memorandum for the File: The Drafting of the President's Message to Congress on the Greek Situation, March 12, 1947, *Truman Library, Joseph M. Jones File,* box1.

50 Frazier, "Acheson and the Formation of the Truman Doctrine", p.239.

51 Letter from George M. Elsey to Clark McAdams Clifford, March 7, 1947, *Truman Library, Online Documents.*

52 Memorandum for the File, The Drafting of the President's Message to Congress on the Greek Situation, *Truman Library, Online Documents.*

53 *Special Message to the Congress on Greece and Turkey: The Truman Doctrine,* March 12, 1947.

54 *Ibid.*

55 *Ibid.*

56 *Ibid.*

57 *Daily Worker,* March 14, 1947.

58 Legislative Reference Service, *U.S. Foreign Aid: Its Purposes, Scope, Administration, and Related Information,* p.34.

59 John Hurewitz, *Middle East Dilemmas* (New York: Harper & Bros, 1953),pp.200-204.

60 Draft Outline Notes for Mr. Acheson's Speech before the Delta Council, May 8, April 23, 1947, *Truman Library Online Documents.*

61 John Gimbel, *The Origins of the Marshall Plan* (Stanford: Stanford University Press, 1976), pp.8-10.

62 Herbert Feis, *From Trust to Terror: The Onset of the Cold War, 1945-1950* (London: Anthony Blond, 1971), pp.233-34.

63 Gimbel, *The Origins of the Marshall Plan,* p.13.

64 Jones, *The Fifteen Weeks,* p.247.

65 Legislative Reference Service, *U.S. Foreign Aid: Its Purposes, Scope, Administration, and Related Information* (New York: Greenwood Press,1968), p.35.

66 John Findling, *Dictionary of American Diplomatic History* (Westport and London: Greenwood Press, 1980),p.112.

67 Address by the Honorable Dean Acheson, Under Secretary of State, before the Delta Council of Cleveland, Mississippi, on May 8, 1947, *Joseph M. Jones File,* box1.

68 Memorandum for Files, Re: The Secretary's Harvard Speech of June 5, 1947, *Joseph M. Jones File,* box1.

69 Gimbel, *The Origins of the Marshall Plan*, pp.14-15.

70 Michael Hogan, *The Marshall Plan: America, Britain, and the Reconstruction of Western Europe, 1947-1952* (Cambridge: Cambridge University Press, 1987), pp.41-43.

71 ハリー・S・トルーマン『トルーマン回顧録2』（恒文社、一九六六年）九三―九五頁。

72 Speech by George C. Marshall, June 15. 1947, *Truman Library, Online Documents.*

73 *Special Message to the Congress on the Marshall Plan*, December 19, 1947.

74 トルーマン、前掲『トールマン回顧録2』九五頁。

75 *St. Patrick's Day Address in New York City*, March 17, 1948.

76 Legislative Reference Service, *U.S. Foreign Aid: Its Purposes, Scope, Administration, and Related Information* (New York: Greenwood Press,1968), p.41.

77 Lorna Morley and Felix Morley, *The Patchwork History of Foreign Aid* (Washington: American Enterprise Association, 1961), p.21.

78 *Ibid.*, p.22.

79 Hogan, *The Marshall Plan: America, Britain, and the Reconstruction of Western Europe, 1947-1952*, p.393.

80 William Cromwell, "The Marshall Non-Plan, Congress and the Soviet Union", *The Western Political Quarterly* 32 (4)(December 1979), pp.422-43.

81 Hogan, *The Marshall Plan: America, Britain, and the Reconstruction of Western Europe*, pp.44-45.

82 *Inaugural Address*, January 20, 1949.

83 ポイント・フォー（Point Four）の呼称について若干の混乱がある。基本的にポイント・フォーと言った場合は、第四の点だけを指す。ただ第一の点から第四の点まですべてを指す場合は、フォー・ポインツ（Four Points）と称される。

84 *Inaugural Address*, January 20, 1949.

85 Department of State, *Cooperative Program for Aid in the Development of Economically Underdeveloped Areas* (Tokyo: Asahi Chosa

Kenkyu Shitsu, 1950), pp.76-78.

86 Halford R. Ryan, "President Harry S. Truman's Inaugural Address, 1949", Halford R. Ryan ed., *The Inaugural Addresses of Twentieth-Century American Presidents* (Westport: Praeger, 1993),p.142.

87 Use of US Technological Resources as a Weapon in the Struggle with International Communism, from Ben Hardy to Mr. Russell, November 23, 1948, *George M. Elsey Papers,* box 36.

88 Memorandum for Mr. Clifford, Subject: President Truman's Inaugural Address of January 20, 1949 and 'Point IV', July 17, 1963, *George M. Elsey Papers,* box 36.

89 Radio Moscow's First Commentary on President Truman's Inaugural Address, January 26, *President Harry S. Truman's Office Files, 1945-1953 Part 2: Correspondence File.*

90 More Soviet Radio Comment on President Truman's Inaugural Address, January 24-26, 1949, *President Harry S. Truman's Office Files, 1945-1953 Part 2: Correspondence File.*

91 Department of State, *Foreign Relations of the United States* (Washington: Government Printing Office, 1977), 1949 v.1, pp.777-78.

92 *Ibid.,* p.783.

93 *Ibid.,* p.777.

94 Jahangir Amuzegar, "Point Four: Performance and Prospect", *Political Science Quarterly* 73 (4) (December 1958), p.531.

95 The United States Congress, *Congressional Record* (Washington: Government Printing Office, 1951), v.97 (13), pp.A3444-445.

96 Marijke Breuning, "The Role of Analogies and Abstract Reasoning in Decision-Making: Evidence from the Debate over Truman's Proposal for Development Assistance," *International Studies Quarterly* 47 (2) (June 2003), p.239.

97 Montgomery, *Foreign Aid in International Politics,* pp.40-41.

98 Meeting with president, Monday, June 13, 1949, Hearings on Point IV, *Memoranda of the Secretary of State, 1949-1951, and Meetings and Visits of Foreign Dignitaries, 1949-1952* (Washington: Office of History, Department of State, 1988).

99 Legislative Reference Service, *U.S. Foreign Aid: Its Purposes, Scope, Administration, and Related Information*, p.47.

100 Thomas Patterson, *Meeting the Communist Threat: Truman to Reagan* (New York: Oxford University Press, 1988), p.157.

101 Dennis Merrill ed., *Documentary History of the Truman Presidency* (Bethesda: University Publication of America, 1996), v.7, p.376.

102 Milton Friedman, *Foreign Economic Aid: Means and Objectives* (Stanford: Hoover Institution on War, Revolution, and Peace, Stanford University, 1995),p.1.

103 東ドイツに対する援助総額は僅かに一七〇〇万ドルであった。

104 一七億四〇〇〇万ドルのうち、四億九四〇〇万ドルはトルーマン・ドクトリンによって決定されたギリシャ・トルコ援助である。

105 Legislative Reference Service, *U.S. Foreign Aid: Its Purposes, Scope, Administration, and Related Information*, pp.101-12.

第6章　日米安全保障体制と在日米軍駐留経費

——日米同盟における役割と費用の分担

正司　光則

はじめに

在日米軍駐留経費（思いやり予算）に関する特別協定が二〇〇八年三月末で期限が切れることから、日米両国は改訂交渉を行ってきた(1)。日本政府は厳しい財政状況からこの経費の大幅な削減を求めたものの、米国政府はテロ掃討作戦の戦費が増大していることを論拠に増額を求め、両国の見解は対立した(2)。最終的に、二〇〇七年一二月、新しい特別協定は二〇一〇年度までの三年間を期限とすること、焦点となっていた光熱水料については〇八年度は〇七年度と同じ二五三億円、〇九—一〇年度は四億円を削減して二四九億円とすることで合意したものの、特別協定の締結は予想以上にもめることとなったのである(3)。

このように、「思いやり予算」をめぐる日米交渉がもめた背景には、日米安全保障体制における役割と費用の分担の問題がある。日米両国にはともに、過大な負担を強いられているのではないかという疑念があり、役割と費用の分担について異なる認識を持っているのである。

米国はこれまでテロ掃討作戦において、多大な人的・金銭的なコストを払ってきた。イラクにおける米軍の犠牲者は増加しつづけており、二〇〇八年一月二六日までに死者が三九三四人、負傷者が二万九〇〇五人に達している(4)。米国の国防費は、二〇〇一年の総計が約二九〇九億ドルだったのに対して、二〇〇七年度には約五一〇六億ドル、二〇〇八年度は約四五九七億ドルまで増加するなど、近年急速に増加している(5)。

このような状況から、米国内では同盟関係が米国の国益に役立っておらず、むしろ米国にとって足かせになっているとの議論が見られるようになってきた。カート・キャンペル（Curt M. Campel）によれば、テロリストなどの非対称脅威に対応するためには、作戦に応じた連合（coalition）を形成することによって機動力を確保することこそが重要であり、米国は同盟を締結することによって、重い負担を背負わされているという(6)。米国が多大なコストを払いながら、同盟国は米国に対して十分な支援を行っていない。こういった疑念が米国を覆っているのである。

他方で、日本においても、在日米軍基地の費用について、日本があまりにも多くの費用を負担させられているではないかという疑念がある(7)。坂元一哉が日米安全保障体制は日本が米国に基地を貸して安全保障を確保する「物と人との協力」であると論じているように、日米安全保障体制において、日本はこれまで人的な貢献ではなく、基地の提供などの物質的・金銭的な貢献が求められてきた(8)。そのような貢献の一つが、いわゆる「思いやり予算」である。

日本政府は一九七八年、在日米軍地位協定第二四条の負担義務を超えて、約六二億円の米軍駐留経費を支出することを決定した。金丸信防衛庁長官がインタビューで、この措置は米国に対する「思いやり」であると述べたことから、この経費には「思いやり予算」という俗称が付けられることとなった。以後、「思いやり予算」は拡大の一途をたどり、九九年度予算においては二七五六億円に達した(9)。

しかし近年、日本政府の財政状況が悪化する中で、「思いやり予算」を削減すべきだとの議論が見られるようになってきた(10)。その論拠として、米国防省による年次報告書『共同防衛に対する同盟国の貢献度』（Allied Contributions to the Common Defense）がしばしば取り扱われている(11)。この報告書によれば、日本を除く二六カ国が二〇〇三年度に負担した合計額が約三九億八〇〇〇万ドルであるのに対して、日本が負担した額は約四四億一〇〇〇万ドルと突出している。その結果、国防省が日本の「貢献度」を高いとアピールすればするほど、日本国内では皮肉にも「思いやり予算」が高いという批判を呼び込むこととなり、日本政府を苦しめるという状況が生まれている。

ブルーノ・タートレイス（Bruno Tertrais）が指摘するように、各国は同盟によって得られる利益と費用を比較して政策評価を行うのであり、同盟締結国がお互いに利益があると判断しなければ、同盟が存続することはあり得ない(12)。同盟締結国がお互いに疑念を払拭しながら、日米両国が果たすべき役割と費用の分担について合意形成していくことは同盟の本質に関わる重要な問題であると言えよう。

日本政府が負担している「思いやり予算」は日本にとって過大であると言えるのだろうか。本章は、在日米軍の駐留経費をめぐって、日米両国がどのような役割・費用の分担を行っているのかを、制度的観点および歴史的観点から明らかにする。

第一節では、在日米軍の駐留経費に制度的な観点からアプローチし、米軍基地の費用がどのような枠組みで負担されているかを論じ、各国の比較や評価は困難であることを明らかにする。第二節では、在日米軍の駐留経費に歴史的な観点からアプローチし、旧安保条約における防衛分担金をめぐる交渉から「思いやり予算」が持つべき意味合いを明らかにする。

第1節　在日米軍の駐留経費に対する制度的アプローチ

日本政府が負担している「思いやり予算」は、日本政府にとって過大な負担であるとの批判があるが、このような批判は正しいのであろうか。これら批判の多くは、『共同防衛に対する同盟国の貢献度』を根拠にして、他国の米軍駐留経費と比べ、在日米軍の経費はあまりにも多いと指摘している(13)。

確かに、この報告書では、日本の貢献は極めて高く評価されており、在日米軍駐留経費は他国に比べて突出している。しかし、各国は政治的・経済的状況あるいは、歴史的な状況が異なっており、米国と同盟関係にあるという共通点だけで、数字を比較するのはやや乱暴であると言えよう。第一節では、米軍駐留経費がどのような枠組みで負担されているのかを検討し、米軍基地の費用分担は複雑で多岐にわたっており、その比較はかなり困難であることを明らかにする。

第1項　米軍基地の費用負担に関する枠組み

米軍基地の整備費用として「軍事建設費」(Military Construction)を毎年度予算に計上している(14)。近年、テロ掃討作戦の影響があり、この軍事建設費は二〇〇三年度には五八・五億ドルだったのに対して、二〇〇八年度には九一・九億ドルに達するなど、近年急速に増加している(15)。米国がこのように米軍基地の整備費用を負担しているのに対して、同盟国が米軍基地の費用を負担する形式には、NATOなどの集団的な枠組みの中で費用負担を行っている形式と、日本やドイツ、韓国のように二国間の地位協定を締結している形式がある(16)。

ＮＡＴＯ加盟国は米軍基地の費用を集団的に負担するための枠組みとして、「ＮＡＴＯ安全保障投資計画」(NATO Security Investment Program)を策定している(17)。この投資計画に基づいて、ＮＡＴＯ施設委員会(Infrastructure Committee)が個別の施設整備計画を策定することになっており、各加盟国はこの委員会の監督の下で整備を実施している(18)。二〇〇六年度には施設整備費用として総額六七・七億ドルが計上されており、その中で、米国が一六・一億ドル、ＮＡＴＯ加盟国が五一・六億ドルを負担している。

他方で、日本、ドイツ、韓国のように、費用負担に関する協定を二国間で締結している国もある。これらの国々は地位協定の中に費用負担に関する規定を加え、米軍基地の費用をどのように負担するかを明記している。日米安全保障体制においては、在日米軍は日米安全保障条約第六条を根拠にして、日本の基地・施設を利用できることになっており、その費用については、日米地位協定に規定されている。

日米地位協定第二四条第一項では、「日本国に合衆国軍隊を維持することに伴うすべての経費」については、第二四条第二項に示すものを除いて、「この協定の存続期間中日本国に負担をかけないで合衆国が負担する」ことが示されている。そして、第二四条第二項では、第二条、第三条に定める施設および区域、路線権について、「この協定の存続期間中、合衆国に負担をかけないで提供し、かつ、相当の場合には、施設及び区域並びに路線権の所有者及び提供者に補償を行なう」ことが示されている(19)。

韓国についても、日本と同じような規定が存在している。米韓地位協定第五条は、日米地位協定と同じような論理構成になっており、第一項では大韓民国が基本的に在韓米軍基地の費用を負担しないことが明記され、第二項では施設および区域などの使用者に対して、韓国政府が借り上げ料や補償費などを支払うことが規定されてい

米国の国防費と軍事建設費

	2000年度	2001年度	2002年度	2003年度	2004年度	2005年度	2006年度	2007年度
軍事建設費	5,111	4,978	5,057	5,850	6,310	5,331	6,245	8,728
家族住宅関連	3,417	3,516	3,738	3,782	3,903	3,719	3,717	4,329
合計（国防費に対する比率）	8,528	8,494	8,795	9,632	10,213	9,050	9,962	13,057
	3.0%	2.9%	2.6%	2.5%	2.3%	1.9%	2.0%	2.5%
国防費総計（GDPに対する比率）	281,234	290,980	332,116	387,340	436,517	474,154	499,277	516,508
	2.9%	2.9%	3.2%	3.6%	3.8%	3.9%	3.8%	3.8%

（単位：100万ドル）

U.S. Department of Defense, Office of the Undersecretary of Defense, *National Defense Budget Estimates for FY 2007, March 2007* より作成。

る(20)。

他方で、ドイツについてはNATO安全保障投資計画との関係から、状況が異なっており、ボン補足協定については直接的に費用負担について定めた項目はない。しかし、第六三条六項に電気・ガス・水道など公益的施設の整備に関する費用分担の規定、第四九条第一項でも米国とドイツとの取り決めによって、軍事建設計画を実施することが定められている。

第2項　思いやり予算の拡大

このような枠組みや規定がありながらも、日本が負担している米軍駐留経費には例外的な措置が存在しており、そのことがこの問題をより複雑にしている。それが、いわゆる在日米軍駐留経費（思いやり予算）である。

金丸信防衛庁長官は、七八年七月の衆議院決算委員会において、「日米関係が不可欠ということであるならばこの信頼性を高めることは必要である。その信頼性を高めるということは、いわゆるドル安、円高というとき、思いやりという気持ちがあればこそこの信頼性が高まる」と発言した(21)。そして同年一一月、第三回日米防衛首脳定期協議において、米軍基地の従業員賃金の分担に応じると表明し、日本政府は日米地位協定二四条の範囲を超えて、在日米軍基地で働く日本人従業員の労務費の一部を負担することとなった(22)。

この「思いやり予算」は七八年度予算では約六二億円が計上され、以降、徐々に増えていくこととなる。翌七九年度予算では日本側が施設設備費の一部も「思いやり予算」として負担することとなり、八七年度からは、日本人従業員の労務費については日米間で特別協定が締結されることとなった。この特別協定の締結によって、日本政府は、日本人従業員の退職手当、調整手当、扶養手当、通勤手当、住居手当、夏季手当、年末手当、年度末手当の「八手当」の五〇%を負担することになった。その結果、「思いやり予算」は初めて一〇〇〇億の大台を超え、約一〇九六億円に達した(23)。

その後、「思いやり予算」は九九年に約二七五六億円に達するまで、一度も減ることなく一貫して増加していった(24)。バブル崩壊後、その額は徐々に減少しているものの、二〇〇七年度予算における、「思いやり予算」は二一七三億円となっている。このうち、提供施設整備費や労務費の一部などの約七六五億円が日米地位協定の範囲内とされ、在日米軍基地の日本人従業員の基本給や光熱水料などの約一四〇九億円が日米が締結した特別協定に基づくものとされている(25)。

第3項　在日米軍駐留経費に対する評価

それでは、この「思いやり予算」を我々はどのように評価すればよいのだろうか。近年、「思いやり予算」は

在日米軍駐留経費の推移

	2000年度	2001年度	2002年度	2003年度	2004年度	2005年度	2006年度	2007年度
提供施設の整備	961	819	753	750	749	689	638	457
労務費の負担	1,493	1,486	1,480	1,447	1,430	1,436	1,435	1,458
軍事建設費	298	264	263	259	258	249	248	253
軍事建設費	4	4	4	4	4	4	4	5
合計	2,755	2,573	2,500	2,460	2,441	2,378	2,326	2,173
(防衛関係費に対する比率)	5.6%	5.2%	5.0%	5.0%	5.0%	4.9%	4.8%	4.5%
防衛関係費	49,358	49,553	49,560	49,530	49,030	48,564	48,134	47,815
(GDPに対する比率)	0.9%	0.9%	0.9%	0.9%	0.9%	0.9%	0.9%	0.9%

(単位：億円)

提供施設の整備は歳出ベース。
防衛費にはＳＡＣＯ関連費用を含む。
防衛省ＨＰ (http://www.mod.go.jp/j/defense/US_keihi/suii_img.html) より作成。

他国と比較して過大であるとして、この予算を削減するべきだとの議論が高まっている。地方紙の『京都新聞』は、「米軍駐留経費の負担率（二〇〇二年）は韓国四〇％、ドイツ三二％で、日本の七四％は突出している。政府は異様ともいえる『負担の構造』を直視して、早急な矛盾解消に乗り出すべきだ」と論じている(26)。また、『沖縄タイムス』も「日本の『ホスト・ネーション・サポート』（駐留国受け入れ支援）は世界の中でも突出しており、住民感情からしても見直しは当然である」と論じている(27)。

こういった反論の論拠としてしばしば取り扱われているのが、米国防省による年次報告書『共同防衛に対する同盟国の貢献度』である。先に述べたように、この報告書によれば、日本を除く二六カ国が二〇〇三年度に負担した合計額が約三九億八〇〇〇万ドルであるのに対して、日本が負担した額は約四四億一〇〇〇万ドルと突出している。また、米軍駐留経費に占める負担額の割合について、日本が七四・五％となっており、日本と同様に地位協定などの二国間条約を締結しているドイツ、韓国と比較しても非常に高くなっている。このような状況から、日本があまりにも多くの「思いやり予算」を負担しているとの批判が繰り広げられている(28)。

しかし、この報告書においては米軍基地に関する費用があいまいに定義されていることは極めて重要である。例えば、米国は軍事建設費と家族住宅関連費を分けて計上しており、二〇〇八年度予算においては、軍事建設費が九一・九億ドル、家族住宅関連費は三九・六億ドルとなっている。他方で、NATO諸国が「NATO安全保障投資計画」の下で負担している施設整備費については、軍人・家族用住宅がその対象とされておらず、この報告書でも国別の「直接支援」に反映されていない(29)。また、「思いやり予算」については「提供施設の整備」という項目で計上されており、「直接支援」の一部と見なされている。このように、米軍駐留経費を負担する枠組みは各国によって大きく異なっており、比較検討するのは必ずしも容易ではない。

また、住宅事情の違いも極めて重要である(30)。日本は住宅事情から軍人家族用の住居を確保するのに一定のコストを必要とするため、それらの建設費が必要とされるが、欧州の場合にはそのような必要性はそれほど高くないとされている。つまり、米軍基地に関連する費用をこの報告書だけを根拠に比較するのは誤りであると言えるだろう。

これらに加えて、米国はアフガニスタン、イラクにおけるテロ掃討作戦に伴う軍事建設費を負担している。先に見たように、二〇〇七年度の「思いやり予算」が二一七三億円程度なのに対して、米国が負担している軍事建設費は約八七・二億ドルである。そして、これら費用以外に、米国はテロ掃討作戦に際して、アフガニスタンのバグラム飛行場やイラクのバラド空軍基地などを補正予算で整備しており、二〇〇一年から二〇〇五年度にかけて総額で二五億ドルの軍事建設費を計上している(31)。

このような状況をふまえて、我々が「思いやり予算」を評価するときに最も重要なのは、GDPや国防費および防衛関係費などを多方面から総合的に考えることである。ストックホルム国際平和研究所（SIPRI）は二〇〇六年度に最も多くの軍事費を使った国として一五カ国を挙げている。第一位は米国の五・二兆ドルであり、世界の軍事費総計の実に四六％を占めている。日本は英国、フランス、中国に次ぐ、第五位の〇・四兆ドルとなっており、「思いやり予算」を評価する上ではこういった数字も念頭に置かなければならない(32)。

米国の軍事費に比べて、日本の軍事費は比較的抑えられており、この点をどのように考えるかによって、「思いやり予算」への評価は大きく変わり得る。二〇〇七年度、日本の防衛関係費は約四・七兆円でGDP比〇・九％であるのに対して、米国の国防費は約五一六五億ドルでGDP比三・八％となっている。また、「思いやり予算」は防衛関係費に対して四・五％となっており、二〇〇〇年以降減少傾向にあるが、米国の軍事建設費は国防費の総額に対して二・五％となっており、ほぼ横ばいとなっている。

これら数字はいずれも、在日米軍基地の費用分担を考えることはそれほど容易ではないということを表している。日米安全保障体制において、在日米軍基地の費用の分担を考える上では、これら数字を総合的に把握する必要があると言えるだろう。

第4項　小結

以上より、第一節では在日米軍駐留経費に制度的な観点からアプローチし、米軍基地の費用負担がどのような枠組みで行われているかを論じ、各国の比較や評価は困難であることを明らかにした。米軍基地の整備に関わる

各国の米軍駐留経費負担（2003 年実績）

国名	直接支援	間接支援	負担合計	比率（%）	経費負担率(%)	駐留米兵数(人)
日本	3,228.43	1,182.92	4,411.34	52.53	74.5	41,626
韓国	486.61	356.50	843.11	10.04	40.0	38,725
ドイツ	28.70	1,535.22	1,563.93	18.62	32.6	72,005
イタリア	3.02	363.53	366.55	4.37	41.0	13,127
イギリス	27.50	210.96	238.46	2.84	27.1	11,351
スペイン	0.00	127.26	127.26	1.52	57.9	2,328
ベルギー	2.21	15.56	17.78	0.21	24.0	1,516
ギリシャ	2.03	15.66	17.69	0.21	32.0	598
トルコ	0.00	116.86	116.86	1.39	54.2	1,873
ノルウェー	10.32	0.00	10.32	0.12	83.5	120
ポルトガル	1.65	0.82	2.47	0.03	3.6	1,041
ハンガリー	0.00	3.51	3.51	0.04	-	18
デンマーク	0.03	0.09	0.12	0.00	0.6	156
アイスランド	0.12	0.00	0.12	0.00	-	1,759
クウェート	252.98	0.00	252.98	3.01	58.0	3,096
アラブ首長国連邦	86.95	130.42	217.37	2.59	-	591
サウジアラビア	3.64	49.73	53.38	0.64	64.8	6,114
バーレーン	8.20	45.20	53.40	0.64	-	1,798
カタール	0.00	81.26	81.26	0.97	61.2	88
合計	4,143.35	4,253.81	8,397.16	100.00		199,334

（単位：100 万ドル）

U.S. Department of Defense, *2004 Statistical Compendium on Allied Contributions to the Common Defense*, 2004 より作成。

主要国の軍事費（2006 年実績）

1 位	米国	5287億ドル
2 位	英国	592
3 位	フランス	531
4 位	中国	495
5 位	日本	437
6 位	ドイツ	370
7 位	ロシア	347
8 位	イタリア	299
9 位	サウジアラビア	290
10 位	インド	239

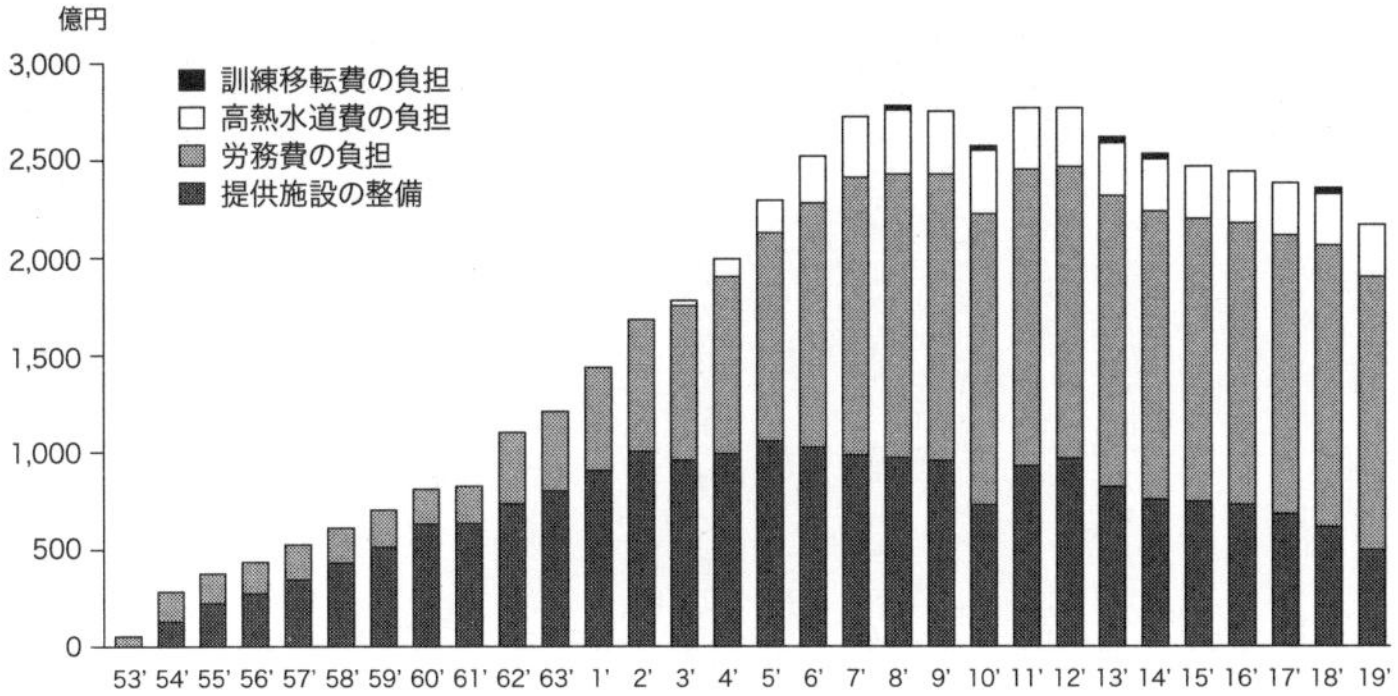

費用には、米軍が負担しているもの、NATOなどの機構が負担しているもの、同盟国が負担しているものがあり、それぞれはかなり入り組んだ形で併存している。また、日本の場合には七八年から「思いやり予算」が提供されるようになり、その制度は複雑さを増している。そのような状況の中で重要なのは、米軍駐留経費については、いわゆる「思いやり予算」だけではなく、各国の軍事支出など各方面から総合的に論じることであることを論じた。

つまり、我々に必要なのは、日米安全保障体制という枠組みの中で、日米両国がどのように費用を分担するかという大きな問題意識を持つことであり、その一つの細目として、米軍基地の費用やテロ掃討作戦に対する費用、あるいは、米軍の移転経費を議論しなければならない(33)。在日米軍駐留経費や、海兵隊のグアム移転に伴う経費、こういった費用を日米安全保障体制の文脈の中に位置づけて議論することが重要であると言えるだろう。

第2節　在日米軍の駐留経費に対する歴史的アプローチ

第2節では、在日米軍駐留経費に歴史的な文脈からアプローチし、旧安保条約における防衛分担金をめぐる交渉、「思いやり予算」の成立プロセスを検討し、「思いやり予算」が持つ意味合いを明らかにする。日本政府がなぜ「思いやり予算」を負担するようになったのかという問題は、日米行政協定に基づく防衛分担金や米国の国際収支悪化の問題と切り離して考えることはできない。本節では、日米安全保障体制の中で、「思いやり予算」に関して、日米両国がどのように役割と費用の分担を行っていったのかを明らかにする。

第1項　防衛分担金をめぐる国務省と軍部の対立

一九五一年一月に始まった旧日米安保条約をめぐる日米交渉における焦点の一つは、講和後の米軍駐留経費を日米両国がどのように負担するかという問題であった。国務省やダグラス・マッカーサー（Douglas MacArthur）GHQ最高司令官は、他の同盟締結国の費用については米国が負担していることから、在日米軍の駐留経費についても米国が全額を負担するべきだと主張していた。国務省によれば、日本には軍事的な負担を背負わせるよりも経済的な発展を重視した方が良く、不平等な条約を締結することは米国の体面上も好ましくなかったのである(34)。

他方で、軍部は在日米軍の駐留経費を米国が全て支払うのは米国にとってあまりに大きな負担であるとして、米国政府と日本政府が経費を折半すべきだと考えていた。軍部は、日本に経費を分担させた方がより安定的かつ継続的に在日米軍基地を利用していくことができると考えていたのである(35)。

このような国務省と軍部との対立はすぐに調整されることはなかった。よく知られているように、この時期、国務省と軍部は講和条約の締結に関してしばしば見解を異にしており、両者の合意を取りつけることは極めて困難だったのである(36)。そこで、日米交渉で仮調印された行政協定では、「日本国が負担することのある場所、便益(施設)または役務に関する経費を除く外、合衆国が負担する」として、米国が原則的に駐留経費を負担することを示しながらも、日本側が費用を支払う施設および役務を具体的に示さないことによって、日本が費用を支払う施設および役務については今後議論される余地を残したのである(37)。

日米両国によって行政協定が仮調印された後、国務省と軍部は議論を重ねていくこととなる。国務省は日本の経済力などを十分に考慮に入れて、日本が負担する経費を決定する必要があるとして、日本政府と再交渉する必要があると主張したのに対して、軍部は日本が自らの防衛力を増強するのに伴って日本側が分担する駐留経費を削減させれば、日本の防衛力増強を促進させられると主張した(38)。

このような議論を踏まえて、五一年一〇月、国務省は米国が在日米軍の装備および給与などの基本的な経費を負担し、日本は施設の不動産賃料などを「防衛分担金」として負担することを決定した。さらに、軍部の主張を採り入れて、防衛分担金については今後日本の防衛力増強に伴って削減していくことを盛り込み、軍部および財務省も合意するに至ったのである(39)。

そして、日米交渉においても米国案が採り入れられ、結果的に、日本が米国に防衛分担金として年一億五五〇〇万ドル(五五八億円)を支払うことで、日米両国は合意した。こうして、日本の防衛費は、自衛隊の増強に充てることを目的とした「防衛庁費」と、在日米軍の駐留経費として、防衛分担金と施設提供諸費からなる「防衛支出金」とを合計したものとなったのである(40)。

また、将来の駐留経費削減については、協定では具体的に規定されなかったが、今後、経費の総額が増加していくことを考慮しながらも、日本政府が防衛力を漸増させていく中で経費の減額に考慮が払われることが合意された(41)。以後、この合意に基づいて五四年度には約二五億円の削減が実行されるなど、防衛力の漸増に基づいて、防衛分担金は徐々に減額されることとなったのである。

このように、在日米軍基地の費用については、当初、防衛分担金として日本に負担させ、防衛力の漸増に伴って日本側の負担をなくしていくという形で、スタートすることとなった。これは、日本側が防衛力を漸増させていくにつれて米国側の負担が軽減されるため、日本が負担する防衛分担金も削減されるという論理に基づくものであり、その意味において、日米安全保障体制における役割と費用の分担は明確だったと言えるだろう。

第2項　防衛分担金削減交渉

しかし、そのような役割と費用の分担は以後大きく変わっていくこととなる。当時の日本政府にとって、この防衛分担金は決して少額なものではなかった。そこで、日本国内では防衛分担金が徐々に対米従属の姿勢を象徴するものとして捉えられるようになり、日本政府は対応を迫られることとなる(42)。鳩山一郎首相は五五年二月に行われた第二七回総選挙において、日本経済の地固めのためには予算を一兆円以内に収める必要があるとして、防衛分担金を含む防衛費の総額を前年並の一三二七億円程度に抑え、削減した分については住宅建設に振り分けたいという公約を掲げたのである(43)。

ところが、この公約は、米国側の期待に大きく反するものだった。先に見たように、防衛分担金は日本の防衛力の漸増に従って減額されるという形で、日米は防衛分担金として在日米軍の費用を負担することとした。従って、日本の経済力が不安定であったとしても、日本の防衛力が漸増しなければ米国の負担が減ることもなく、当然、防衛分担金も減らせられるわけではなかった。

このような状況から、日米の防衛分担金削減交渉は大きくもめることとなる。五四年一二月に開催された一万田・アリソン会談において、一万田尚登大蔵大臣が防衛分担金を削減してほしいと主張したところ、ジョン・アリソン（John M. Allison）駐日大使は自衛隊の質の向上やジェット機用の滑走路の拡張などを行わなければ、防衛分担金の削減を行うことはできないとして譲ろうとしなかった。米国側はこの後も強硬な姿勢を崩さず、日米折衝を行うために重光葵外相を訪米させたいという日本側の要求すらも受け入れなかった(44)。

結局、米国との本格的折衝が五五年三月に開始されたものの、日本側が約二〇〇億円の防衛分担金削減を求めたのに対して、米国側は受け入れず、鳩山政権は窮地に立たされたのである(45)。重光外相も手記において、会談の様子を「先方は激しく日本側をなじり、……空気極度に悪化、緊張す。夕、音羽に報告。形勢重大を報ず」と述べており、日米の交渉が極めて厳しかったことを記している(46)。

また、日米交渉がうまく進まないことを理由に一万田蔵相が辞表を提出し、鳩山内閣が一時崩壊の危機に直面した(47)。鳩山首相は回顧録の中でも、「閣議をやつても、悲観情報が多く、一時は『折角選挙に勝つて内閣を作つたが、最悪の場合には予算が組めずに内閣を投げ出さなければならないかも知れない』と覚悟をしたこともあつた程である」と述べている(48)。

結局、五五年四月、米国側はこのような削減は今回だけの特例であることと強調した上で、五五年度の防衛分担金を一七八億円削減して、三八〇億円とすることを認めた。そして、削減分については防衛費に回し、さらに不足した分については予算外契約とすることで日米は合意した。そして以後は、防衛分担金を防衛力の漸増に従って減らしていくという「一般漸減方式」を採ることを確認したのである(49)。

米国政府は日本政府の要求をなぜ認めたのであろうか。先に見たように、国務省と国防省は在日米軍基地の経費は日本側に負担させるということで合意していたのに加えて、日本側も防衛力の漸増に伴って防衛分担金を削減することを認めており、米国政府が日本側に譲歩する必要性は必ずしもなかった。しかし、当時の日本は保守合同を前にして政治的に不安定であり、また、経済的基盤も脆弱であった。このような中で、米国政府が防衛力の増強を強く要求することは日本の状況をより不安定にするとの見解が米国内にあったことが、日米安全保障体制における費用分担の問題を大きく変えたのである(50)。

米国政府は日本の防衛力増強についてはある意味で諦観しており、日本にさまざまな情報を提供しながら集団安全保障という発想を植え付け、将来的に、日本のGNPが増大するのに伴って、防衛予算も増額させることが必要であると考えるようになった(51)。このような認識は、五五年四月に策定された対日政策文書NSC5516／1の中でも見ることができる(52)。この政策文書では、日本に防衛力増強の圧力を加えることは有効ではなく、日本国内の政治的・経済的安定を優先させるという新たな対日政策が採用された(53)。

米国政府がこのような認識に至った背景には、五四年に発生した「第五福竜丸事件」をきっかけに日本国内でナショナリズムが台頭し、反基地闘争が発生するとともに、中立主義勢力の台頭が起きつつあったことがある。このような状況において、米国政府は日本の中立化という最悪のシナリオを阻止するために、日本国内の政治的・経済的な安定を確保することを優先し、日本への防衛力を増大させる圧力については「棚上げ」することを決定したのである(54)。

以後、五五年八月に行われた重光・ダレス会談においても、日本が防衛力の漸増を行っていくのに伴って、「米国の地上部隊を漸進的に撤退させる計画を樹立することについて考慮を払う」ことが確認されるとともに、日本の防衛力が一定の水準に達した際には、安保条約を改訂することが謳われた(55)。また、防衛分担金についても、「今後数年間にわたる漸減に関する一般的方式を設定することが望ましい」と示して、以後、防衛分担金が日米間で問題になることはなかったのである。

第3項　米国における国際収支問題と日本に対する特別扱い

日米安全保障体制における米軍基地の費用負担についての問題は、その後、米国の国際収支問題と密接な関わりを持つようになっていく。当初、西ドイツやイタリアなどが早い段階から相殺条約の締結を求められたのに対して、日本は防衛費の負担についてはある種の「特別扱い」を受けるようになっていった。

米国で国際収支の赤字が具体的に取り上げられるようになったのは、五〇年代末のことであった。第二次世界大戦後、世界経済は流動性の不足が大きな問題となっており、米国政府はマーシャル・プランなどの大規模な援助を実行することによって、西側諸国の外貨準備を増加させようとした(56)。

この試みは一定の成果を得ることとなったが、米国が五七年から五八年にかけて景気を後退させるとともに、失業率の上昇と成長率の低下に伴って米国の国際収支が悪化しているとの議論が見られるようになった。国務省も五九年七月に国際収支に関する報告書を提出し、国際収支における最も重要な課題は対外軍事支出であり、五三年に二五億ドルだった対外軍事支出は五八年には三四億ドルまで増加していることを指摘したのである(57)。

当初、国際収支と対外軍事支出の関係については、財務省と国防省に見解の相違があった。財務省は国際収支の悪化が急速に進んでおり、国際収支の改善を急がなければならないと主張したのに対して、国防省はこれまで築いてきた同盟諸国との友好的かつ安定的な関係を維持する必要性を指摘していたのである(58)。

しかし五九年末、ドワイト・アイゼンハワー（Dwight Eisenhower）大統領は国防省の要求を退け、対外軍事支出が国際収支が悪化している大きな要因であると認識するようになった(59)。そして、アイゼンハワー大統領は駐留米軍家族の引き揚げ、駐留経費の削減を行うことを決定し、対外軍事支出の削減に取りかかったのである。こうして、国際収支を改善させるためには対外軍事支出の抑制が必要であるとする認識が共有されることとなったのである。

そのような認識に従って、国家安全保障会議において、財政的に余裕のある同盟国に対しては無償軍事援助を打ち切る方針が検討された(60)。当初、新たな無償軍事援助を打ち切る対象国として取り上げられたのは、国際収支と対外準備高が一定の水準にあった、英、仏、西独、日本、イタリア、オランダなどの国々であった。当時の日本は五七年から六〇年までの三年間、平均年率七・六％という非常に高い経済成長の過渡期にいた(61)。財務省は日本が経済成長を達成しながらも、ＧＤＰに対する防衛費の割合が一％程度と、これら国の中で最も低いことなどを挙げて、無償軍事援助を打ち切るように求めたのである(62)。

他方で、国務省は日本やオランダ、イタリアなどは経済指標は改善しているものの、米国からの援助を受けずに独力で防衛力を維持することは困難であるとして、軍事援助の打ち切りに反対したのである。結果的には、五九年末に採択されたNSC5916では、国務省の見解が採り入れられ、英、仏、西独、オーストリア、ルクセンブルクが新たな無償軍事援助が打ち切られたものの、日本はその対象とされなかったのである(63)。

結果的に、六〇年五月に採択されたNSC6008／1においても、日本政府には防衛力増強を求めず、日本をいわば特別扱いする方針が決定された。この政策が決定される過程において、ネーサン・トゥワイニング(Nathan F. Twining)JCS(統合参謀本部)議長が、「米国政府の対応は日本に対して甘過ぎで、このままでは日本から全てを失ってしまうだろう」と述べたところ、アイゼンハワー大統領は、日本に「親切にすることによってのみ、日本を我々の側につけておくことができる。強行に対応すれば、同盟国としての日本は失われてしまうだろう」と述べている(64)。

こういった方針の決定により、国務省はさらに、日本は安保闘争や日本人の米軍基地に対する感情などがあるとして、二五〇〇万ドルの援助を与えるように提案した(65)。結局、財務省の反発にもかかわらず、日本に対しては年五〇〇〇万ドルの軍事援助を与え、日本が軍事力を漸増させるにつれて無償援助を削減していくという従来の方針を継続していくことを決定したのである(66)。

日本が駐留経費の負担については免除されていたこの時期に、米国政府は西独に対しては駐留経費の負担要求を行っていたことは極めて重要である。六〇年一一月のロバート・アンダーソン(Robert Anderson)財務長官とコンラート・アデウナー（Konrad Adenauer）首相との会談では、アンダーソン財務長官は年六億五〇〇〇万ドルの駐留経費の負担を要求したのに対して、アデウナー首相はこの要求を拒絶している(67)。

結局、六一年一〇月に、米国のロズウェル・ギルパトリック（Roswell L. Gilpatrick）国防長官代理と西独のフランツ・シュトラウス（Franz Josef Strauss）国防相の会談で米独相殺協定が締結され、西独が米国から新たに武器・弾薬を購入することや、防衛に関する研究・開発の経費を分担することなどが決定され、西独はこの段階で駐留経費を負担することとなったのである(68)。

このように、日本を特別扱いする姿勢はこの後も一貫して見られた。アイゼンハワー大統領が六一年一月に提出した特別教書では、米国の軍事能力を低下させることなく対外軍事支出を削減することが必要だとして、海外駐留軍を削減し、駐留経費を同盟国に分担させることが提起されていた。しかし日本については、米国の国際収支を改善するためには、軍事支出の減少ではなく、貿易の自由化や対発展途上国援助の促進を求めるべきとの方針が決定されたのである(69)。

ケネディ政権においても、日本に対する特別扱いは続いた。ジョン・F・ケネディ（John Fitzgerald Kennedy）大統領は国際収支を改善させるためには対外軍事支出を減少させる必要性があると主張しており、ケネディの指示によって、ロバート・マクナマラ（Rovert McNamara）国防長官は六二年七月に駐留軍の削減計画（Project Eight）を提出していた(70)。この計画は、同盟国に対して相殺協定を締結することと米国製の兵器を売却することによって、対外軍事支出を抑えることを目的としていたものの、日本はその対象に含まれていなかったのである。

第4項　日本に対する要求の変化

しかし、六二年を過ぎたあたりから徐々に、日本を特別扱いすることに対する批判が高まっていった。当時、米国がGNPの約一〇%程度、NATO諸国はGNPの約五%程度を国防費として支出していたのに対して、日本の防衛費はGNPに対して一・二%となっており、米国政府はこの数字を著しく低いと認識していた。また、六二年九月、マクスウェル・テイラー（Maxwell D. Taylor）JCS議長は、新安保条約によって事前協議制が導入されたことによって、在日米軍基地の使用が大きく制約されることとなり、現状のままではほとんど役に立たないことを指摘した(71)。

こういった状況から、ケネディ大統領は六二年一〇月、米軍が負担する在日米軍の経費（年平均で約三億五〇〇〇万ドル）を削減することを検討し、日本政府との交渉においては、米国の軍需物資の購入を大幅に拡大させることを重視することを確認したのである(72)。以後、将来、自衛隊にどのような兵器が必要になるかというリストを作成し、日本に対して兵器を売却することによって、国際収支の悪化を防ぐという政策が採られることとなった(73)。こうして、日米安全保障体制における、米軍基地の費用負担は新しい段階へ入っていったのである。

六三年になると、日本に対する防衛費分担の要求はさらに強いものになっていった。財務省は日本を他の先進国と同じ基準で扱う必要性を強調し、日本を相殺協定の対象とするように求めるようになった。そして、日本がIMF八条国への移行とOECDへの加盟を果したことから、六四年には日本に対する無償軍事援助を打ち切ることとなったのである(74)。

こうして、ケネディ政権では、国際収支の悪化という状況を受けて、同盟国に米国製の兵器を購入させることによってその費用を相殺させようとした。そして、日本も六三年以降、徐々に米国製の兵器を購入するように検討が進められていったのである。

さらに、ベトナム戦争への介入によって米国は再び対外軍事支出を急増させることとなった。六五年から東南アジアへ四五万人を超える米軍を派遣することとなり、約一五億ドル程度に減少していた対外軍事支出は六六年に約二二億ドルに急増し、国際収支は再び悪化した。このような状況から、日本政府にどれだけ米国製の兵器を購入させるかが大きな課題とされるようになっていったのである。

六七年八月、国務省、国防省、財務省で交わされた覚書では、「日本の防衛計画が、米国の安全保障計画と政策を補完するものになるようにさせる」ことが米国の国際収支を改善する上で極めて重要であり、自衛隊の構成と任務に即した形で、米製の兵器と技術を自衛隊と日本の防衛産業に最大限販売することを追及する必要があることが謳われた。その上で、日本は陸海空を合わせて、約一〇億二八万ドルの装備品を米国から購入する潜在力があるとの見積もりを立てている(75)。

そして、六八年一月にはリンドン・ジョンソン(Lyndon Baines Johnson)大統領が「国際収支に関する大統領声明」を発表し、同盟国に対して米国製武器および米国財務証券の売却を進め、より多くの分担要求を行うことを公に宣言し、六〇年代末以降は、日本は米軍駐留の経費を負担する代わりに、米国製の兵器を輸入することが求められるようになったのである(76)。

第5項　小結

以上より、第二節では、在日米軍駐留経費を歴史的観点からアプローチし、日米安全保障体制における費用分担はかなり早い段階から総合的かつ政治的に決定されてきたことを論じた。日米安全保障体制における米軍基地の費用分担は、日米行政協定における防衛分担金にさかのぼることができる。米国は、日本の防衛力が漸増するのに伴って、防衛金を分担させるという枠組みで、日米の費用分担を行おうとした。しかし、日本の経済状況、政治状況から、米国政府が譲歩し、防衛分担金は早い段階で削減されたのである。

以後、米国の国際収支問題によって、ドイツなどが米国製武器の購入を求められる中で、日本はその政治的・経済的基盤の弱さから、六四年ごろまで、ある種の特別扱いを受けてきた。しかし、日本経済が拡大するにつれて、日本は米国製武器の購入を求められるようになり、そのような文脈の中で、七八年、「思いやり予算」の拠出が決められることとなったのである。

おわりに

本章は、日米両国が在日米軍の駐留経費をめぐって、どのような責任・費用の分担を行ってきたのかを論じてきた。第一節では、日本の防衛力は依然として低い水準に抑えられており、日本の防衛費は「思いやり予算」だけではなく、各方面から総合的に判断される必要があることを論じた。そして、在日米軍の駐留経費を歴史的観点からアプローチし、日米安全保障体制における費用分担はかなり早い段階から総合的かつ政治的に決定されてきたことを論じた。

「思いやり予算」はまさにこの文脈にある。このような歴史的な経緯を振り返ると、一九六〇年代中葉までは日本の政治的・経済的な不安定さから、米国政府は採算性を度外視して、より多くの負担を背負ってきたと言えるだろう。他方で、七〇年代後半以降は、日本政府は金銭面においてそれまでよりも多くの負担を背負ってきたと言えるだろう。

これまで、日本が米国に対して何らかの「思いやり」を見せてきたとするならば、米国も同時に日本に対しての「思いやり」を見せてきたことは間違いない。日米安全保障体制における費用分担は広い文脈から総合的に行われる必要があることを、これまでの歴史は実証していると言っても良いであろう。日米関係が成熟する中で、日米両国が日米安全保障体制をどのように規定し、どのように役割と費用の分担を考えるかは今後に残された重要な課題である。

[注]

1 協定の正式名称は、「日本国とアメリカ合衆国との間の相互協力及び安全保障条約第六条に基づく施設及び区域並びに日本国における合衆国の地位に関する協定第二四条についての新たな特別の措置に関する日本国とアメリカ合衆国との間の協定」(平成一八年四月一日条約第一号)。この協定では協定の期限が従来の五年間から二年間に短縮された。この旧協定における期間の短縮については、「協定期間二年に短縮:負担の枠組み変えず」『読売新聞』二〇〇五年一二月一二日を参照されたい。

2 日米交渉は予想以上にもめることとなった。この点については、「思いやり予算減額 政府方針 米との協議難航も」『産経新聞』

二〇〇七年一〇月一七日、「思いやり予算減額要求に米反発」『産経新聞』二〇〇七年一一月一四日を参照されたい。

3 新しい協定は http://www.mofa.go.jp/ICSFiles/afieldfile/2008/01/25/gaiyo.pdf.

4 二〇〇八年一月二六日までの国防省の報告に基づく。http://icasualties.org/oif_a/CasualtyTrends.htm.（二〇〇八年二月三日）。

5 U.S. Department of Defense, Office of the Undersecretary of Defense, *National Defense Budget Estimates for FY 2007, March 2007.*

6 二〇〇一年に発生した九・一一同時多発テロ以降、米国内では現在一〇〇以上の国と締結している同盟関係を見直すべきだとの主張が見られるようになってきた。このような議論として、Curt M.Campel "The End of Alliance? Not So Fast", *The Washington Quarterly*, vol.27. No.2, spring 2004.

7『朝日新聞』は、グアム移転費用に関連して、「ただでさえ、米軍駐留経費の日本側負担は、けた外れに気前がよい」と批判している。「社説　説得力が欠けている」『朝日新聞』二〇〇六年一月二〇日。

8「物と人との協力」については、坂元一哉『日米同盟の絆——安保条約と相互性の模索——』（有斐閣、二〇〇〇年）を参照されたい。

9「思いやり予算」の推移については、小野秀明「国際比較でみた米軍『思いやり予算』」『前衛』六〇六号（日本共産党中央委員会、一九九一年六月）一二八—一四四頁、小野秀明「米軍『思いやり予算』の実態と国際比較」『前衛』六二一号（日本共産党中央委員会、一九九二年七月）九八—一一六頁。

10『沖縄タイムス』は、「駐留経費負担が始まった時点と比べて、日本の財政事情悪化は著しい。少子高齢化で社会保障費の負担増など国民負担が重くなる中で、駐留経費負担を聖域化する余裕はない。思いやり予算にメスを入れずに、大盤振る舞いを続けるようでは国民のコンセンサスは得られないだろう」と論じている。「社説　思いやり予算　聖域化する余裕はない」『沖縄タイムス』（二〇〇七年一二月一六日）。

11『共同防衛に対する同盟国の貢献度』については二〇〇四年度版が最新のものとなっている。U.S. Department of Defense, *2004 Statistical Compendium on Allied Contributions to the Common Defense*, 2004. http://www.defenselink.mil/pubs/allied_contrib2004/allied2004.pdf.

12 H・モーゲンソー『国際政治（一）』（福村出版、一九八六年）一九五頁。モーゲンソーは、同盟の分類として、加盟国間での利益と政策の一致の程度、同盟が相互的であるか片務的であるかなどを提示している。Bruno Tertrais "The Changing Nature of Military Alliance,"

The Washington Quarterly, Vol.27. No.2, Spring 2004. p.140.

13 このような批判は非常に多い。例えば、「社説　グアム移転合意　言うべきことを言ったか」『毎日新聞』二〇〇六年四月二五日、「憲法改悪と新たな軍拡」『しんぶん赤旗』二〇〇三年一〇月三一日。

14 米国の予算制度については、柏木茂雄「米国の予算制度」『調査月報』第八三巻一号（大蔵省大臣官房調査企画課、一九九四年一月）一六頁。特に軍事予算については、梅林弘道『情報公開法でとらえた在日米軍』（高文研、一九九二年）を参照されたい。

15 『合衆国法典』（United States Code Annotated）第一〇編二八〇一条によれば、軍事建設費には、基地や宿営所、駐屯地などの「軍事的な施設」（Military Installation）に関するあらゆる種類の建築や拡張、修繕が含まれている。

16 米国の基地施設費用について三つの枠組みがあることについては、鈴木滋「米軍海外基地・施設の整備と費用負担――米国及び同盟国・受入国による費用分担の枠組みと実態」『レファレンス』六七二号（国立国会図書館、二〇〇七年一月）が詳しい。

17 ＮＡＴＯ安全保障投資計画については、North Atlantic Treaty Organization, *NATO Handbook*, 2006.

18 Statement of General George A. Joulwan, U.S. Army, Commander-in-Chief, United States European Command, Senate Armed Services Committee, March 18, 1997(LexisNexis Congressional).

19 日米地位協定については、http://www.mofa.jp/mofaj/area/usa/sfa/pdfs/fulltext.pdf を参照されたい。

20 在韓米地位協定については、http://www.shaps.hawaii.edu/security/us/sofa1966_1991.html を参照されたい。

21 『第八四回衆議院決算委員会会議録第一七号』一九七八年七月四日。

22 日米地位協定第二四条に基づけば、米軍の施設建設費などは負担する必要がないとの認識は七〇年代初頭までは一貫していた。山下信重防衛施設庁長官は七〇年八月の衆議院内閣委員会において、地位協定に基づく在日米軍駐留経費負担に関する質問に対して、「提供された区域に兵舎を米側が自分で建てる場合、これはドル資産と申しておりますが、かような場合には米軍自身がその費用の負担をいたしておる、こういうことになっております」と明確に発言している。『第六三回衆議院内閣委員会会議録第二九号』一九七〇年八月一八日。

23 以後も、この特別協定は翌年に第一次改定が行われ、「八手当」は五〇％負担から全額負担へと負担額が増加し、在日米軍駐留経費の総額は約一二〇三億円となった。また、九一年には特別協定の第二次改定が行われ、労務費のうち基本給の一部および光熱水料を日本側が負担することが決定され、約一七七六億円となった。そして、九五年の第三次改定では、米軍の訓練費についても一部日本側が負担することとなり、約二七一四億円となった。

24 バブル崩壊後の失われた一〇年で財政状況が大幅に悪化したことから、二〇〇一年の二五七三億円以降、徐々に思いやり予算は減少することとなり、二〇〇三年で約二四六〇億円、二〇〇五年で約二三七八億円まで減額されている。

25 『防衛白書一九年版』は、「思いやり予算」の負担について、以下のように定義している。

在日米軍駐留経費負担は、日米安保体制の円滑かつ効果的な運用を確保する上で重要である。このような観点から、わが国は財政事情などにも十分配慮しつつ、日米地位協定の範囲内で、あるいは特別協定に基づいて、できる限りの努力を払ってきた。現在、防衛省においては、在日米軍駐留経費負担として、①在日米軍が使用する施設・区域についての提供施設整備費、②在日米軍従業員の労務費、③在日米軍が公用のため調達する光熱水料など、④日本側の要請による在日米軍の訓練の移転に伴い追加的に必要となる経費（訓練移転費）の負担を行っている。

また、〇一（平成一三）年度から〇五（同一七）年度までを対象とした特別協定（前協定）に代わる新たな特別協定が昨年四月に発効した。本協定では、在日米軍再編の進展の結果を見極めることが困難であるとの特殊な事情を踏まえ、対象期間を従来の五年間ではなく、さらに暫定的な二年間としつつ、労務費、光熱水料などおよび訓練移転費の三種類の経費について、前協定の負担の枠組みおよびその水準を維持した。一方で、提供施設整備費については、わが国の厳しい財政事情にかんがみ、より一層の節減に努め、これにより、在日米軍駐留経費負担を全体として抑制した。なお、今後の在日米軍駐留経費負担のあり方については、厳しい財政事情にも十分配慮し、昨年七月に閣議決定された「経済財政運営と構造改革に関する基本方針二〇〇六」（骨太の方針）において、「在日米軍駐留経費負担の所要の見直し」が掲げられていることも踏まえ、日米安保体制の円滑かつ効果的な運用を確保するため、在日米軍駐留経費負担について適切に対応していくこととなる。

26 「思いやり予算 また押し切られた政府」『京都新聞』二〇〇七年一二月一七日。

27 「社説　原則踏まえた見直しを」『沖縄タイムス』二〇〇七年一〇月二三日。

28 例えば、『毎日新聞』二〇〇六年四月二五日、『しんぶん赤旗』二〇〇五年五月一〇日。

29 『共同防衛に対する同盟国の貢献度』において、NATOの諸国が負担している軍人・家族用住宅の費用が含まれていない点については、Stephen Daggett, *Defense Burden sharing: Is Japan's Host Nation Support a Model for Other Allies?* (CRS Report for Congress), June 20, 1994, p.2.

30 このような考え方は、鈴木滋、前掲論文「米軍海外基地・施設の整備と費用負担」一〇九―一一二頁。

31 テロ掃討作戦に際して、米国が補正予算で整備した基地施設については、Amy Belasco and Daniel Else, *Military Construction in Support of Afghanistan and Iraq* (CRS Memorandum), April 11, 2005、鈴木滋、前掲論文、一〇四頁。

32 ストックホルム国際平和研究所（SIPRI）については、http://www.sipri.org.

33 二〇〇六年五月、日米両国は「再編実施のための日米のロードマップ」に合意し、二〇一四年までに沖縄から八〇〇〇人規模の海兵隊をグアムに移転させることを決定した。当初、米国は海兵隊をグアムに移転させる経費の七五％を日本側に負担させたいと表明していたが、結局、グアムにおける施設・インフラ等の整備費用一〇二億七〇〇〇万ドルのうち、日本側が五九％に当たる六〇億九〇〇〇万ドルを負担することで両国は合意した。「再編実施のための日米のロードマップ」平成一八年五月一日。http://www.mofa.go.jp/mofaj/kaidan/g_aso/ubl_06/2plus2_map.html.

34 Memorandum of Conversation, by Mr. Robert A. Fearey of the Office of Northeast Asian Affairs, January 227, 1951, *Foreign Relations of the United States <hereafter FRUS> 1951, vol.6: Asia and the Pacific, Part 1 (Washington, D.C.:U.S. Government Printing Office <hereafter GPO>)*, 1951, vol.7, p.821.

35 Memorandum by Mr. Robert A. Fearey of the Office of Northeast Asian Affairs, *ibid.*, p.824.

36 アチソン（Dean Acheson）は、この時期、安全保障政策について国務省と軍部との調整を行うのは困難だったと述べている。Dean Acheson, "Present at the Creation. My Years in the State Department" (New York; W.W. Norton, 1969), P.431; *FRUS 1950*, vol.6, pp.1109-1115.

37 一九五一年二月六日米国政府案「集団的自衛のために締結した協定の規定を実施するためのアメリカ合衆国と日本国政府との間の行政協定」、外交記録（行政協定関係）、第一巻、一、対日平和条約及び日米安全保障条約交渉過程等における行政協定関係、（二）、B'００３４。

38 Memorandum by Deputy Director of the Office of Northeast Asian Affairs (McClurkin) to the Assistant Secretary of State for Far Eastern Affairs (Rusk), October 2, 1951, *FRUS 1951*, op. cit., pp.1370-72.

39 United States Draft of Administrative Agreement Between the United States and Japan [Extracts], [WASHINGTON], December 21, 1951, *ibid.*, pp.1463-64.

40 この日米交渉の詳細については、明田川融『日米行政協定の政治史――日米地位協定研究序説』（法政大学出版局、一九九九年）二一〇―三〇頁を参照されたい。

41 防衛分担金については、一九五四年一二月一日の衆議院予算委員会で向井忠晴大蔵大臣が説明を行っている。詳細については、法政大学大原社会問題研究所『日本労働年鑑第二六集一九五四年版』（時事通信社、一九五三年一一月）を参照されたい。

42 このような見方は、安川壮『忘れえぬ想い出とこれからの日米外交――パールハーバーから半世紀』（世界の動き社、一九九一年）三七頁。

43 この問題をめぐる日米交渉については既に詳細な研究がある。中村起一郎「防衛問題と政党政治――日米防衛分担金交渉（一九五三―一九五五）を中心に」『年報政治学一九九九』vol.1998（日本政治学会、一九九九年）一九五―二一二頁。

44 アリソン駐日大使が日本側の要求を受け入れなかった点については、樋渡由美『戦後政治と日米関係』（東京大学出版、一九九〇年）を参照されたい。

45 鳩山内閣が危機的状況に陥った点については、坂元一哉、前掲『日米同盟の絆』一四〇―七九頁。

46 伊藤隆・渡辺行男 編『続 重光葵手記』（中央公論社、一九八八年）六九五頁。

47 一万田蔵相が鳩山首相へ辞表を提出した点については、坂元一哉、前掲書、一七四頁。

48 鳩山一郎『鳩山一郎回顧録』（文藝春秋新社、一九五七年）一五九頁。

49 「防衛分担金減額に関する日米共同声明」一九五五年四月一九日、『日本外交主要文書・年表（一）』七〇六頁。

50 鳩山内閣は五五年三月に防衛六か年計画案をとりまとめており、海・空軍力を増強する方針とともに、ジェット機などの国産化計画が盛り込まれていた。しかし、この計画は大蔵省の抵抗があり、実現されることはなかった。

51 小出輝章「五六年度防衛分担金をめぐる日米交渉」『同志社法學』（五七巻四号、二〇〇五・一一）一一六九―九四頁。

52 NSC5516/1策定に当たっては既に多くの研究がある。代表的なものとしては、石井修『冷戦と日米関係――パートナーシップの形成』(ジャパンタイムズ、一九八九年)、植村秀樹『再軍備と五五年体制』(木鐸社、一九九五年)、池田慎太郎『日米同盟の政治史――アリソン駐日大使と「一九五五年体制」の成立』(国際書院、二〇〇四年)。

53 NSC5516/1, "U.S. Policy Toward Japan" (April 9,1955), *DNSC* 5, Memorandum of Discussion at the 244th Meeting of the National Security Council (April 7, 1955), *FRUS, 1955-1957,* vol.23, Part1; Japan, pp.40-48.

54 この点については、中島信吾『戦後日本の防衛政策――『吉田路線』をめぐる政治・外交・軍事』(慶応義塾大学出版会、二〇〇六年)。

55 重光・ダレス会談については、坂元一哉、前掲書、第三章。

56 米国の国際収支問題と日米安全保障体制との関係を論じたものとしては、古城佳子「日米安保体制とドル防衛政策」『国際政治』一一五号(一九九七年五月)を参照されたい。

57 Letter From Anderson to Eisenhower, August 6, 1959, *FRUS, 1958-1960,* vol.4, pp.116-120.

58 古城佳子、前掲論文、一〇〇頁。

59 Memorandum of Conversation Between Herter and Anderson, October 22, 1959, *op.cit.,* pp.55-6.

60 Memorandum of Discussion at the 454th Meeting of the National Security Council, *ibid,* p.507.

61 "Report on Japan (NSC5516/1)" (May 4, 1960), *Documents of the National Security Council,* Sixth Supplement [microform] (Bethesda, MD: University Publications of America, 1993.)

62 Memorandum of Discussion at the 427th Meeting of the National Security Council, December 3, 1959, *FRUS,1958-1960, op. cit.,* pp.478-82.

63 NSC 5516/1; From Tokyo to Secretary of State (January 10, 1955), 611.94/1-1055, Department of State, Central Files.

64 Memorandum of Discussion at the 446th Meeting of the National Security Council (May 31, 1960), *Minutes of Meetings of the National Security Council,* Second Supplement [microform] (Bethesda, MD: University Publications of America, 1989).

65 Memorandum of Discussion at the 454th Meeting of the National Security Council,(August 1, 1960), *FRUS, 1958-1960, op. cit.,* p.507.

66 Memorandum of Discussion at the 465th Meeting of the National Security Council, *ibid.,* p.526, Memorandum of Discussion at the 446th Meeting of the National Security Council, (May 31, 1960), *ibid.,* p.317.

67 New York Times, November 24, 1960.

68 六一―六六年にかけて、西ドイツの武器購入日が米軍の西ドイツ駐留経費とほぼ同じだった点については、Gregory F. Treverton, *The Dollar Drain" and American Forces in Germany* (Ohio: Ohio University Press, 1978), p.33.

69 Department of State, *JAPAN : Guidelines for Policy and Operations* (October 1961), 1961 folder, Box17, James C. Thomson, Jr. Papers, John F. Kennedy Library, p.14.

70 Memorandum From Dillon to Kennedy, (October 9, 1962), *FRUS, 1961-1963, vol.9,* p.17.

71 Substance of Discussions of State-Joint Chiefs of Staff Meeting (March 23, 1962), *Japan and The United States: Diplomatic, Security and Economic Relations, 1960-1976* [microfiche] (Ann Arbor, MI: Bell& Howell Information and Learning, 2000), 0015; From Rice to Johnson, Kitchen, "Nuclear Weapons Storage in Japan" (March 22, 1962), *ibid.,* 00154.

72 From Department of State to American Embassy Tokyo; CINPAC FOR POLAD, "Military Offset Agreements" (October 23, 1962), Central Files 794.5/10-2362.

73 From Embassy Tokyo to Department of State, "Military Offset Agreements Proposal" (November 21, 1962), *Rearmament of Japan, Part 2: 1953-1963* [microfiche] (Bethesda, MD: CIS; Tokyo: Maruzen, 1998), 2-G-187.

74 Letter from Dillon To Rusk, March 8, 1963, *FRUS, 1960-1963, op. cit.,* p.26.

75 Joint State/ Treasury / Defense Memorandum, "U.S. Financial and Military Expenditures Relationships with Japan" (August 22, 1967), *Declassified Documents Reference System: 1993* [microfiche] (Washington, D.C.: Carrollton Press, 1993), 2553.

76 U.S. Treasury Department, *Maintaining the Strength of the United States Dollar in a Strong Free World Economy* (Washington, D. C.: GPO, 1968), pp.135-47.

第7章　アメリカは真に「自由な社会」なのか?

――一九八〇年代アメリカの「新自由主義」とハイエク(1)思想*

吉野　裕介(2)

はじめに

第1項 「新自由主義」という思想

建国以来アメリカは、「自由」と「民主」を愛する国であることを標榜《ひょうぼう》している。自由を基礎とする社会を重視する考え方の中でも特に、「小さな政府」を目指し経済的自由を押し進める「新自由主義」は、一九八〇年代に世界的に流行した。それは端的に言えば、国家ではなく市場の機能を重視する考え方のことである。アメリカにおいてはレーガン政権（一九八一～一九八九）の思想的基礎として据えられ、同時代にイギリスのサッチャー政権（一九七九～一九九〇）、やや遅れて日本の中曽根政権（一九八二～一九八七）にも多大な影響を与えた。最近の日本でも、二〇〇一年以来の小泉政権で繰り返された「聖域なき構造改革」のスローガンは記憶に新しい。これも同様に新自由主義的な政策であったと言えるであろう。

一方で、資本主義から社会主義への体制移行の可能性が相当低くなった世界情勢をふまえ、今日の社会が直面するさまざまな問題が、新自由主義に基づく国家運営に原因がある、との批判が多く見られる。このような思想状況は、冷戦後、もしくは九・一一の同時多発テロ後の世界における社会哲学の問題を、新自由主義が一手に引き受けていると言える(3)。自由主義を基礎として、新しい社会を構想する必要があるため、自由をめぐる思想史(4)研究が一助となろう。

かつて一九八〇年代のアメリカにおいて流行した新自由主義とそれに基づいて押し進められたレーガン

(Ronald w. Reagan) 大統領による政治は、ある程度の成果を挙げた一方で、負の遺産も残した。レーガン政権と常に対になって語られる「双子の赤字」は、肥大した財政赤字と貿易赤字のことを指すが、本来政府のスリム化を進める新自由主義に基づいた経済政策が、後に軍事費の増大した強く大きな力を持った国家をもたらしたことは皮肉である。

それ以降、アメリカは一九八九年から始まる東西冷戦構造の崩壊、二〇〇一年にニューヨークで起こった同時多発テロと、連続して大きな歴史的出来事を経験したにもかかわらず、「自由な社会」を志向し、その結果強い国家を求めるという現象は、現在のアメリカにおいても同様に見られる。

例えば、第四三代アメリカ大統領ジョージ・ブッシュ (George w. Bush) は、九・一一の同時多発テロ当日に、以下のような声明を発表している。

「本日、私たちの生活様式、そして私たちの自由が、周到かつ命がけの恐ろしい一連の行為によって攻撃されました。……われわれは自由と機会のための世界でもっとも光り輝く「かがり火」であるために、アメリカは攻撃の的となったのです」(5)。

このような声明を出したアメリカは、自らが「自由」を基礎とする国家であることを表明するとともに、二〇〇三年から一連の軍事行動に乗り出した。その際ブッシュ政権に影響を与えていたとして知られているのは、帝国主義的な覇権政治を目指す「新保守主義」(ネオコン) と呼ばれる思想であった。自由をかざす一方で、排他性、独善性を内包した保守主義的な態度で振る舞う。ここで、アメリカの持つ多面性を、われわれはどのように理解すべきなのか。

第2項　一九八〇年代アメリカの新自由主義の再検討

多様な側面を持つアメリカを理解することは難しい。何かを語ろうとすれば、何かを見落としてしまう。ここで重要なことは、アメリカの本来持つ多様性を理解しつつ、自らの認識を相対化し、その他の認識の中に位置づけることであろう。言い換えると、アメリカとは常に多面的に評価され、それ故われわれが持つアメリカ観も、常に問い直され、修正されることが必要となる。

このような立場に立って本章では、主に経済思想の観点から、一九八〇年代アメリカの「新自由主義」について改めて問い直すことで、現在のアメリカの思想的基盤を検討する。その方策として、当時の新自由主義について大きな影響を与えたとされているF・A・ハイエク（Friedrich August von Hayek, 1899―1992）の思想が、アメリカの新自由主義とどれほど親和性があったのかを吟味することから始めたい。

ハイエクはオーストリア生まれの経済学者・社会哲学者であり、生涯を通じて自由主義を擁護する著作を発表し続けた。彼は一時期シカゴ大学に所属していたこともあり、同じくシカゴ大学で学んだフリードマン（Milton Friedman）と合わせてアメリカの自由主義思想に大きな影響を与えたとされている。例えば、ハーヴェイ（David Harvey）は近著『新自由主義――その歴史的展開と現在』において、ハイエクがアメリカの新自由主義に与えた影響を、以下のように記している。少し長いが引用しよう。

『自由の条件』などの重要な著作を執筆したハイエクは、思想闘争は決定的に重要であり、マルクス主義だけでなく社会主義、国家計画制、そしてケインズ主義的な介入主義との闘いに勝利するには少なくとも一世代はかかるということを、先見の明をもって論じた。(ハイエクが創設した自由主義者の集まりであるモンペルラン・グループは種々の財政的・政治的支援を獲得することができた。とくにアメリカでは、あらゆる形態の国家介入や規制、さらには国際主義にすらも本能的に反発する金持ちや企業のリーダーの強力な一団が、混合経済を推進するコンセンサスの台頭と彼らがみなしたものに対する反対陣営の構築に努めた」(6)

このようにハイエクの思想は、アカデミックな世界だけでなく、一般の人々にまで浸透し、アメリカにおいて一九八〇年代に流行した新自由主義に影響を与えたと考えられている。注意しておかねばならないのは、ハイエクの活動期間である。彼の主著『法と立法と自由』は一九七九年に上梓されたが、その後一九九二年に没するまで、最晩年のハイエクは健康上の理由から活動が著しく鈍くなり、特にアメリカについても主だった論考は残していないことである。そのせいもあって、具体的にハイエクの仕事のどの部分がアメリカの新自由主義と共通点があるのか、言い換えるとどのような政策や思想にハイエクの考え方が反映されているのかについては、十分に指摘されてきたとは言えない。

ここで疑問が生じる。本当にハイエクの主張は、一九八〇年代のアメリカで見られた新自由主義のような思想を導くものなのか。言い換えると、ハイエクの主張は新自由主義に思想的基盤を提供するものであったのかどうか。本章では、これを再検討することで、アメリカの「自由な社会」をめぐる議論に新たな材料を提供することを目的とする。もし、ハイエクの展開した社会哲学がアメリカの目指した新自由主義とは似て非なるものであるなら、われわれは、現在のアメリカの「自由な社会」に対する考え方をも問い直すことができる。そしてそれは、これからの「自由な社会」をどのように構想するか、という議論に格好の準備となる。

本章は、まず第1節において、一九八〇年代に実際に行われた「新自由主義」的政策について評価する。具体的には、レーガン政権で行われた経済政策とはどのようなものだったのか、について論じる。次に第2節において、一九八〇年代の「新自由主義」に多大な影響を与えたとされるハイエクの思想について論じる。彼が著作を通じて展開した自由主義とは、どのようなものであったのか。最後に第3節で、今後のアメリカも含めた世界が、どのような自由な社会を志向すべきなのか、ハイエクを題材に考えてみたい。

第1節　一九八〇年代アメリカの「新自由主義」——福祉国家論の衰退と新自由主義の隆盛

第1項　一九八〇年代以前のアメリカ

一九八〇年代アメリカで採られた新自由主義とは、どのような思想潮流であったのか。当時の状況を知るため、まず、その前の時代背景について概括する(7)。

第二次世界大戦後、ケインズ流の福祉国家論が隆盛を誇った。これは当時の世界的な潮流であり、ケインズ経済学の流行がもたらした帰結でもあった。ケインズ（John Maynard Keynes）は、有名な論文「自由放任の終焉」の中で、個人が自由に振る舞ったからといって、社会にとって必ずしも良い結果をもたらすのではないと訴えた。

「啓発された利己心が、常に公益のために作用するというのは、経済学の諸原理から正しく演繹されたものではない。また、利己心が一般的に啓発されているというのも正しくない。……社会という一つの単位を形成しているときの諸個人は、各自が別々に行動する時と比べて、明敏さに欠けるのが常であるというのは、経験的には何ら示されていない」(8)

つまりここでケインズが示したのは、アダム・スミス（Adam Smith）以来の古典的自由主義に対する反論であり、そのことから導かれる国家介入の必要性である。個人が自由に振る舞い、その結果として社会全体もうまく回る、と考える時代は終わり、国家が社会の運営を適切に導いていくことが必要とされたのである。ケインズによれば、「富の甚だしい不平等」、「労働者の失業」、「合理的な事業上の期待の破綻」、「効率性と生産性の減退」などの「経済的な悪」に対する対処法は、「個人の手の届かないところにある」、という。

こうした考え方と手を組むかたちで、ベヴァリッジ流の福祉国家論も大きな影響を持った。ここで彼の思想とケインズとの関係を整理することは筆者の力に余る(9)が、ベヴァリッジ（William Henry Beveridge）は有名な『社会保険および関連サーヴィス』（ベヴァリッジ報告）や『自由な社会における完全雇用』などで、国家が国民に社会保障を提供する考え方を示した。市場機構に頼る所得分配では不平等が起こるので、そこで国家が最低限の生活保障を提供すべきであるという「ナショナル・ミニマム」である。それは、国家による所得の完全な再分配とその結果としての平等を目指す社会主義国家とは異なる考え方であった。こうして、国家介入を肯定するケインズ的な国家運営と、ベヴァリッジが示した社会保障を提供すべきという国家観が相まった「福祉国家論」は、戦後の世界経済にとって大きな理論的・思想的基盤を提供した。

戦後多くの西側諸国が経験した、このような古典的自由主義から福祉国家論への転回は、アメリカも例外ではない。ただしその事情はヨーロッパ諸国とは少し異なる。そもそもアメリカは、建国以来、経済的自由主義が定着していた。その理由を明らかにすることは単純ではないが、ヨーロッパのような歴史的遺制を引き継ぐことが少なかった建国の事情から、社会における自由の重要性が比較的受け入れられていたことが挙げられよう。そのため当時のアメリカでは、職業選択や市場の拡張の自由といった経済活動に関する制約を排除しようとする声が多かった。また、伝統的権威の乏しい開拓の前線においては、諸個人がそれぞれの自由を尊重して行動することがルールになり得た。政府の役割の担い手が、国家だけでなく州政府にも比重が置かれていたことも、管理よりも自由が浸透する要因となっただろう。そこで古典派の経済学は自由競争の結果として社会の最適な状態が達成されるという考え方を提供し、自由主義を理論的に補強する役割を果たした(10)。

そのアメリカにとって、大恐慌とニューディールの経験は、民間の経済活動に必然的に国家が大きく介入する契機となった。ニューディールに対する評価は一面的ではないし、その影響をひと言で言うことは難しいが、例えば榊原は、ニューディールによって変化した価値観として、次のようにまとめている。

(1)失業は、個人が怠惰であるから生じたのではなく、社会の仕組みの結果生じた……。

(2)失業をなくすることが、国家目的のもっとも重要なものであるとすれば、その他の伝統的価値、例えば小さな連邦政府、地方分権的行政、完全に自由な競争などという価値は、廃止されないにしてもより大きな目的のために従属させられなければならない。

(3)失業をなくするということは、アメリカの地に楽園を作ろう、というアメリカの伝統的な価値観から離れるものではない……(11)。

こうしてアメリカには、大恐慌の克服という「大きな目的」のために、民間の自由な経済活動に対する国家の介入を許容する態度ができあがった。そのような条件の下で、戦後実際に政策運営を行う際の理論的根拠となったのが、上述のケインズ経済学であった(12)。一九三六年に世に出されたケインズの『一般理論』は、数々の追随者を生み出しながら、熱病のように（ポール・サミュエルソン（Paul A. Samuelson）またたく間にアメリカの経済学界を席巻していった。

一九三〇年代にできあがったこうした福祉国家論は、第二次世界大戦以降も継続され、六〇年代まで続いた。特に一九六〇年代は社会科学の地位が大きく向上した時代であった。問題を規定し、それに対する回答を引き出すのが経済学等の社会科学の理論の役割だとされた。これは社会を外部から把握し、部分的に社会を操作する社会工学的な考え方である。これは、こうした操作のための政府権力の行使と経済学の持つ政策提言が結びついた結果である。

ところがこうした流れは一九七〇年代に入ると次第に風向きが変わり、徐々に肥大した国家に批判が集まりだす。アメリカ以外のヨーロッパや日本といった国々が、国際社会のプレゼンスを拡大させ、相対的にアメリカの地位が低下したことがその一因として挙げられよう。一九七〇年代にアメリカが経験する高い失業率と六〇年代からのインフレ傾向は、スタグフレーションと呼ばれる停滞した状況であった。

こうした問題に解決を求め、戦後長らく続いた福祉国家論やケインズ主義的経済政策にとって代わるものと期待されて現れたのが、経済的自由主義と保守主義であり、それを担ったレーガン政権である。

第2項　一九八〇年代のアメリカの経済思想

八〇年代のアメリカ経済思想の大きな特徴である「新自由主義」と「保守主義」とは、一見相容れない立場のように思われる。これについては注意が必要であるので先に論じておこう(13)。

アメリカは建国以来「自由」を国是としてきた。それは多くは政府の介入をできるだけ少なくし、州政府の独立性を求める考え方であったり、国民の自発的な経済活動を奨励するという「経済的自由主義」に関わるものである。一方で、「保守主義」というのは通常、階層的な社会や伝統など歴史的な遺制を守ることを是とする。それはアメリカ以外の国においては排他主義や権威的な国家を求める考え方に結びつく。イギリスで保守主義と言えば、階級制との関わりが強い。ところがアメリカはヨーロッパの他の国とは異なり、階級制のような歴史的に形成された制度が成立する余地はなく、新たな土地に「自由」と「民主」という社会的な原則を規定し、それを基礎に国家が成立した。

それ故、八〇年代のアメリカにおける「保守主義」が、「新自由主義」と結びついているのは、アメリカにとっては建国以来の自由主義を取り戻すことこそが保守的な態度であったのであり、その意味では自由主義と保守主義とは対立する立場ではない。ただしこの問題についてはハイエクの主張をふまえて、本章の最後でもう一度吟味してみたい。

それでは、なぜ「新」自由主義なのか。元来アメリカにおける「リベラリズム」(自由主義)とは、自由な経済活動を行うための「機会の平等」ではなく、誰もが最低限の生活をするための「結果の平等」を指していた。これは上述の「経済的自由主義」の復活を求める自由主義とは正反対の立場である。その相違を強調するため、従来の自由主義ではなく、「新自由主義」と特徴付ける必要があったことが一因であろう。

一九八〇年、七〇年代から続く不況の克服の期待を背負って、レーガン大統領が誕生する。ここで採られた経済政策は、「大きな政府」より「小さな政府」を目指すものである。具体的にレーガンの進めた政策、つまり「レーガノミックス」は、1.サプライサイド経済学、2.マネタリズム、3.合理的期待形成学派の三つの経済理論を基礎としている。ここでは特に、これらの理論の持つ意義に特に注目したい。

「サプライサイド経済学」に特徴的なのは、これまでの福祉国家論に見られるような一般市民の生活水準を向上させるという「ディマンドサイド経済学」ではなく、法人税を大幅に引き下げるといった供給側に働きかける政策であった。「マネタリズム」は貨幣供給量をコントロールすることで物価水準を適切に保つことができる、またはそうしたコントロールが可能だと考える経済理論である。フリードマンに代表されるマネタリストの経済学者は、著作を通じてこうした政策提言を行い、その結果として七〇年代以来のアメリカのインフレと失業の併存は、とりあえずは収束した。合理的期待形成学派の経済理論は、人々が情報を適切に入手して経済活動を行えば、財政政策や金融政策が無効になってしまうと主張する。このためケインズ主義的な経済学から導かれる政策の効果は有効ではない、と考えられた。このような経済学説が現実的妥当性を持つのかどうかは、多くを専門家の判断に委ねるしかない。ただし、これらの理論に共通した特徴は、それまで隆盛を誇っていたケインズ派の経済学とは対立することにある。

レーガンの採った政策は、何よりも当時のスタグフレーションの解決が急務であった。彼は具体的には反インフレ、反福祉政策の減税政策を行ったが、その際、経済理論を提供したのが、現在では悪名高きラッファーカーブである。さまざまなところで解説がなされている⑭ので詳説は避けるが、モデルの概要は、以下のようになろう。国家の課す税率を上げるとしばらくは国家の税収が増加する（第一期）が、税率を上げすぎるとやがて民間の経済を圧迫して税収は減少する（第二期）。そこから現実的な含意として、次のような主張が導かれる。すなわち、いま（八〇年代）のアメリカは既に第二期にあるので、これ以上の増税よりも減税が望ましい。そうすれば労働意欲の高まりによりその供給が増し、所得水準が向上し、税収が増えるであろう。こうした素朴な理論の持つ含意が一般に広く普及し、かつそれがある程度の妥当性を持つと信じられていた。

そしてレーガンは政治面の仕事として、軍備の拡張を行った。ヴェトナム戦争以来、ソビエトの脅威は増していた。それに強硬に対抗することが、彼の基本的な政治的立場であった。実際に、一九八〇年の国防費は一三〇〇億ドルであったが、一九八六年には二七四三億ドルまでふくれあがった。減税は政府の税収減を招き、そのような状況での軍備拡大は、必然的に財政赤字をもたらした。

ここでレーガンの行った政治に評価を下すことは手に余るが、アメリカの恒常的な経常赤字と合わせて、「双子の赤字」と評されるレーガンの経済政策は、アメリカを完全に立ち直らせるには至らなかったと言えよう。ただし、ここでの目的は彼のなした政治の評価にあるのではない。ここで明らかになったことは、八〇年代には、ニューディール期から戦後のアメリカで、徐々に大きくなりつつ影響力を持ってきた福祉国家論にとって代わって、新自由主義が大きく台頭したことである。

第2節　ハイエクにおける「自由」――個人の行動と政府の最低限の役割

ハイエクにとって、まず「自由」とは、個人の行動に関する事柄であり、「ある人が他人の恣意的な意志による強制に服していない状態」(15)を指す。人が何かをなそうとする際に障害のないことが自由なのであり、その意味では消極的な自由である。彼は続けて、特に「政治的自由」とは区別すべきであると述べる。集団が何かをなそうとする自由、つまり積極的な自由は、本来の自由概念ではない。「一個人の自由への願望と、その個人の属する集団の自由への願望とは、……両者を明確に区別しておくことは必要である」(16)

ただしハイエクは、個人が行動する際に自由放埓に行動すればよいと考えているわけでない。誰かの強制を受けないためや、また社会が混乱に陥らないためにも、より大きな強制の行使がしばしば必要である。国家のなすべきことは、そのような恣意的な強制を排除するルールを制定して個人の自由な行動の領域を確保することである。ただし、そのような多くの人に働くルールは、「全ての人が従っているが、それを定めた特定の人間を想定しない」(17)ルールでなくてはならない。彼はそれを「一般的ルール」と呼び、それが万人に等しく機能することが自由社会の特徴であると考えている(18)。「政府は、一般的ルールの強制を除いて、強制を行使してはならない」(19)。こうした自由は「法の下の自由」と呼ぶべきものであって、ハイエクの考える自由な社会が、特定の人々の状態を改善することを目指した社会ではないことが分かる。つまり、アメリカにおける「リベラル」が示す意味での自由な社会とは異なる。

こうした一般的ルールの役割は、ハイエクの社会哲学からも導かれる。彼は人間の本質を観察した上で、(諸個人の持つ)「あらゆる知識が断片的で不完全であるという、基本的事実から社会科学は出発しなくてはならない」(20)と考えている。また人間の有する知識は、「決して統合された全体として存在もしなければ、単一の意識の中にも存在しない」(21)のである。彼の個人観によれば、人間は本来せいぜい自分の身の回りに起きる出来事しか知り得ない存在であって、社会全体を見渡す能力など持っていない。皆が社会全体のことを知り得ないとすれば、「社会的正義」のような集合的な概念は、あたかも皆の合意のもとに成立したように見えるだけである。ハイエクはそのようなものを「幻想」と断じて信じない。

ある共通の目的が社会に存在すると見なし、それに諸個人を従わせることを強いることは、あってはならないとハイエクは考える。「社会は、特定の意図のために行為することはできない」(22)のであって、各個人が自分のために自分の能力を行使することは妨げられてはならない。しかしながら、その当時隆盛していた福祉国家論には、「社会的正義」のために行動することを国家が個人に強いる状況があると彼は批判する。

「古典的な自由が目指した社会秩序と現在変換しつつある種類の社会との間の主な総意は、前者が正義に適う個人行動の原理によって支配されるのに対し、新しい社会が『社会的正義』に対する要求を満たそうとすることにあること、言い換えると、前者が個々人による正義に適う行為を求めたのに対し、後者は人々に何をなすべきかを命令する権力をもった当局に正義の義務を課すようにだんだんなってきていることにあると言ってよいだろう」(23)

ここでハイエクは、明らかに前者のような社会、すなわち「正義に適う個人行動の原理」によって支配された「古典的な自由」が見られる社会にシンパシーを抱いている。一方で、当時流行していた福祉国家型の社会に関して否定的である。

ただしハイエクは、「福祉国家」という概念それ自体を、社会主義と同様には反対することはできないと考えている(24)。というのは、この概念は「きわめて多くの多様かつ矛盾を含む要素の集まりであるために、一部は自由な社会を魅力的なものにするかもしれないが、そのほかは自由な社会と両立せず、あるいは少なくともその存在によって潜在的脅威になるかもしれない」(25)。そうでありながら、彼がなお現存の福祉国家に反対するのは、そのような性質の政府が上に述べたような一般的ルールの制定にとどまらず、しばしば自由の原則を侵すからである。例えば、政府の福祉的活動が実際の行動に移される際には大きな強制が伴うし、「福祉国家」という目標がいったん制定されれば、それを達成するための手段の実行が、自由の原理を侵す場合でも正当化されてしまう危険性がある。

「今日の主要な危険は、政府のある目的がひとたび正当なものとして受け入れられると、つぎには自由の原理に反する手段でさえ正当に利用しうると想定されることである」(26)

ハイエクは、近代国家の役割を、計測単位の制定、貨幣制度の整備、保険・衛生サービス、都市環境サービスなどの「純粋のサービス活動、いわゆる非強制的活動」にとどめるべきであると考えている。ただし、福祉に関しては、最低限の状態にある人々の生活を改善することにとどまるべきであって、「自分の力の及ばない事情から生じる極端な貧困あるいは飢餓に脅かされている人々」(27)に限定される。それ以上の社会保障を現在の先進国で設けることに、彼は反対する。

ハイエクは、そもそも人間が生来的に持つ多様性が、文明の発展の大きな原動力となってきたと考えている。しかしながら、彼が『自由の条件』を世に送り出した一九六〇年前後の思想状況は、それとは逆であるという。

「人間のあいだにある生まれつきの差異の重要性を極小化し、重要な差異をことごとく環境の影響に帰するのが現代の流行である」(28)

こうしたミニマムを保障する福祉国家は、そのうちにそれ以上のことを可能にする制度を生み出し、それを実行する官僚制を生み出す。そうして、所得再分配の社会正義が、あたかも社会の総意であるかのような状態ができあがる。それは自由な経済活動の阻害を生み出し、自由な社会の価値を脅かす原因となる。ハイエクはそうした懸念から、福祉国家とそれを可能にさせる福祉国家論に警鐘を鳴らしたのである。

ただしハイエクは、国家のなすことをすべて害悪と見なしたのではなく、国防、警察を含めて最小限の役割は認めていた。「少なくとも原則として、自由の体制と調和しうる政府活動の範囲と種類は、……かなりにのぼる。自由放任あるいは非介入という古い方式では、自由な体制のもとで許しうるものとそうでないものとの区別に適当な基準を、われわれに与えない」。上記の検討から、ハイエク思想をリバタリアニズムと特徴付けるよりも、古典的自由主義に近いと理解する方が自然であろう。

第3節　一九八〇年代アメリカの「新自由主義」とハイエク思想との異同

ここで、これまでに見てきた八〇年代におけるアメリカの経済思想と、ハイエクとの共通点と相違点について確認しておきたい。上述のように、八〇年代アメリカの保守主義や新自由主義について語られるとき、そこにフリードマンと並んでハイエクの名前を見ることはたやすい。しかしながら、ハイエクの言説は、その時代のアメリカとどの程度関係しているのか、言い換えると、アメリカにおける彼の影響はどこにあったと言えるのか、について検討する。

以下では、一九八〇年代アメリカの経済思想とハイエクのそれとが、どのような対応関係にあるのかについて吟味する。八〇年代アメリカの経済思想を、特にレーガン政権の実行した経済政策に結びつけて考えれば、以下のようであった。それは特に、1．サプライサイド経済学、2．マネタリズム、3．合理的期待形成学派の三つに特徴付けられる。

1．については、そもそもケインズ主義的な需要を喚起する政策を批判するために考え出された。その狙いは、ケインズ経済学の提言する政策が招いたインフレを収束させるために、減税と種々の規制緩和を行うことで、供給側の経済活動を活発化させることにある。

ハイエクも同様に、インフレを忌避し、それを狙いとする経済政策を退ける。彼の主張は、インフレ政策が長期的には失業を増大させてしまうので、そのような短期的な労働需要を拡大させる政策は避けて、持続的な投資をするべきだとするものである。彼の言葉によれば、「インフレーションは、インフレ下に暮らした経験の無い人たちにはわからない、きわめて重大で苦痛に満ちた多くの悪作用をもたらします。しかしなかでももっとも重大であると同時にみなが一番理解していない悪作用は、それが長期的には失業増大を不可避的にもたらすということです」(29)。

ハイエクのこのような主張は、自身が生まれ育ったウィーンで激しいインフレを経験していることも一因として考えられよう(30)。そのためには、長期的な投資が必要であると述べる。「今後の景気回復の前提として、まず投資の復活がなくてはなりません。しかしこの投資はあくまでも、経済の正常な安定と高水準の雇用が達成された新状況のもとでも、収益性ある持続的な投資でなければなりません」(31)。ハイエクはこのように、短期的に需要を喚起させることで経済状態を回復させようとするケインズ主義的なインフレ政策を批判する。

またハイエクは別の箇所で、福祉国家における種々の政策が、インフレを招きやすいことも指摘している。「……福祉国家の主要な特徴のどの一つをとってみても、いかにインフレーションを助長する傾向があるかがわかる」(32)。ここで例として、「労働組合からの賃金圧力」や、「政府が老齢年金を通じて引き受けている重い財政負担」を挙げている。そしてハイエクは、インフレがより肥大した国家を招き、それが人々の生活を脅かすことになるという危機感を抱き、インフレの結果として起こることに対して次のように強く訴える。

「第一に、われわれがインフレーション傾向を停止しない限り、一層の国家統制の増大へのトレンドを止められないことは確実である。そして第二に、いかなる持続的な価格上昇も危険である。というのは、ひとたび価格上昇の刺激効果に依存し始めると、われわれは一方での一層にインフレーションと他方での後退あるいは不況によってわれわれの過ちの償いをするかの間で選択せざるをえないという成り行きに任すことになるからである」(33)

かくしてハイエクは、福祉国家論を否定し、インフレを否定する。

八〇年代のサプライサイド経済学も、ケインズ経済学の反駁から生まれた。同じ論敵を想定していることは両者に共通しており、規制緩和による政府の役割の後退は、ハイエクが政府の役割を限定的に考えていたことと共通する。しかし現実には、八〇年代に採られた政策によって税収が減少し、軍事費などがかさんだ結果、アメリカの歳出の対GNP比率は一九八一年度の二二・七%から八五年度二四・〇%と逆に上昇してしまっており、肥大した国家をスリム化させるには至らなかった。

次に2．について。マネタリズムの考え方とは、一般に通貨量の変化が物価水準に及ぼす効果を信頼する立場である。一九八〇年代においてこのような考え方が実際の政策に影響を与えたのは、一九七五年『資本主義と自由』や、一九八〇年『選択の自由』といった著作を著したフリードマンの功績によるところが大きい。ハイエクも、それ以前から同様の立場を採っており、そうしたマネタリズムには賛同する、ただし、その運用には注意が必要であると、説く。

ハイエクは、マネタリストによる経済学によって、ケインズ主義的な経済学による政策と同じ結果をもたらされることがあると言う。それは、「インフレの結果生じる資源の偏用、つまり諸資源が適切な方向に向けられることや、それによって究極的に起こる失業発生」(34)である。そもそもハイエクは、景気循環は経済社会に不可避的な現象であると考えており、従って一時的な失業は起こり得るものと考えている。彼にとっては、失業の発生は、労働が過剰供給されているシグナルであり、またどこかで労働需要が上回っているところに適切に調整されるための必要なプロセスなのである。そのため、一時的な失業が発生したからといってすぐに貨幣の量を調整する政策に訴えることは避けるべきで、貨幣の発行量はなるべく一定に保たれるのが望ましい。「重要なことは、貨幣の支出される率が過度に変動すべきでないということである」(35)。こうしたハイエクの貨幣政策は、彼が理論経済学に取り組んでいた一九三〇年代から継続した立場である。

マネタリズムであれ、ケインズ派の経済学であれ、インフレの意味を取り違えてはならない。通貨量を増大させたインフレによって失業を解消させることは、さらに加速したインフレを生む。こうした事態を避けるためにも、一時的な失業は覚悟しなければならないのである。

「インフレが長引けば長引くほど、他ならぬインフレの継続に依存する仕事（インフレによって創出された仕事）に就く労働者の数が増えていきます。この種の仕事は、往々にして、インフレを単に続けるだけでなく、どんどんスピードアップさせることを必要とさえするのです。……これらの仕事は、インフレが鈍化したり止まったりすれば、再び消えてしまうのです」(36)

八〇年代レーガン政権下で実際に採られた金融政策は、マネタリズムに基づく経済学者のアドバイスを受け入れた結果であった。ハイエクの貨幣政策はある程度、これらに基礎を与えるものであったであろう。ここでは、こうした方策自体が、戦後以来の福祉国家が目指してきた失業者のない「完全雇用」政策に修正を迫るものである、という含意が指摘できるであろう。

3.については、ハイエクの態度とは鋭く対立する。一つは経済理論で想定されている個人の性質について、もう一つは経済理論自身が持つ性質についてである。まず、上記に見たように、ハイエクの人間観は、人間が持つ合理性は極めて不完全なものであって、しばしば誤った行動を取る存在である。そのような前提からすれば、ある出来事にまつわる種々の情報について事前に知り、結果について正確に予測することはできない。それ故、彼の立場からすれば、合理的期待形成仮説のように、マクロ的な政策がもたらす効果について、消費者がそれを考慮のうちに入れて行動するとは到底想定できない。

また、そうした合理的期待形成仮説は、結果がすべて予想可能であると想定している。ハイエクによれば、こうした経済学における合理性の役割を過信することは適切ではない。社会科学の理論の役割は、結果を正しく予測することにあるのではない。複雑な社会現象を扱う社会科学は、自然科学と異なり、すべての出来事を予測に入れることは不可能である。理論が予測し得るのは、せいぜいある出来事が起こる傾向を説明する「パターン予測」に限られるのである。

ハイエクは一九七四年のノーベル賞経済学部門における講演でも、以下のように述べている。

「社会科学の分野においては特殊な事情が存在している理由は、この分野は、自然科学の大半の分野とは異なって、……本質的に複雑な諸構造を取り扱わなければならないからです。……各個別の構成要素に関するこのような情報が入手不可能だというのであれば、私がかつて『パターン予測』と呼んだものだけに、われわれの予測を限らなければならないでしょう。『パターン予測』とは、研究対象となっている構造を形作っている一般的属性のうち、あるものだけに関する予測であって、その構造を構成する個別の諸要素に関しては、特定化されたことを何も述べていない予測のことであります」(37)

ハイエクのこのような態度は、上述した社会工学に対しても同様である。一九六〇年代のアメリカでは、社会科学の地位が向上し、社会工学によって部分的に社会の状態を操作し、改善しようとする考え方が大きく広まった。六〇年代アメリカで起こった社会科学の権威の向上とは、上で述べたように、結果を正しく予測した上で、部分的に社会を操作できると考え、その考えに基づいて政策を立てる社会工学的な考え方であった。

しかし、ハイエクによれば、このような「科学主義」的態度は、自然科学の分析方法・思考習慣を直接的に社会科学に当てはめる考え方を指す。その意味とは、「言うまでもなく言葉の真の意味で、はっきりとした非科学的な態度を示している。というのは、この態度はある思考習慣をそれが作り上げられて来た分野とは異なった分野に機械的・無批判的に適用する態度を含んでいる」(38)ために退けられなければならない。

つまりハイエクによれば、自然科学とは、観察しやすいある単純な状態を仮定し、法則的に理解できる科学的な思考方法である。しかしながら、多種多様な行動を取る人間を含めて観察、分析する社会科学においては、その複雑性は極めて高い。このような複雑な現象を分析する社会理論は、単純法則をそのまま当てはめるような分析であってはならないのである。かくしてハイエクは、六〇年代の社会工学であれ、八〇年代の合理的期待形成仮説であれ、人間理性を過信するような社会理論を、彼の方法論的立場から一貫して否定し続けたのである。

おわりに

第1項　アメリカは「自由な社会」と言えるのか?

さて本節においては、論題に立ち返り、アメリカをめぐる問題について吟味しておきたい。そのため、「保守主義」について取りあげる。八〇年代のアメリカは「新自由主義」の時代であったが、その一方で「保守主義」の時代であった。それは端的に言えば「強いアメリカ」を訴え自由主義、反福祉国家主義の立場から国内の経済を建て直そうとする一方で、対外的にはヨーロッパとの違いを強調し、孤立主義を採った(39)。その考え自体は従来から存在した。代表的な論客は、戦後長きにわたって発行された保守系の雑誌『パブリック・インタレスト』『ナショナル・インタレスト』の編集者であるI・クリストル（Irving Kristol）である。ただし八〇年代においてはレーガン政権で実行された政策から、実際にこうした保守主義的特徴が色濃く現れるようになったのである。

上述したように、アメリカにおける保守主義は、かつての経済的自由を復活させることが目的の一つであるため、自由主義的な経済政策を支持する。自律した個人の存在、そしてそれらの人々が自由に活動する市場社会、こうしたイメージはまさに「自由の国アメリカ」を象徴するものであった。そして八〇年代に流行した保守主義は、次の二つの危機意識に基づいている。第一に、アメリカの社会が文化・価値・作法の面で瓦解してきているという考え。第二に、政府の役割が大きくなり過ぎた故に失敗しているという考えである。そうした問題が、第一にアメリカの「自由」をさらに強調し、取り戻そうとする意識につながり、第二に、政府の役割を制限すべく、社会保障等の縮小や減税等を訴え、さまざまな規制緩和を導入しようとする声につながるのである。しかしながら、こうした自由主義と保守主義が結びついた「強いアメリカ」の振舞いは、八〇年代以降今日に至るまで、時に非難を浴びかねない、傲岸なものと映ることがある。それは真に自由な国家の特徴と言えるのだろうか。本章の論題に立ち返って検討してみたい。

さてハイエクは、その主著『自由の条件』の終章として、「なぜ私は保守主義者でないか」という小論を記している。彼が述べるところ、自由主義と保守主義の違いとは、次のような点においてである。まず、保守主義の態度は「変化を恐れ、新しいものそれ自体に対する臆病なほどの不信である」。一方で自由主義の立場は、「勇気と確信に基づき、どのような結果が生じるかを予想できなくても、変更の方向を進むに任せる態度に基礎をおいている」(40)。

こうした保守主義の特徴は、アメリカにおいて広まる際、ヨーロッパ的な意味とは違う意味を帯びた。八〇年代の保守主義から、現在の新保守主義(ネオコン)に至るまで、その奇妙さは、アメリカにおいて「保守」が根付く際の困難さを表しているようである。

六〇年に発行された著作でのハイエクの知見は、その意味でそれを危惧したものと捉えることができよう。

「……アメリカの伝統の擁護者はヨーロッパ的な意味において自由主義者であった。こうして存在してきた混同は、ヨーロッパ型の保守主義をアメリカへ移植しようとする最近の試みのためにいっそう具合の悪いものとなった。この保守主義はアメリカの伝統には異質であるため、いくぶん奇妙な性質を帯びることになったのである」(41)。

変化を恐れる態度は、それを抑制しようとする力に政府の力を使うことにつながると彼は指摘する。「保守主義者は変化を妨げ、自分たちの比較的臆病な心に訴えるものに対しては、その速度を限定するため政府の権力を使用する傾向がある」(42)。その一方で自由主義は、「自生的な調整力を信頼する」ために「特に経済の分野において市場の自己調整力が特定の事例において、どのように働くかをだれも予言できないとしても、それが新しい状態に対して必要な調節をどうにかしてもたらすであろう、と予測する」(43)立場を採る。

保守主義者が本来的に持つこのような権威に対する愛着は、自由な社会の持つ自生的な力を信頼することにつながらない。「既存の権威の行為に対する保守主義者特有の自己満足」は、「自由の保持とは相容れ難い」。

「一般に保守主義者は自分たちが正しい目的とみなすもののためにも用いられるなら、強制または恣意的権力に恐らく反対しないといってよいであろう」(44)

自由主義の関心は、政府の役割をどの程度制限するかにあるのであって、保守主義のように権力に対する信頼を持たない。

八〇年代レーガン政権の「新自由主義」的政策は、経済的自由主義を進める反面で、国家の権力が拡大する傾向を有する保守主義的な性質を帯びていた。そしてその傾向は、現在も同様である。最初に取りあげたブッシュの演説とその後の政策のように、「自由」を掲げる一方で、保守主義的な態度を硬化させることは、ハイエクの知見から言えば、もはや自由な社会、自由主義に基づく社会と見なすことはできないのである。

第2項　どのような態度で「自由な社会」を構想するか?

科学主義的な社会理論は、人間が客観的な立場に立ち、社会を観察できるという「客観主義」と深く結びついている。人間が社会の外側に立ち、俯瞰的に社会全体を見ることが可能であると見なし、法則性を単純に当てはめ、社会を操作できるという考えが生まれる。ハイエクの思想は、このような客観主義に基づくものではなく、諸個人の解釈に基づいて社会を見るという「主観主義」が基礎となっている。なぜなら、「生まれついての無知」を背負っているというハイエクの人間観からは、社会全体を見渡せるほどの賢明な個人は、想定できないからである。それ故実際に国家を運営する者の役割は、効果を見渡した上での政策立案ではなく、万人に等しく働く「一般的ルール」の規定にとどまらなければならない。

さらに、彼の考えるところ、福祉国家論とは、社会の制度が人間の理性の設計の産物であると考える、またはそれが可能であると考える「設計主義」である。しかし彼の人間の本性に関する知見からして、社会全体について知識を持ち、賢慮のある判断を下せる人間はいない。このような考え方は、「……すべての社会制度は熟慮の上の設計の産物であり、またそうあるべきであるとする概念」(45)とは対立する。彼がそう見なす理由は、「既存の諸制度は必ずしもすべてが設計の産物ではないし、同時に既存知識の利用を大幅に制限すること無く、全面的に設計に依存する社会秩序を作ることはできない」(46)からである。上述のような「客観主義」や「設計主義」への批判は、ハイエクが行ったように、国家が市場の働きに介入することで経済状態を改善しようとする「介入主義」や、所得の再分配を肯定し、社会の不平等を是正しようとする「福祉国家」論に共通する。

これまでの考察によって、以下のことが明らかになった。それは、通常ハイエクの著作活動について理解されているように、一九八〇年代のアメリカの新自由主義に大きく影響を与えているという見解に対して、修正が必要であるとの知見である。

ハイエクの著作は、確かに七〇年代後半から一九八〇年代においてもてはやされた。しかし彼の主張はあくまで「自由の原理」に基づいて国家を運営すべきであること、すなわち一般的ルールを規定することによる法の支配と、国家の役割を制限すること、などといった自由な社会を成り立たせる原則についての主張であった。しかしながら、実際にアメリカで行われてきた政策はそれとは異なる点が多いことから、ハイエクのアメリカにおける影響は、彼の著作の内容が十分に反映されていたかは疑わしい。また経済政策との関連を見ても、ハイエクの主張は、実際にレーガン政権で実行されていた政策との結びつきはそれほど強いものではないと言える。こうした評価は、現在のハイエク評価にも影響する。すなわち、ハイエク思想を「無政府主義」や「自由放任主義」もしくは「自由至上主義」といった自由をどこまでも押し進めていこうという主張として理解するのではなく、あくまで原則としての自由を述べたに過ぎないという見方が可能になる。

上記で検討した、ハイエクが批判の対象として捉えている概念――「社会主義」・「科学主義」・「客観主義」・「設計主義」・「介入主義」・「福祉国家」論――に共通していると見なし、批判した思想とは一体何であろうか。それは、「合理主義」である。すなわち、人間は理性を持ち合わせた賢明な生き物であり、無限にそれは拡大していくことを前提とする考え方である。ハイエクは、近代における人間の「思い上がり」であるその考え方が、徐々に影響力を増してきていることに懸念を抱き、反論したのである。（彼が生きた時代に）「……しだいに影響力を増して来たのは、人間の理性の無限の力についてうぬぼれた想定にたつフランス的伝統の、合理主義的で、もっともらしい、そして外見上論理のとおる議論」(47)である。

ハイエクが対峙した思想には、一見したところ、いろいろな論敵を想定することができる。彼は、その次元によってそれぞれに違う論法で反論する。すなわち、「科学主義」や「客観主義」には知識論や、経済学方法論の次元で、「設計主義」や「福祉国家」については社会哲学の次元、というように。しかしながら、ここで確認しておきたいのは、ハイエクが対峙したそれらの思想の根底に一貫して存在するのは、二〇世紀に隆盛した「合理主義」であり、それに対する危惧および反論こそが彼の執筆活動の基礎となっていた、という事実である(48)。

[注]

1 Friedrich August von Hayek, 1899-1992.

* 本章は、トヨタ財団ネットワーク形成プログラム「アジア隣人ネットワーク」から助成を受けた成果である。記して感謝したい。また執筆に当たって編集・校正していただいた杉田米行先生、コメントをいただいた榊原胖夫先生（同志社大学名誉教授）に感謝の意を申し上げる。なお、本章での誤りはすべて筆者に帰する。

2 日本学術振興会特別研究員PD・大阪大学非常勤講師。E-mail: yusuke-y@jjk.com.

3 例えば、橋本努は近著『帝国の条件』で、「ネオリベラリズム（筆者注：本章の新自由主義と同義）はあたかも、思想界における『絶対的他者』（排除されて当たり前の存在）として、全否定の対象として批判にさらされている」（橋本努『帝国の条件』、弘文堂、一一九頁）と述べながらも、ネオリベラリズムの現代的な意義を認め、新たな自由主義を構想している。

4 自由主義の系譜については、Gray, J., *Liberalisms: Essays in Political Philosophy* (Routledge, 1989, 山本貴之訳『自由主義論』ミネルヴァ書房、二〇〇一年)、Harvey, D., *A Belief History of Neoliberalism* (Oxford University Press, 2005, 渡辺治監訳『新自由主義——その歴史的展開と現在』作品社、二〇〇七年）を参考のこと。

5 "Statement by the President in His Address to the Nation" (September 2001). http://www.whitehouse.gov/news/releases/2001/09/20010911-16.html.

6 ハーヴェイ、前掲『新自由主義』邦訳、三五頁。ただし括弧内は筆者。

7 一九七〇年代のアメリカの状況を日本ではどう理解していたのかに関しては、例えば榊原胖夫編『総合研究アメリカ　第五巻　経済生活』（一九七六年、研究社）に詳しい。

8 Keynes, J.M., "The end of laissez-faire," *The Journal of Political Economy* (Vol. 36, No. 1, February, 1928, pp. 179-180, 宮崎義一訳「自由放任の終焉」『ケインズ全集9　説得論集』東洋経済新報社）邦訳、三四四頁。

9 ベヴァリッジとケインズ、その周辺の人物との関係については小峯敦『ベヴァリッジの経済思想――ケインズたちとの交流』（昭和堂、二〇〇七年）に詳しい。

10 嘉治元郎『アメリカの経済』（弘文堂、一九九二年）、一〇頁。

11 榊原胖夫編、前掲『総合研究アメリカ』三三四頁。

12 ただしケインズ自身が急逝したこともあり、ケインズ経済学のアメリカにおける普及は、ケインズ自身の影響よりも、A・ハンセンやP・サミュエルソンなどのケインズ派経済学者が果たした功績が大きい。これらに関しては根井雅弘『現代アメリカ経済学――その栄光と苦悩――』（岩波書店、一九九二年）などを参照のこと。

13 アメリカの保守主義の歴史については特に佐々木毅『アメリカにおける保守とリベラル』（講談社、一九九三年）、中岡望『アメリカの保守主義』（中公新書、二〇〇四年）に詳しい。

14 特に理解を助けるものとして村山・地主編「第4章　小さな政府か？」『アメリカ経済論』（ミネルヴァ書房、二〇〇四年）を参照のこと。

15 Hayek, F.A., *The Constitution of Liberty* (University of Chicago Press, 1960, 気賀健三・古賀勝次郎訳『ハイエク全集5、6、7　自由の条件Ⅰ、Ⅱ、Ⅲ』春秋社、一九八六、一九八七年), p.11, 邦訳、一二頁。

16 *Ibid.*, p.14, 邦訳、二六頁。

17 *Ibid.*, p.21, 邦訳、三六頁。

18 ハイエク思想におけるルールの役割についてより詳しくは、吉野裕介「ハイエクにおけるルールの進化論をめぐって」（『京都大学経済論叢』、第一七六巻第三号、二〇〇六年、五三―七五頁）を参照のこと。

19 *Ibid.*, p.231, 邦訳、一三九頁。

20 *Ibid.*
21 *Ibid.*, p.91, 邦訳、六五頁。
22 Hayek, [1976], p.64, 邦訳、九三頁。
23 Hayek, [1976], p.65, 邦訳、九四頁。
24 Hayek, [1960], p.258, 邦訳、一一頁。
25 *Ibid.*, p.259, 邦訳、一一頁。
26 *Ibid.*, p.260, 邦訳、一三頁。
27 *Ibid.*, p.285, 邦訳、四六頁。
28 *Ibid.*, p.86, 邦訳、一二七頁。
29 西山千明編『F・A・ハイエク　新自由主義とは何か――あすを語る――』(東京新聞出版局、一九七七年) 二三一頁。
30 ハイエクは幼少期から青年期までを激動期のウィーンで過ごした。この時期のウィーンにおける経済状況においては、八木紀一郎『ウィーンの経済思想』(ミネルヴァ書房、二〇〇四年)、森元孝『フリードリヒ・ハイエクのウィーン――ネオ・リベラリズムの構想とその時代』(新評論、二〇〇六年) を、ウィーンの知的状況とハイエクの関係については吉野裕介『「社会理論の萌芽としてのハイエク心理学――進化概念とE・マッハの影響を中心に――」『広島国際研究』(広島市立大学国際学部、第一三巻、一二一―一三五頁、二〇〇七年) を参照のこと。
31 *Ibid.*, p.215.
32 Hayek, [1960] p.328, 邦訳、一〇三頁。
33 *Ibid.*, p.338, 邦訳、一一六頁。
34 西山千秋編、前掲『F・A・ハイエク　新自由主義とは何か』二一七頁。
35 Hayek, [1960] p.326, 邦訳、一〇〇頁。
36 西山編、前掲書、二一七頁。

37 西山編、前掲書、二三三頁。

38 Hayek, F.A., *The Counter Revolution of Science* (Free Press 1952, 佐藤茂行訳『科学による反革命』木鐸社、一九七九年), 邦訳、六頁。

39 佐々木毅、前掲『アメリカにおける保守とリベラル』二五頁。

40 Hayek, [1960] p.400, 邦訳、一九五頁。

41 Hayek, *Ibid.*, p.397, 邦訳、一九一頁。

42 *Ibid.*, p.400, 邦訳、一九五頁。

43 *Ibid.*, p.400, 邦訳、一九五頁。

44 *Ibid.*, p.401, 邦訳、一九七頁。

45 Hayek, F.A., *Law, Legislation, and Liberty, Vol.1: Rules and Order* (Routledge & Kegan Paul, 1973, 矢島鈞次・水吉俊彦訳『ハイエク全集8 法と立法と自由1：ルールと秩序』春秋社、一九八七年) , p.5, 邦訳、一二頁。

46 *Ibid.*, p.5, 邦訳、一二頁。

47 Hayek, [1960], p.55, 邦訳、八二頁。

48 本章では、七〇年代における福祉国家論の代表作、ロールズの『正義論』を検討することは割愛した。ただし上で検討したように、七〇年代のハイエクの著作において、『社会的正義』(social justice) を批判する背景には、アメリカにおけるロールズ的政治思想の大きな影響があったことは想像できる。

第8章　アメリカの国政選挙における「ソフト・マネー」の規正と表現の自由の保護

上田　伸治

はじめに

選挙において候補者が資金をつぎ込んで勝利しようとすることは日本のみならずアメリカにおいても見られる。むしろ広大なアメリカにおいては日本より広範囲に存在する有権者に自己をアピールするために、費用のかかるテレビやラジオのコマーシャルに資金を投じるために日本より選挙資金は莫大なものである。

しかし同時に歴史的に見るとアメリカにおいても、選挙に絡んだ腐敗を防ぐために選挙の献金と運動資金に関した法律や条例などによって制限を設けてきた。その一方で、候補者や支援者はあらゆる手段を講じて法に抵触せず選挙資金を投じようとした。特に近年では法律の文面で制限を加えられていない「ソフト・マネー」と呼ばれる資金を、メディアに投じて支援者が候補者を応援したり、対立候補を攻撃するなどが見られてきた。

大統領選挙や連邦議会の上院・下院議員選挙などの国政選挙において、連邦の選挙資金の法律によって規正された選挙資金を「ハード・マネー」(hard money) と言うのに対して、このような法律によって規正されない選挙資金を「ソフト・マネー」(soft money) と言う。具体的にはハード・マネーは政治家に対する個人献金のことで二三〇〇ドル(二〇〇七年の時点)[1]、政党には年間二万八五〇〇ドル(二〇〇七年の時点)までの献金が認められる。また企業・労働組合・利益団体を代表して選挙資金を集めるために設立される政治活動委員会(PAC)を通じての政治献金もハード・マネーとなる。構成された政治活動委員会の資金の銀行口座は、母体の企業・労働組合・利益団体のそれとは別にする必要がある。政治活動委員会は予備選挙、本選挙など各選挙ごとに五〇〇〇ドルまでの献金を候補者に行うことができ、個人同様に二万八五〇〇ドルを政党に献金することができる。また各政治活動委員会は個人・他の政治活動委員会・党委員会から年間五〇〇〇ドルまでを集めることができると法律で定められている(2)。

それに対してソフト・マネーは政治政党の推し進める政策に対して、その政策に賛同する個人や団体が提供する献金であったり、その政策に一定の立場を表明するための運動のために提供される資金のことである(3)。法的には大統領や連邦議会議員への候補者個人へ物質的な支援に対して直接に献金することはできないものの、ある候補者の掲げる政策に対して賛否の声をあげることなど間接的にその候補者を支援することになるため、実質的には無制限な選挙資金となる(4)。将来的に候補者が当選した際には有利な政策を引き出す意図を持つ個人や団体にとって(たとえそれを公にできなくとも)、法律の規正によって限度額が定められているハード・マネーより、抜け道の多いソフト・マネーを選択することはよく見られてきた。

ソフト・マネーにはさまざまな政治活動の支援の資金提供が挙げられる。例えば、各地における選挙の登録推進、地域における選挙事務所や連絡先の運営・通信費などの経費を提供するなどである。その中でも、労働組合・企業・政治団体・政党等がテレビやラジオを使い、特定の政治問題に対して肯定的に宣伝したり批判するときに使われるコマーシャルの資金が最も大きなソフト・マネーとなる。その際にテレビやラジオの放映の中でその政策を支持または反対する政治家・候補者・個人について言及する内容のコマーシャルも多く見られる。そのため間接的にその政策を支持する候補者に対しては、その候補者の選挙活動を支援することになる一方で、その政策に反対する候補者に悪い印象を与える効果がある。例えばこれらの団体はその利益や目標に反する政策的な立場を採る政治家や候補者に対しては、政治家と過去の失敗や不利と見られるような出来事を取り上げて非難するようなテレビ・ラジオのコマーシャルを流したりするということである(5)。

テレビやラジオの宣伝は選挙結果に大いに影響を与えると考えられ、結果として集金力によって選挙が左右されることが市民や政府の内外から懸念されてきた。そのため、政治資金だけに左右されないような公平な選挙戦を目指すために、近年になってハード・マネーばかりでなくソフト・マネーの規正をする動きが出てきた。

その最も顕著な例として二〇〇二年に連邦議会によって通過した超党派選挙改正法（Bipartisan Campaign Reform Act of 2002）という法律が挙げられる(6)。同法は共和党上院議員ジョン・マケイン（John McCain）と民主党上院議員ラッセル・フェインゴールド（Russell Feingold）の二人によって提案されたことから通称「マケイン―フェインゴールド法」と呼ばれた。この法律は内容的には政治家に対する個人献金の限度額を増やす代わりに、利益団体がテレビやラジオなどを使って候補者に関して支援や批判をすることに制限を加えるものであった。また政治政党が企業・労働組合・個人からのソフト・マネーを集めたり、使ったりすることを禁じる内容であった。それに予備選挙当日前からの三〇日間、本選当日前からの六〇日間の間は、マス・メディアを使っての候補者への支援・批判を禁じたのである。また支援・批判する候補者を直接的には言及しなくとも、間接的にその候補者を特定できる宣伝内容も禁じた。

この超党派選挙改正法に反対する人々は、この法律によって自分たちの支持する候補者や政党に対して自由に献金することができなくなったことに批判の声をあげた。献金は政治的な表現の一部であるとすることから、同法に反対する団体等が超党派選挙改正法は憲法に保障された表現の自由に反するとして裁判に訴えた。つまり、テレビやラジオのコマーシャルを使って自分の候補者を支援することは政治的表現の自由であると主張したのである。だが二〇〇三年には連邦最高裁判所において同法は憲法に抵触していないとして合憲の判決が下され、原告側の主張をしりぞけた。しかし二〇〇七年一月になると、同法の合憲性を争った他の裁判の上告を受け、再び同法が憲法に抵触していないかを連邦最高裁判所が判断することになった。結局、この裁判では同年六月二五日に連邦最高裁判所が政治団体の表現の自由を阻むことはできないとして、同法におけるテレビやラジオのコマーシャルの規制を認めない判決を下したのである(7)。

本稿においては表現の自由の保護の実現と選挙資金規正による公平な選挙の実行という価値が対立したときに、どのように政治的また司法的な解決がアメリカで図られてきたのかについて考察する。

まず第一に選挙資金の規正が歴史的にアメリカではどうなされてきたのかということに注目する。一八八三年のペンデルトン・シヴィル・サービス法(Pendleton Civil Service Act)から一九七〇年代の連邦選挙運動法そして二〇〇二年のマケインやフェインゴールドによる超党派選挙改正法に至るまで、どのように連邦議会で資金規正を重要と考え法案を通したのかを考察し、選挙における資金規正とその意味を検証する。

第二にどのような政治団体がどれだけ合法的に資金を使ってテレビやラジオのコマーシャルを使った選挙活動をしたのか、また選挙資金の規正に対してどのような対抗手段を採ったのかを考察する。特に二〇〇二年の超党派選挙改正法に対して政治団体・個人が表現の自由を盾にこれらの政治資金規正の法律に反対したのか、合法的に政治目的を達成しようとしたのかについて考察する。

第三に選挙規制の法律と表現の自由が対立したときに裁判所はどのように判断したのかについて注目する。また裁判はどこまで判断できるのか、また判断してきたのか、そして判決がどこまで政治・社会の変化をもたらすのかについて注目する。

第1節　歴史的に見る政治における金の規正

アメリカの政治における政治と金の規正は南北戦争以後から見られる。一八八三年にペンデルトン・シヴィル・サービス法（Pendleton Civil Service Act）という法律が成立した。これはもともと南北戦争後、政府官僚や政治家の金銭の腐敗が際立った際に、市民の間で公職につく者の選出に対しての規制の声が高まったことが背景にあった。特に人間関係や利害の関係によって大統領が友人・知人・功労者を公職に任命する猟官制が横行していた中で、大統領ジェームズ・ガーフィールド（James Garfield）が公職につけなかった人物の逆恨みによって暗殺された事件が起こった。この大統領暗殺という衝撃的な事件の後に、最重要な課題として公職につく人々の雇用の透明化が世論で求められ同法が成立したのである。オハイオ州上院議員のジョージ・ペンデルトン（George Pendleton）が法案を提出したところから、ペンデルトン・シヴィル・サービス法と呼ばれるようになった。この法律によって公務員の職につく者が党派主義・政治思想・出生などによらず公平な手続きと評価によって雇用されるようになったのである(8)。

二〇世紀初めにはテオドア・ルーズベルト（Theodore Roosevelt）大統領が選挙資金の規正に乗りだした。これは彼自身の一九〇四年の大統領選挙において、いくつかの企業がルーズベルトに選挙献金をしていたことが明るみに出て批判されたことを受け、逆に彼自身が一九〇五年一二月五日の一般教書で議会に献金の規正を促すように提案をして実現されたのであった。その中で彼は「企業から政治団体への献金、または政治的目的のための全ての献金は法律によって禁じられるべきである」と述べるなどした(9)。それを受けて連邦議会は一九〇七年に「ティルマン法」(Tillman Act)と呼ばれる選挙資金規正の法律を成立させた。これは連邦政府の公職への選挙において、企業や銀行が候補者に対して献金することを違法としたのである。しかしこの法律は企業などの政治への影響を抑えることはなく、金をめぐって起こる腐敗を防ぐことはなかったと言われる(10)。

そのため三年後の一九一〇年にはフェデラル・コラプト・プラクティシス法(Federal Corrupt Practices Act)が通過し、連邦下院議員選挙に出馬する候補者に献金の内容の開示を求める法律が成立した。この法律では一〇〇ドル以上を政治団体に献金した個人・団体の氏名と住所を選挙後三〇日以内に提出することを義務付けた。

その後、この法律は一五年にわたり適用されたが、一九二五年に社会状況の変化に応じて改正された。特に一九二〇年代に起こったティーポット・ドーム事件と呼ばれる内務長官による海軍石油備蓄の賃貸契約に関する収賄事件は法律の改正に影響を与えた(11)。この事件は政治と政策における金の介在についてアメリカ市民に再び疑問を持たせ、政治と金に関する規制を強める世論を高める結果となったのである。このような状況の中、それまで選挙の年においての献金についての報告義務だけで済んでいたのが、一九二五年の法律によって選挙のない年も献金について報告義務を課すように改正したのである。また候補者が連邦政府の公務員など官職につく者からの政治献金を受け取ることを禁じたり、選挙資金の内容の開示、政治運動費の限度を設けたりしたのである(12)。

ところがこの法律は報告内容の正誤を確認する事後の手続きがなく、また大統領選挙・連邦議会議員選挙の予備選挙に関しては選挙献金の報告義務もなく、その上、政党が二つ以上の州にまたがって政治活動をしなければ報告義務もないため、政治献金を十分に規正した内容ではなかった。例えば候補者が彼らの認知や承認なしに州の政党本部が勝手にその候補者のために選挙運動をしたと報告するなどして法律に抵触することを免れたのである。つまり候補者は実際にかかった経費は州の選挙事務所が独自に行ったことであって、彼らの関知するところではないという立場を採るなどしたのである(13)。

一九三九年にはハッチ法(またはクリーン・ポリテックス法)という法案が通過した。この法律は連邦政府の公務員が連邦レベルの政治活動に参加することを禁じる内容であった。またこの法律は後に改正され二つ以上の州にまたがって政治活動をする政治団体の年間活動資金を三〇〇万ドルに制限した。もっともこの制限にも抜け道が多く、明確な制限とはならなかった。一九四七年にはタフト—ハートリー法(Taft-Hartley Act)によって国立銀行や労働組合・企業の政治献金の規正を強化した。ただしこの法律にしても、一九七二年の連邦最高裁判所判決(*Pipefitters v. United States*, 407 U.S. 385)によって明確にされたように、アメリカ市民が自発的に献金して集められた政治基金である場合は、その政治献金や支出を規正するものではないと判断され、厳格な規正にはならなかった(14)。つまり政党・政治団体・企業・組合の呼びかけから献金が促されたのではなく、市民が自発的にお金を集め基金を募り候補者に献金した場合には制限がないということであった。

このような状況に対し一九七一年に連邦選挙運動法(Federal Election Campaign Act of 1971)によって、テレビやラジオの宣伝に対して使う政治資金への制限と完全な政治献金と支出の公開を要求する規正を定めた。例えば下院議員選挙の場合、予備選挙、本選挙のいずれにおいてもその選挙区の有権者数に対して有権者の一人当たりに五〇セントをかけた合計額か、もしくはその額が五万ドル未満であれば五万ドルまでを宣伝費用に使えるとしたのである。これは年々のインフレーションの率によって引き上げられていった。実際、翌年の一九七二年の選挙の時点でも、既に五万二一五〇ドルがインフレ率に従って定められた限度額であった(15)。

このことはこの時期においてテレビ・ラジオによる選挙戦が過熱化してきたことを示していた。テレビが大統領選挙で重要な要素になったのは一九六〇年のケネディが対立候補のニクソンとの討論で、視聴者に強いインパクトを与え勝利に結びつけたことは有名であるが、七〇年代には選挙戦においてはテレビを使うことは重要な選挙活動となっていたのである。いずれにせよこの時期においてテレビ・コマーシャルにかかる費用を取り締まる必要が出てきたことを示したのである。

また同法では候補者や政治団体に対して四半期ごとに一〇〇ドル以上の献金や支出の詳細の報告を義務付けた。例えば献金者の氏名・住所・職業、献金者・授受者の職場の住所などを報告しなければならないとしたのである。また五〇〇〇ドル以上の献金を受けた場合は四八時間以内に報告しなければならないとした。下院議員選挙の候補者の報告は下院、上院議員選挙の候補者の報告は上院、大統領選挙の候補者の報告は会計検査院に報告する義務があった。この選挙資金の公開はその後の選挙資金の使われ方を透明化するのに役立った。また違反に対しては司法省が捜査を行使するという体制が整ったことで、選挙の金に絡んで起こる腐敗を防ぐ意味において、この法律の役割が大きいものであったことは言うまでもない(16)。

またこの法律は一九七四年に改正され、新たに連邦選挙管理委員会(Federal Election Commission)が設立され、個人の政治献金の制限額が一〇〇〇ドルとされ、選挙選での個々人の候補者の各人の財産からの支出限度額が決められた。また大統領選へ出馬する候補者に国庫からの本選の選挙費用二〇〇〇万ドル、また党大会をするために政党が二〇〇万ドルの費用を受けられるとした(17)。

第2節　選挙資金の制限は表現の自由の制限になるという議論
―― *Buckley v. Valeo* (1976)(18)

一九七四年に改正された連邦選挙運動法に対して、表現の自由の侵害であるとして訴訟が起こされた。一九七五年一月二日に告訴されたこの裁判においては、ジェームズ・バックリー（James Buckley）上院議員、ユージン・マッカーシー（Eugene McCarthy）元上院議員、ニューヨーク自由人権協会などが原告となって裁判が行われ、最終的には同法の合憲性について連邦最高裁判所まで争われたのである。原告側が訴えたことは、一九七四年の連邦選挙運動法が政治献金をする寄付者の政治的表現と連邦選挙の候補者の表現の自由を妨げるもので、憲法修正第一条に保障された表現の自由に照らして違法であるということであった。つまり献金そのものは寄付者の政治表現であること、選挙戦での使う資金を制限することは候補者の表現の自由の妨げであることを原告側は訴えたのである(19)。

ただしこの裁判ではハード・マネーについて判断されたものの、ソフト・マネーについてはなんら判断を下さなかった。なぜなら先にも述べたようにソフト・マネー自体が同法に規正された政治資金ではなかったためである。

一九七五年八月一四日に行われた連邦控訴裁判所の判決では、同法のほとんどの条項は合憲であると判断された。しかし翌年一九七六年一月三〇日に行われた連邦最高裁判所では五つの異なる意見が出され、各条項によっても賛否が分かれる結果となった。例えば連邦最高裁判所は同法の条項の中で、政治献金の限度額を定めた内容、政府の国庫から候補者に選挙戦への補助金を出す条項、一〇〇ドル以上の政治献金の内容公開の義務付けの点について合憲だと判断した。重要なことは政治献金の寄付者の献金の限度額を定めた条項については違法ではないと判断して原告側の主張をしりぞけた点である。

しかし同裁判所では選挙戦で使われる資金の制限を定めることに関しては、候補者の政治的表現を妨げるとして違法であるとの判断を下した。つまり候補者は選挙戦でいくらでも自分の資金を使うことはできるとしたのである。特に裁判所の判決文では現代の選挙において多数の有権者に対して候補者の政治的な意見を伝えるためにコミュニケーションに費用がかかることを指摘して、それを制限することは表現の自由を制限することになるとしたのである(20)。つまりコマーシャルなどに自分のお金を使うことは、政治的表現の一部だとして憲法に保障された表現の自由は守られるべきだと判断したのである。

この判決では有権者の候補者に対する政治献金も表現の自由であると認めつつも、候補者への政治献金は腐敗の温床となることが、献金の限度額を定める法律条項を合憲とする決め手となった。しかし候補者が個人の資産を使ったり、合法的に集めた献金を最大限に使うことは自由であり、限度額を定めることは違憲であると判断したのである。つまり個人の資産から選挙費用を捻出することは自由であり、それに制限を加えることは憲法に保障された表現の自由の侵害になるとした点である。

これに対してこの裁判の少数派の意見では資産を持つ候補者は選挙戦で有利であるとして、資金を持つか持たないかで選挙結果に影響を与えるようなシステムでは資金を持たない候補者に不公平になるとして、多数派の判決文を否定した。しかしながら、この後、連邦最高裁判所の判決に従って一九七六年の選挙法の改正では個人の資産を選挙資金として制限なしに使用することを容認する法律内容に改正されたのである(21)。

その後、一九七〇年代は個人資産より国庫からの選挙資金供給を重視するジミー・カーター(Jimmy Carter)大統領が国庫からの選挙資金による選挙制度を目指したが、実現するまでには至らなかった。これは個人資産を持たない候補者が公平に選挙戦を行えることをカーターが重視したためであった。また一九七九年の連邦選挙運動法改正では献金や選挙費用の選挙管理委員会への報告義務が軽減されるなどした。さらに地方の政党が大統領選挙の運動へもっと参加できるように、選挙で使用するポスター・バッチ・ステッカー・小冊子などの費用に関しての法的な制限をなくすなどした。それとそれまで選挙で集めた献金の残金の使用方法を定めていなかったが、この改正では選挙で集めた献金の残金を個人のために使用することを禁じたのである。一九八〇年代には政治活動委員会(PAC)の在り方、政治献金の制限について議論がなされたが、議会においては党派主義によって根本的な改革はなされなかった(22)。

つまり一九八〇年代までの時期に選挙資金の高騰に歯止めをかける法的な手段や方法は見いだせなかった。選挙資金に絡んだ腐敗を防ぐための規制の手段は、なかなか見つけられなかったのである。その一方で候補者の意思をマス・メディアを通じて有権者に伝えるための手段は、一九七六年の連邦最高裁判所の判決にも見られるように憲法に保障された権利であるため、選挙にかかるテレビ・ラジオのコマーシャルの費用を制限することは難しい問題でもあった。

いずれにせよ一九七六年の *Buckley v. Valeo* の判決は、候補者に対して有権者や企業などの政治献金の制限を認める一方で、個人資産からの選挙資金の制限は違法としたことで、もともと資産を持つ候補者や個々の少ない小口でも政治資金を集めることに長けている人気のある候補者が有利になったことは否めない。また高騰し続ける選挙の支出も資産を持つ候補者、人気のある候補者に有利になるような状況に拍車をかけた。

例えば億万長者のロス・ペロー（Ross Perot）が一九九二年、一九九六年の大統領選挙に自らの資産を使って出馬したり、スティーブ・フォーブス（Steve Forbes）が一九九六年の大統領選挙に出馬したりした。またニューヨークの市長選挙ではマイケル・ブルームバーグ（Michael Bloomberg）市長が、自らの資産から八〇〇〇万ドルを使って選挙運動を行い再選を果たすなどが見られた。これは対立候補のフェルナンド・フェラー（Fernando Ferrer）の約十倍の選挙運動費に当たっていた。一般に運動費用の多くがテレビ・コマーシャルに使われたことを鑑みると、選挙運動の資金を持つ候補者が、テレビやラジオのコマーシャルを幅広く利用し選挙戦の勝利に結びつけたことは否定できない(23)。

この問題は一九九〇年代も議会で議論されてきたが、結局、具体的な法案が通過したのは、先に挙げた二〇〇二年の超党派選挙改正法を待たなくてはならなかったのである。しかしこの法律にしても、包括的に政治から金による腐敗を防ぐというよりは、ソフト・マネーを規正してテレビ・ラジオのコマーシャルにかかる無制限な選挙資金の支出を抑え、金が選挙の勝敗に影響を与えることに抑制を加えるに過ぎなかった。

先にも挙げたが、超党派選挙改正法においては政治団体・利益団体がソフト・マネーを共和党や民主党などの政治政党に献金することを禁じ、また政治的なコマーシャルにしても予備選挙当日前からの三〇日間、本選当日前からの六〇日間の間は、マス・メディアを使っての候補者への支援・批判を禁じたのである。つまりこの法律はそれまで法律で規制されなかった支援団体の選挙運動にしようとするソフト・マネーという部分に規制を加える法律であった。だが次に挙げるようにこの超党派選挙改正法も憲法修正第一条に照らして違憲であるという判断が二〇〇七年に裁判で下されたのである。

第3節　超党派選挙改正法の合憲判断

超党派選挙改正法はソフト・マネーを制限するために完璧な法ではなかった。それは特に三つの面から言える。第一に、テレビやラジオのコマーシャルの内容が同法に抵触するかどうかを判断する定義が難しかったことである。例えばそれまでの選挙の規制法では「カーターに投票してください」、「ニクソンに票を投じないでください」などと明確に候補者名を挙げるコマーシャルの内容を法律の制限対象としていたため、法律に照らして合法か違法かを判断することは比較的容易であった(24)。ところが二〇〇二年に通過した超党派選挙改正法では候補者の名前を挙げなくとも、その候補者を特定できる場合も制限対象としたのである。そこでこの基準で懸念されたことは、流されたコマーシャルの内容がどの程度、候補者を支持（または批判）したのかを判断することが困難になったことであった(25)。

また第二に、企業や組合などが政治的な発言をすることはもともと憲法修正第一条に保障された表現の自由の原則で守られており、コマーシャルの内容に制限を加えること自体に、疑問の声もあったのである。つまり根本的に憲法で保障されたコマーシャルの表現の自由が、予備選挙の三〇日前、本選挙の六〇日前という期間を定めて制限されることに対して疑問を投げかける声があがったのである。

第三に選挙資金の制限を定める法律である超党派選挙改正法には、テレビ・ラジオ・新聞などのメディア会社に対して選挙報道の免責事項が設けられており、ある企業や労働組合などの団体は、この免責事項を利用して選挙戦において合法的に政治コマーシャルを流す機会を得るという矛盾が起こったのである。つまり企業がメディア会社を買収してしまうことで、企業にとって都合の良い政治的なコマーシャルや番組を企画したりするなどが見られた。また企業や団体が定期的な機関紙や雑誌を刊行している場合にも、それらの機関紙や雑誌に免責事項を利用して政治的なメッセージを記事にしたりするなどが見られたのである。

例えば二〇〇四年の大統領選挙ではシンクレア・ブロードキャスティング・グループ（Sinclair Broadcasting Group）が *Stolen Honor: Wounds That Never Heal*（訳：盗まれた名誉：決して癒えない傷）というドキュメンタリーを六二のテレビ局から放映して、民主党の大統領候補のジョン・ケリー（John Kerry）を批判した。元ヴェトナム戦争従軍兵のケリーが帰還後に反ヴェトナム戦争運動を行ったという内容を流すことで、ケリーが愛国者ではないと印象づけることを目的としたのである。つまりこの場合メディア会社の免責事項を使って、シンクレア・ブロードキャスティング・グループが番組を制作し、このグループが支持しない大統領候補者（つまりケリー）の批判を合法的に行ったのである(26)。

この超党派選挙改正法については、保守・リベラルを問わずさまざまな団体がその内容に反対して訴訟を起こした。その一つとして全米ライフル協会が同法の違憲性を求めて、訴訟を起こすなどが見られた（*National Rifle Association v. Federal Election Commission*）。この裁判においては、二〇〇三年五月六日の首都ワシントンにおける地方裁判所では、全米ライフル協会の主張を支持して超党派選挙改正法は違憲であると判断した。カレン・レクラフト・ヘンダーソン（Karen LeCraft Henderson）判事の主文では、同法の選挙の候補者を特定できるテレビやラジオのコマーシャルを取り締まる同法の定義があいまいであることを指摘し、そのことによってコマーシャルを流す意図が歪曲されて適用されることもあると述べた。またマス・メディア関連の会社においては政治的な内容の番組を流すことを合憲だと認める一方で、マス・メディアでない会社や組合などの団体が同様の報道活動をすることに規制を加えられることは、憲法修正第五条の法の平等の適用に反していると指摘したのである(27)。

つまりヘンダーソン判事は一九七六年の *Buckley v. Valeo* の判決に見られるような候補者を特定できる定義の範囲を持つ法制度と超党派選挙改正法の内容は異なり、*Buckley* と同様の判断はできないことを指摘した。つまり *Buckley* においては「Aさんに投票してください」、「Bさんには票を投じないでください」というような明確な表現によってコマーシャルの意図が特定できる場合において規制できることを前提としていたが、超党派選挙改正法の定義はコマーシャルの内容が候補者の支持か批判かを特定できると判断した場合に規制するものであり、定義があいまいで適用できないとした。そしてあいまいな法規制は支援団体の表現の自由を脅かすと述べたのである(28)。

例えば全米ライフル協会のコマーシャルでは必ずしも選挙における候補者への支持や批判ばかりでなく、さまざまな意図を持ってコマーシャルを流している点をヘンダーソン判事は指摘した。つまり全米ライフル協会のコマーシャルの意図として、銃を保持する権利を保障した憲法修正第二条を広く宣伝すること、同協会の銃保持の権利を批判する団体や個人から同協会の立場を守るための宣伝をすること、会員の勧誘と献金活動をすることがあるとした。そしてこれらの目的が取り違えられて全米ライフル協会の流したコマーシャルが、超党派選挙改正法に抵触するとして規制されることもあり得るとして同法の規制の定義のあいまいさを指摘したのである(29)。

それと同法の定めているマス・メディアの免責事項に対しても公平さを欠き違憲性があると指摘した。ヘンダーソン判事は、メディア会社が情報を発信することを目的とし、それ自体が業務の目的であることは他の企業と異なる特異性であるとしながらも、メディア会社でなくとも個人や団体の憲法に保障された表現の自由は守られるべきであるとしたのである。そして憲法修正第五条の法の下の平等に照らして違憲であるとしたのである(30)。

また先にも挙げたような同法の内容へのあいまいさや表現の自由に対しての違憲性への疑問から全米ライフル協会ばかりでなく、保守・リベラルを問わず同法への反対の声があがり同様に超党派選挙改正法に対していくつかの訴訟がなされた。しかし政府側も同法の合憲性を主張したため、控訴・上告の末に連邦最高裁判所まで審議された。実際、先に挙げた全米ライフル協会の裁判も連邦最高裁判所に上告された。また各団体から起こされた裁判が連邦最高裁判所の段階で一本化されて審議され、そのため連邦最高裁判所の裁判では全米ライフル協会の他にも米国商工会議所、米国自由人権協会などの団体が原告団となった。

その結果、二〇〇三年一二月の連邦最高裁判所の *McConnell v. Federal Election Communication (FEC)* の判

決では、先の地方裁判所の判断は覆され全米ライフル協会等の原告の主張は認められなかった(31)。この連邦最高裁判所の判決では五対四の評決で超党派選挙改正法が合憲であると判断したのである。多数派の判決文では連邦議会は選挙の規則を作る最高の機関であり、選挙法の改革の必要性と表現の自由の重要性が審議される場であるとして、三権（司法・行政・立法）のうち立法機関である連邦議会の行政・司法に対する優越性を尊重する判断をした。つまり連邦議会は政治腐敗を防ぐための選挙献金の規正を定めた選挙法を通過させたのであり、その判断を司法は尊重するという立場を採ったのである。これに対して少数派の意見としてアントニン・スカリア(Antonin Scalia)判事は同法を支持することは、連邦議会の現職議員が自己の選挙に有利になるような立法手段を作ったことを容認するだけとして批判した(32)。

また少数派の意見の中では、先に挙げた超党派選挙改正法の問題点も挙げられた。その一つが政治政党へのソフト・マネーを制限することは、政党活動における表現の自由を妨げるという意見であった。つまり政党は選挙期間であっても候補者の選挙支援だけが政治活動の内容ではなく、それ以外の活動にも経費を使うという事実があるからであった。政党の方針や公約を広く有権者に知らせたり、政治への関心を広げるための選挙登録推進の活動をしたり、選挙の候補者を推薦したり、公共政策への議論を高めたり、党内のさまざまな主張をまとめ上げたり、州レベルの政党活動を支援したりなどである。政党への献金でソフト・マネーの割合が多いため、これを制限することは選挙以外の政党活動の妨げになるという論理であった。例えば二〇〇二年の選挙期間においては政治政党への献金の七割近くはソフト・マネーであり、三割が法律で規正されている政治活動委員会（ＰＡＣ）かまたは個人からのハード・マネーの献金であったことからも、政治政党にとってソフト・マネーが重要なのは明らかであった(33)。

さらにこの連邦最高裁判所の意見の中には、先の地方裁判所のヘンダーソン判事の意見と同様に、腐敗を防止するという目的について超党派選挙改正法の合憲性を判断するために、連邦最高裁判所における*Buckley*を判断基準とすることはできないという意見もあった。つまり同法では政治政党がソフト・マネーを集めることを実質的に禁じているが、政党が献金を集めることを禁じることが直接的に腐敗を防止することにはならないという点を指摘したのである。候補者が個人や特定の団体から献金を集めるときに生じるような利害関係からの腐敗に比べ、政党への個人献金によって起こる腐敗の可能性が低いということである。なぜなら政党は自党の候補者個々の一定の利害に縛られることなく、それらの候補者の選挙活動を支援することができることによって、むしろ外からでは見えにくい透明性のない候補者個人と支持者間に起こる腐敗を未然に防いでいるという考え方である(34)。

従ってソフト・マネーを政党に献金することは問題ないという考え方である。それにもかかわらず同法では政党がソフト・マネーを集めることを違憲としたために、むしろ逆に法に抵触しないように政党を通さず企業・労働組合・個人が応援する候補者に対して、巨額な献金をする工夫をするであろうと懸念する意見も出された。ただし先にも挙げたようにこの問題点は*McConnell*の連邦最高裁判所の判決の時点では、少数派の意見の中で懸念されたことであり、同裁判所の決定にはならなかった。つまり結果的にこの二〇〇三年の連邦最高裁判所の意見では超党派選挙改正法は合憲であると判断され、実質的にソフト・マネーは規正が認められたのである。

この連邦最高裁判所の判決は翌年に大統領選挙を控える時期において政治政党や支持団体に選挙運動の方法へ

の変更を求めることになった。特にこの時期、民主党にとってはソフト・マネーに頼ることが困難になることを意味していたため深刻な問題であった。当時、現職のジョージ・ブッシュ（George W. Bush）大統領は合法的な個人からの少額の政治献金からだけでも、二〇〇三年一二月の時点で既に一億一〇〇〇万ドルも集めていたのに対し、民主党の候補者の中で最も献金を集めていたハワード・ディーン（Howard Dean）でさえも二五〇〇万ドルしか集めておらず、選挙資金だけで比較するなら圧倒的に民主党は劣勢に置かれていたためである(35)。

そのため *McConnell* の判決が下された後に、民主党の支援者が「影の政党」または「５２７」と呼ばれる新たなグループを作り献金を集め候補者を支援するようなことが起こった(36)。例えばアメリカ・カミング・トゥギャザー（America Coming Together、略して「ＡＣＴ」）やアメリカンズ・フォー・ア・ベター・カウントリー（Americans for a Better Country、略して「ＡＢＣ」）というような団体を設立してソフト・マネーを集め政党のような支援を候補者に直接に行うなどが見られた(37)。またこの判決以後、政党は合法的に献金を集めるために政治活動委員会（ＰＡＣ）をそれまで以上に設立するなどした。

従って連邦最高裁判所の少数意見に見られたように、裁判の判決によってソフト・マネーの規正が完全にはできなかったし、民主党、共和党の関係者も法に抵触せず献金を受ける手段をいろいろと考えたのである。むしろ支持団体や寄付者はＰＡＣにハード・マネーを献金したり、先にも挙げたような「影の政党」によってソフト・マネーを献金して特定の候補者を支持することは容易であったからである。

実際に「影の政党」は民主党には重要な献金手段であった。超党派選挙改正法の成立前の二〇〇一年から二〇〇二年の選挙年度においてハード・マネーを民主党が二億一七〇〇万ドル集めたのに対して、共和党が四億四〇〇〇万ドルと約二倍の献金を集めていた。その一方でソフト・マネーにおいては民主党は二億四六〇〇万ドル、共和党は二億五〇〇〇万ドルとほぼ同額を集めていた。そのような事情からも、*McConnell* の判決でソフト・マネーの規正がなされることは民主党にとって大きな打撃を受けることになったのである。

そこで先にも述べたように政党としてソフト・マネーの献金を合法的に受けられないことで、ＡＣＴのような政党以外の団体を作ることによってソフト・マネーの受け皿を作ったのである。ＡＣＴは米国労働総同盟産業別組合会議（ＡＦＬ―ＣＩＯ）の元政治ディレクターであったスティーブ・ローゼンタール（Steve Rosenthal）によって運営された「影の政党」で、民主党寄りの政治的な活動をすることは明らかであった。またこの他にもクリントン大統領のアドバイザーを務めたハロルド・アイクス（Harold Ickes）が運営するメディア・ファンド（Media Fund）、民主党下院議長のナンシー・ペロシ（Nancy Pelosi）のアドバイザーをしていたセシル・リチャーズ（Cecile Richards）がアメリカン・ボーツ（American Votes）という「影の政党」を運営するなどしたのである。これらの「影の政党」に対して共和党や選挙を監視する民間団体から批判がなされ、選挙管理委員会に不服の申し立てがなされたものの、現実的な規制がすぐに実行されることはなかった(38)。

いずれにせよこれら「影の政党」は、それまで政党がソフト・マネーによって行ってきたテレビ・ラジオのコマーシャル、選挙登録の推進活動、通信・世論調査・研究、献金活動、下部の政治団体の統括などの活動を担った。結局、企業・労働組合・個人からの献金の受け皿となり、実質的にソフト・マネーの運営を法律に抵触しないように行ったのである。従って連邦最高裁判所の *McConnell* の少数意見で懸念されたように、超党派選挙改正法のソフト・マネーの規正は実質的に骨抜きにされたのである(39)。

先に挙げた「影の政党」は超党派選挙改正法の規制外の手段を使ったものだったが、他にも同法の性質を逆に利用して合法的にソフト・マネーを使った例も見られた。例えば二〇〇三年一二月の連邦最高裁判所の判決後、全米ライフル協会は銃所有の権利を広く宣伝するために「NRA News」の会社を設立してインターネット上でトークショーを始めた。またテレビとラジオの放送局を買収することを決めた。これによって完全なマス・メディアとしての免責を受け、ソフト・マネーを自由に使うことを目指したのである。同協会のウェイン・ラピエール(Wayne LaPierre)は「もしニュース会社を所有すれば、言いたいことが言えます。もし持たなければ、言論を制限されるのです」と述べ、あくまで同協会が言論の自由を守るためにマス・メディアとして認められることを追求した。またラピエールは同協会が放送局を持つことは「ディズニー社がABCを所有するように、ジェネラル・エレクトリック社がNBCを所有するように、タイム・ワーナー社がCNNを所有するように」全米ライフル協会がニュース・ショーの番組を持つのだと、その行動の正当性を主張した(40)。

連邦選挙運動法においては「放送局、新聞、雑誌、他の季刊誌の手段を通じて配信されるニュース、論説、社説」は同法の対象外になるとされていた(41)。超党派選挙改正法もこれを継承していた。つまりこの免責事項があることによって、ABC、CBSなどテレビ放送局のニュース、ニューヨーク・タイムズ紙、ワシントン・ポスト紙などの新聞社の記事、ニューズウィーク誌などの雑誌の記事で政治の記事、候補者のコメントを載せたとしても違法になることはないとして保護されるということである。従って全米ライフル協会の主張は同協会が独立したメディア会社を設立した場合、同法に抵触することなく政治的なニュースや論説を流すことは問題ないという主張であった(42)。

実際、二〇〇四年六月には銃所有の権利に関したニュースや論説を流すラジオ番組を四〇万人の視聴者に向け流し始めた。大統領の選挙の年にあって全米ライフル協会のラジオ番組の目的とするところは、銃の権利に反対する候補者を批判することで銃所持の権利を政治的に促すということは明らかであった。連邦の法律では放送局を所有していれば、対立する考えや論説を平等に放送する義務があるが、この時点では同協会はラジオ番組を制作したのみで、この連邦法に抵触することもなかった(43)。その意味で全米ライフル協会は超党派選挙改正法に抵触することなく、この時点に限って言えばソフト・マネーを使って政治的な影響力を持ったのである。

第4節　憲法修正第一条は政治発言を認めること
——*Federal Election Commission v. Wisconsin Right to Life, Inc.* (2007)

先に挙げたように超党派選挙改正法は二〇〇三年の連邦最高裁判所の *McConnell* の判決では合憲だと判断されたが、もともとソフト・マネーの規正をするには十分な法ではなかったし、実際、企業・組合・個人の献金は別の形で行われ続けた。またその判決以後も同法の合憲性は反対者から問われ続けたのである。そして反中絶を訴えるグループが流したテレビ・ラジオのコマーシャルが同法によって規制されたことから二〇〇四年に裁判が起こり、最終的には上告の末に二〇〇七年に同法の違憲判決が下されるに至ったのである (*Federal Election Commission v. Wisconsin Right to Life, Inc.* または略して"*FEC v. WRTL*")。つまりこの裁判では憲法修正第一条に基づいて企業・労働組合・利益団体等は政治的な意見を自由に表現する権利が基本的に守られているとし、超党派選挙改正法は憲法に反していると判断したのである。この連邦最高裁判所の判決では五人の判事が超党派選挙改正法を違憲であると主張する一方で、四人の判事が同法を合憲であると主張し、僅差によって同法が憲法に照らして違憲であると判断された。つまり二〇〇三年の *McConnell* の判断が覆されたのである。

この最高裁の裁判においては原告である連邦選挙管理委員会（Federal Election Commission ― "FEC"）が、裁判自体の無効を主張した。その理由としてもともと超党派選挙改正法の違憲性を訴えたウィスコンシン・ライト・トゥ・ライフ（Wisconsin Right to Life, Inc. ――以下「ＷＲＴＬ」とする）が、この二〇〇七年の時点で訴訟する利点はなく、裁判自体の意味は既にないということを主張し裁判の無効性を訴えた。

この意味するところは次のようなことであった。二〇〇四年、上院ではジョージ・Ｗ・ブッシュ（George W. Bush）大統領の指名した連邦裁判官の任命に反対する議員らが、フィリバスター（「牛タン戦術」などによる議事進行の妨害）をしようとしていた。それに対しＷＲＴＬは一般市民に向け、二〇〇四年六月にウィスコンシン州の上院議員ラッセル・フェインゴールド（Russell Feingold）とハーブ・コール（Herb Kohl）に上院のフィリバスターに反対するように訴えることをテレビのコマーシャルで放送したのである。もともとＷＲＴＬの立場は中絶や同性婚などの社会問題に対して保守的な見方を支持する団体であり、中絶や同性婚に反対する立場を採った。そしてこの見方に同調するブッシュ大統領が指名した裁判官が上院で支持されるように運動をしたのである。

ところがこの放送に対してウィスコンシン州の予備選挙が間近に迫ったことから、超党派選挙改正法に基づいて予備選挙の三〇日前の八月一五日をもって放送をやめるように連邦選挙管理委員会から通達を受けたのである。

これに対してＷＲＴＬは超党派選挙改正法は憲法に保障された表現の自由に反するものであり違憲であるとして、二〇〇四年七月二八日に地方裁判所に連邦選挙管理委員会の通達の差し止めを訴えたという経緯があった(44)。従って最高裁判所の判決のあった二〇〇七年の時点で連邦選挙管理委員会が主張したことは、二〇〇四年のウィスコンシン州の予備選挙は既に終了しており、たとえＷＲＴＬの主張が通ったとしても当時のコマーシャルを放映することはなんら効果もなくあり得ないとし、この裁判自体が無効であるということであった。

この連邦選挙管理委員会の主張に対して連邦最高裁判所のジョン・ロバーツ（John Roberts）裁判長は、この裁判は二つの理由から超党派選挙改正法が合憲であるかを審議する意味があるとした。まず第一に、この事件は十分な司法審理を受けるための例外的な事項に当たると述べた。これは超党派選挙改正法は予備選挙の三〇日前、本選挙の六〇日前という短期間においてテレビ・ラジオなどの政治的コマーシャルを規制するため、その法律の不法性を訴えた際に審議する時間が短すぎるという点を鑑みたものであった。この規制の内容では、結局、同法に不満を持つ人や団体が十分に審理を得ることができないため、その期間が終わったとしても司法審理を受けられるべきであるとロバーツ裁判長は指摘したのである。そして第二にロバーツ裁判長が指摘したことは、全く同様の事態が将来にも繰り返されることが予想されるため、超党派選挙改正法の合憲性を審理することは意味あることであるということであった。従ってこの二つの理由から連邦最高裁判所はこのウィスコンシン州の事件の審議をする意味があると述べたのである(45)。

結局、最終的には主文においてロバーツ裁判長は超党派選挙改正法は憲法に照らして違憲であると判断したのである。主文ではＷＲＴＬのコマーシャルは特定の政治家を支援するものでも、非難するものでもないとして、

ＷＲＴＬのコマーシャルの内容の性質について述べた。つまりＷＲＴＬのコマーシャルは純粋に問題提起の内容であるし、特に選挙、候補者、政党について言及しているわけではないとした上で、特定の候補者を支援または非難していることが明確でなく疑わしい程度であるなら、その政治発言を禁じるのではなく保護するべきであるとした(46)。

また公共の問題について自由に発言することについて、憲法に保障された表現の自由の観点から超党派選挙改正法自体が憲法に違反しているとした。これは、連邦最高裁判所の *McConnell* の判例において政治的なコマーシャルを流すスポンサーの意図とそのコマーシャルの効果などを判断したことに対し、この裁判ではそれらの基準に捉われることなく、制定法が本質的に憲法に保障された政治的発言の自由という大前提を遵守しているかどうかを判断するという立場に立ったものであったのである(47)。

これに対して少数意見ではロバーツ裁判長に反対して、コマーシャルを流した人々の意図を鑑みるべきだとする主張をした。つまりＷＲＴＬは明らかに保守的な団体であり、民主党上院議員のフェインゴールドとコールの立場に反対していたし、このコマーシャルを流すことは二人に悪いイメージを与えることであると間接的に認知されると指摘した。

また反対意見を提出したデイビッド・ソーター（David Souter）判事は、まず選挙における候補者にとって選挙資金は重要であることを確認し、その上で事実として現在の選挙においては候補者が選挙資金を集めることを主眼にしていることを指摘した。そして候補者が規正のない資金を不正に使い、腐敗した政治を行うことを防止するために選挙資金の規正がなされてきたことを強調した。また一般的にもアメリカ人は政治家が資金を提供した人や団体に有利な政策をすると信じていることを述べ、選挙における規正は重要だと社会的に認識され、法律が作られてきたアメリカ社会の歴史を述べた(48)。

従って反対意見の中では選挙の資金を規正することは政治における腐敗を防ぐという考え、もしくはアメリカの歴史の経験的な考えから超党派選挙改正法を正当化した観があった。これはとりもなおさず規正が腐敗を防ぐということを証明することはいかに難しいことであるかを意味していたが、規正をしなければ腐敗を抑えることはできないという認識は常に人々にあったことを反対意見の中で示したのである。いずれにせよ連邦最高裁判所の *FEC v. WRTL* での判断は五対四の評決の僅差によって超党派選挙改正法が違憲とされた。

ところで、この僅差の判断はある面、裁判官の個々の思想から来る政治的認識の影響もあったことも否めない。つまり九人の連邦最高裁判所の判事の構成によって判断が変わり得る類の問題でもあった。先にも述べたように二〇〇三年の *McConnell* の裁判においては、保守・リベラルの政治的思想が影響する問題においては、どちらに票を投じるのか傍目には予想ができずキャスティング・ボートを握る場面が多かったサンドラ・デイ・オコーナー（Sandra Day O'Connor）判事が合憲の判断を下したことが裁判の結果に影響を与えた。

ところがオコーナー判事が二〇〇五年七月に連邦最高裁判所判事の退官を発表し、それに伴いブッシュ大統領が保守的な思想を持つと見られたロバーツを後任に指名した。その後、保守的な裁判長だったウイリアム・レンキスト（William Rehnquist）が在職中に急死したためロバーツが二〇〇五年九月に裁判長として再任命され、ブッシュは保守的な思想を持つサムエル・アリトー（Samuel Alito）をオコーナー判事の後任として二〇〇五年一〇月に指名（二〇〇六年一月に任命）したのである。従って、この短期間の間にそれまでの経歴から保守的な思想を持つと考えられた二人の判事が新たに任命されたことで、それ以降の連邦最高裁判所においては保守的な判断がなされることが十分に予想された。

実際にこの判決の前の二〇〇七年六月にはアリトー判事はイタリア系アメリカ人の団体での昼食会において表現の自由について質問された際、「私は憲法修正第一条やその人々が話したり書いたりする自由の強い信奉者です。……人々の表現に制限を加えることを支持することには抵抗があります」と述べた。さらに法制限も憲法修正第一条に沿っていることを前提とした上で、「政府が人々の表現を制限することは危険です」と述べ、識者の間ではアリトー判事が超党派選挙改正法による政治的表現の制限に反対することは予想されていたのである(49)。

この意味で連邦最高裁判所の裁判官の構成によっても、選挙の資金に絡んだ腐敗を防ぐ目的としての法制度と憲法で保障された政治的表現の自由の保護の分岐点が変わり得るという特徴を持っていたのである。結局、二〇〇七年の *FEC v. WRTL* の五対四の判決ではそのような事態が見られたのである。

おわりに——選挙とコマーシャル費用と法規制の難しさ

選挙において候補者が集められる選挙資金はまちまちである。二〇〇八年の大統領選挙において、民主党の有力候補であるヒラリー・クリントン(Hillary Clinton)上院議員とバラック・オバマ(Barack Obama)上院議員はかなりの集金力を持つ一方で、ノースカロライナ州の元上院議員ジョン・エドワーズ(John Edwards)は先に挙げた二人に比べ献金を集めるのに苦戦した。実際、エドワーズは二〇〇七年九月二七日に予備選挙までの選挙活動の期間において国庫からの一〇〇〇万ドルの選挙運動の資金を受けることを発表した。エドワーズは二〇〇七年の上半期の間には二三〇〇万ドルの献金を集めており、決して選挙運動に困ったとは言い切れなかったものの、対立候補のクリントンやオバマは同期間中にそれぞれ五〇〇〇万ドル以上の献金を集めており、エドワーズが政治資金に関して劣勢であることは否めなかった(50)。

この国庫から政治資金を受けることは同時に選挙運動において制約を受けることでもあった。例えばいったん、選挙運動の資金を国庫から受けた場合、個人の資産から選挙資金を捻出することができず、この場合、一〇〇〇万ドルで予備選挙を戦うことになった。また各州の選挙運動における資金を使う額も制限されるなどあった。従って国庫から選挙資金を受けることは、個人で集めた資金を無制限で使えるのに比べると、それを補うだけの戦略を求められる方途であった。エドワーズの選挙対策の顧問をしていたジョー・トリッピー（Joe Trippi）は予備選挙ではテレビ・コマーシャルにそれほど頼らなくても各地での遊説をベースとした選挙活動で対立候補に競合できると述べていた(51)。

しかし国庫から選挙運動資金を得ることの弱点の一つとして挙げられることは、国庫からの資金を受けている候補が選挙資金を集められる候補者に比べ人気がなく弱いという印象を与えることであった。その意味で国庫からの選挙運動資金を受けることは、負の要因でもあることは確かであった(52)。実際、エドワーズは民主党の予算選挙の序盤でオバマやクリントンに勝つことができず、一月末には早々に選挙戦をとりやめた。

政治資金の規正と表現の自由に関連して言えば、ハード・マネーを集められないエドワーズのような候補者にとっては、いかにソフト・マネーを集めるかは重要な問題であるし、現代の選挙資金の使われ方としてテレビ・

ラジオのコマーシャルに占める比率が高いことからすれば、ソフト・マネーへの規正に関しては彼のような候補者にとっても好ましくないことは確かであった。また本稿にも述べてきたが、候補者のみならず支援者にとっても自由に政治献金ができなくなり不都合であるし、実際にこれらの支援者はソフト・マネーの規正には反対の声をあげてきた。特に政治における表現の自由という権利を盾に超党派選挙改正法の違憲性を主張するなどが見られた。

その意味では*FEC v. WRTL*において超党派選挙改正法に対して違憲判決が下されたことは自己の資産を持たない候補者や合法的な小口の献金を数多く集められない候補者にとっては、ソフト・マネーを期待できるだけに朗報となる判決であった。それは政治的表現の自由という原則を守る以上に、実質的な選挙戦を戦うために支持者からのソフト・マネーによる献金を期待できる状況に戻ったためである。

ただし現実としては二〇〇八年の大統領選を鑑みる点では、資金力を持たないエドワーズが表立ってソフト・マネーを受け取ることを歓迎したわけではなかった。先に述べたようにヒラリー・クリントンやバラック・オバマに比べ政治資金を集められないエドワーズが訴えたことは、首都ワシントン周辺の政治ロビー団体（圧力団体）や一部の利益団体によって連邦議会の政策が左右されることを批判し、選挙においても候補者がこれらの団体から選挙献金を受けること自体を批判したのである。そしてクリントンやオバマに対して、選挙資金をこれらの団体から受けることをやめるように呼びかけたのである(53)。つまり全ての候補者が利益団体からのソフト・マネーを排して、政策の是非によって選挙戦を戦うべきであると主張したのである。

ところがアイオワ州の予備選挙日（二〇〇八年一月三日）が近づいた二〇〇七年一二月末になると、エドワーズを支持する「影の政党」が一二月二六日から予備選挙当日までにアイオワ州においてコマーシャルを流すことを決めた。アライアンス・フォー・ア・ニュー・アメリカ（Alliance for a New America）という団体が七五万六〇〇〇ドルをエドワーズを支援するためにテレビ・ラジオのコマーシャルに投じたのである。オバマはこの事実に関して、エドワーズに対して言行が一致しないと批判した。これに対してエドワーズは、「私はこの団体だけでなく全ての527（「影の政党」の別称）がアイオワ州から距離をおくことを望みます」と述べ、その立場は変わらないことを強調し、その団体の中心者に彼を支援するコマーシャルをやめるように促すと新聞記者に述べた。しかし同時に連邦の選挙法によって候補者が、これらの団体の行動の邪魔をすることは禁じられていると強く反対もできないとも弁明した(54)。

従ってエドワーズがその選挙運動においてソフト・マネーを否定しても、現実的には連邦最高裁判所の *FEC v. WRTL* の判決以降、ソフト・マネーが法律によって規正されない政治資金であるだけに、候補者は自分を支援する「影の政党」などの団体がコマーシャルを流すことをやめることさえもできないのが事実であった。つまりソフト・マネーは候補者の意思も左右できないような、しかも資金力を持つ個人・団体が法に縛られず政治に影響を与えることができる手段であることを改めて認識させたのである。

いずれにせよ二〇〇七年の *FEC v. WRTL* の連邦最高裁判所の判決は選挙資金と表現の自由の問題において重要な意味を持っていた。本稿に述べてきたように、もともとアメリカでは選挙における腐敗を抑えるために選挙資金の規正が模索され法制化されてきたが、常に腐敗が抑えられるかは疑問視されてきたし、法規制があっても献金の方法も法に抵触しないように巧妙になっていった。それは歴史的に選挙戦の活動の仕方が変わったことも一つの要因である。最初はハード・マネーの規正をしてきたものの、テクノロジーの発展に伴いメディアを使った選挙戦に変わって後、選挙資金の多くはテレビ・ラジオのコマーシャルに費やされた。それに対応するようにソフト・マネーの規正も模索され超党派選挙改正法が成立した。しかしそこでは表現の自由の原則に抵触することが疑われ、結局司法の場によってソフト・マネーは政治的表現として保護され、超党派選挙改正法は違憲とされたのである。

しかし今後も選挙の在り方が変わることで政治腐敗を懸念する人々・団体・政治家は新たな規制を求めてくることは予想されるし、裁判官の構成によって司法の判断も変わることがあるため、将来的には違った形で選挙資金における表現の自由が制限される可能性はあると考えられる。

またアメリカの政治でお金と選挙という問題に関しては、日本ではあまり見られない特徴が見られた。それはお金を使ってコマーシャルを制作し、テレビやラジオで流して自分の好きな候補者を支援することは表現の自由であるという意識がアメリカでは強いということであった。表現の自由の保障の原則も関わってくるということから、アメリカ民主主義を支える人々の法意識とその実現に向けての行動も顕著に見られた。つまり憲法で保障された表現の自由を権利として認識しているため、その権利が侵害された場合、政治的にまたは法的に行動を起こし、その権利が保護・実現されることを主張する人々や団体がアメリカ政治の歴史の中で常に見られた。近年では超党派選挙改正法をめぐって起きた訴訟の背景には、ソフト・マネーを使ってテレビやラジオの政治的な内容のコマーシャルを流すことは、支持者の権利であるという認識があったためである。一方でお金に絡んで起こる政治腐敗を防ぐという倫理道徳も常にあったため、事件があるたびに新しい政治資金規正の法律の成立・改正も時代の中で常に見られた。その意味でアメリカの民主主義の中でお金と政治に見られることは、権利と道徳の均衡・妥協からコンセンサスが成り立ってきたと言えるのである。

[注]

1 これは二〇〇七年の時点の選挙管理委員会からの発表によるもので、もともとは一〇〇〇ドルから徐々に引き上げられた。

2 この金額は、二〇〇七年一月二三日に選挙管理委員会から発表されたものである。もともとは、個人候補者へは一〇〇〇ドル、政党には一万五〇〇〇ドルの制限であった。Federal Election Commission のサイトより。http://www.fec.gov/press/press2007/20070123limits.html. 政治活動委員会（PAC）は設立されて一〇日間以内に選挙管理委員会に登録の届出をしなくてはならない。PACは一九四四年に産業別労働組合（The Congress of Industrial Organizations ― "CIO"）が初めて作ったのが始まりだとされる。このPACはフランクリン・ルーズベルトの再選選挙の資金を集めるために組織された。労働組合の経費からではなく、組合の会員の自発的な献金から集まったため、当時の選挙を規制する法律にも違法とはならなかった。Center for Responsive Politics. http://www.opensecrets.org/.

3 "United States." *Encyclopedia Britannica.* 2007. Encyclopedia Britannica Online (August 21, 2007) <http://www.search.eb.com/eb/article-233797>.

4 個人の資産から選挙資金を使うことは問題ない。一九九二年の大統領選挙では当選しなかったもののロス・ペロー（Ross Perot）が個人資産から六〇〇〇万ドルを使った。またニューヨーク市長として当選したマイケル・ブルームバーグ（Michael Bloomberg）は約七〇〇〇万ドルの個人資産を選挙運動に使った。"United States." *Ibid.*

5 二〇〇〇年の大統領選挙では全米ライフル協会は民主党の候補者アル・ゴア（Al Gore）を批判するためにテレビ・ラジオのコマーシャル等に二五〇〇万ドルを使った。例えばその一つのコマーシャルの中で全米ライフル協会のウェイン・ラピエール（Wayne LaPierre）は「今現在、連邦裁判所でアル・ゴアと司法省が憲法修正第二条がどの銃も所持できる権利を保障していないと議論しているのを知っていましたか。小銃も駄目。ショット・ガンも駄目なのです」と述べた。これは憲法で保障されているという権利をゴアが否定しているということを印象づける内容であった。Robert Barnes and Matthew Mosk, "Justice to Consider Finance Law Limits," *The Washington Post* (April 25, 2007).

6 Bipartisan Campaign Act of 2002, Pub. L. No. 107-155, 116 Stat. 81. 同法は二〇〇二年三月二七日に大統領により署名されたが、施行されたのは同年の一一月六日である。

7 Robert Barnes, "5-4 Supreme Court Weakens Curbs on Pre-Election TV Ads; Ruling on McCain-Feingold Law Opens Door for Interest Groups in '08," *The Washington Post* (26 January, 2007). *Federal Election Commission v. Wisconsin Right to Life, Inc.*, U.S. Supreme Court, No.06-969 (2007) によって判断された。

8 ガーフィールドはウィリアムズ大学の卒業スピーチへ向かう途中、一八八一年七月二日にチャールズ・ギートー（Charles Guiteau）という人物に暗殺された。この人物は後に「公務員を目指し失望した者」と称したために、猟官制の悪弊を強調する結果となった。ジョージ・ペンデルトンが提出した法案は正式には Civil Service Reform Act と言い、公務員が党派主義などの任命によらないようにしたのである。Congressional Quarterly Inc. *Guide to U.S. Elections*. 5th ed. Vol.1. (Washington D.C.: CQ, 2005), p.46, p.255. またブリタニカ辞書（http://www.britannica.com/eb/article-9059058/Pendleton-Civil-Service-Act）による。

9 Theodore Roosevelt, *State of the Union Address* (December 5, 1905). http://www.presidency.ucsb.edu/sou.php. またルーズベルトは翌日の一般教書においても同様の趣旨を述べている。

10 Congressional Quarterly Inc., *Ibid.* pp.46-47. ティルマン法の提案者、ベンジャミン・ティルマン（Benjamin Tillman）は一八九〇年から一八九四年までサウスカロライナ州の州知事を務め、その後一八九五年から一九一八年の晩年に至るまで上院議員を務めた。南北戦争後の再建期を経て初めて、サウスカロライナ州で一八九五年に黒人の選挙権を奪うための中心的な役割を果たすなど、白人至上主義者であった。ティルマン法案を提案した背景には人種隔離政策に反対する北部州の経済人から政治への影響を抑える目的があったとされている。"Benjamin Ryan Tillman," *Dictionary of American Biography* Base Set. American Council of Learned Societies, 1928-1936. Reproduced in *Biography Resource Center*. Farmington Hills (Michigan: Thomson Gale. 2007). http://galenet.galegroup.com/servlet/

11 Bio RC; Bradley A. Smith, "A Moderate, Modern Campaign Finance Reform Agenda," *Nexus* 3 (2007): 4.
一九二二年四月にウォール・ストリート・ジャーナル紙がワイオミング州のティーポット・ドームの海軍石油備蓄の契約が正当な入札の手続きによらず、内務大臣アルバート・フォール（Albert Fall）と石油会社の秘密の交渉によってなされたと報道した。それに対して連邦の上院議員ジョン・ケンドリック（John Kendrick）がこの件について捜査することを求める決議案を出した。結局、フォールの密約が暴かれて逮捕され、一九二九年に有罪が確定した。http://www.senate.gov/artandhistory/history/minute/Senate_Investigates_the_Teapot_Dome_Scandal.htm. また、http://www.rmotc.doe.gov/aboutus/history2.html. に詳しい。

12 Congressional Quarterly Inc., *Ibid.* p.47.

13 *Ibid.*

14 *Ibid.*, pp.91-92. ; *Pipefitters v. United States,* 407 U.S. 409 (1972).

15 Congressional Quarterly Inc., *Ibid.* p.50.

16 *Ibid.*, p.51.

17 *Ibid.*, p.54. 連邦選挙管理委員会の人選は大統領から二名、連邦議会のリーダーが四名を任命して選出されるとした。また選挙費用を個人の財産からの制限額として下院議員候補者は二万五〇〇〇ドル、上院議員候補者は三万五〇〇〇ドル、大統領候補者は五万ドルとされた。また選挙にかかる総支出費用の制限も定められた。全ての大統領選挙の候補者の選挙戦の費用限度として予備選挙は一〇〇〇万ドル、本選は二〇〇〇万ドル、党大会などの費用二〇〇万ドルとした。上院や下院の候補者にも同様に制限額が予備選、本選に定められた。

18 *Buckley v. Valeo,* 424 U.S. 1 (1976).

19 *Ibid.*

20 *Ibid.*

21 *Ibid.* この判決では連邦選挙管理委員会の任命の仕方も違憲とされ、裁判後の一九七六年の改正では、全ての委員は大統領から任命され、上院で承認されると変更されたのである。これはもともと委員が行う業務は行政の一部であり、その委員が議会から任命されるのは三権分立に反するとみなされたからである。

22 Congressional Quarterly Inc., *Ibid.* p.57.

23 David G. Savage, "Electing To Change," *ABA Journal* 92, no. 1 (2006). この一九七六年の最高裁判決以後、ヴァーモント州など州政府レベルでは選挙運動費の上限を求める法律を成立させるところもあった。州政府としては連邦選挙運動法は連邦政府の議会や大統領の候補者に適用されるものであり、州議会や知事の選挙には適用されないと主張したのである。これに対しヴァーモント州では共和党と米国自由人権協会が選挙運動費の制限を定める州法は表現の自由を定めた憲法修正第一条に違憲であると主張するなどして裁判になるなどした。*Vermont Republican State Committee v. Sorrell,* No. 04-1530, また *Randall v. Sorrell,* No. 04-1528. 結局、最高裁判所は二〇〇六年六月二六日にヴァーモントの州法は六対三の評決により違憲であると判断した。Linda Greenhouse, "Justices Reject Campaign Limits in Vermont Case," *The New York Times* (June 27, 2006).

24 しかし逆に超党派選挙改正法以前では、コマーシャルにおいてあいまいな表現でありながら、ある候補者を支援したり、批判するような内容は対象外となったわけである。従って政治団体、支援団体などはソフト・マネーを使ってテレビ・ラジオなどのコマーシャルで無制限に選挙活動ができたことになる。

25 実際、公判においてはサンドラ・デイ・オコーナー判事が候補者を支持したり批判したりすると考えられるコマーシャルを規制する超党派選挙改正法の基準を実行可能かと質問するなどした。それに対し同法に反対する原告側の弁護士フロイド・アブラムス（Floyd Abrams）が「あまりに適用範囲が広すぎる」と批判するなどした。Linda Greenhouse, "Justices Hear Vigorous Attacks On New Campaign Finance Law," *The New York Times* (September 9, 2003).

26 Joshua L. Shapiro, "Corporate Media Power, Corruption, And The Media Exemption," *Emory Law Journal,* 55, no.1 (2006): 162-163. "A fight to reclaim lost honor, A group of Vietnam vets is suing John Kerry for discrediting its film on the war," *Philadelphia Inquirer* (October 27, 2005); Sara Ivry, "Kerry and Producer Do Better for Honor (At Least the Word), *The New York Times* (March 27, 2006).

27 *National Rifle Association v. Federal Election Commission.* No. 02-1675. District Court For The District of Columbia. 二〇〇三年五月六日に判決。カレン・レクラフト・ヘンダーソン（Karen LeCraft Henderson）判事が主文。

28 *Buckley v. Valeo* では、連邦選挙運動法の内容に沿ってコマーシャルにおいて候補者を支持・批判することが明確な場合にどの程度合法的に適用されたかを判断した。*Buckley* や *National Rifle Association v. Federal Election Commission*、また次に挙げる *McConnell v. Federal Election Communication* などではこの表現の定義を"express advocacy"と呼んでいるのに対し、超党派選挙改正法における候補者と認識できるようなコマーシャル内容を定義する言葉として"electioneering communications"と使って区別している。

29 *Ibid.*

30 *Ibid.* 憲法修正第五条『何人も、大陪審の告発または起訴によらなければ死刑を科される罪または懲役刑の科される破廉恥罪について責を負わされない。ただし、陸海軍内で生じた事件及び戦争または公共の危害に際して現に軍務についている民兵内で生じた事件は、この限りではない。何人も、同一の犯罪について生命または身体を二度の危険にさらされない。何人も、法のデュー・プロセスによらずして生命、自由もしくは財産を剥奪されない。何人も、正当な補償なしに私的財産を公共の用のために収用されない。」（松井茂記著『アメリカ憲法入門』の英訳三二二頁より）。つまりマス・メディアの会社でなくとも、表現の自由の保障に照らして、その法の適用に関しては平等に扱われるべきであるとしたのである。

31 *McConnell v. Federal Election Communication (FEC)*, 540 U.S. 93 (2003). Also see, Shapiro, *Ibid.*

32 David Von Drehle, "McCain-Feingold Ruling Angers Activists on Both Left and Right," *The Washington Post* (December 11, 2003).

33 Brendan T. Holloway, "*McConnell v. Federal Election Commission*: The Supreme Court Rewrites the Book on Campaign Finance Law: Will Political Speech Survive This Most Recent Onslaught?," *CommLaw Conspectus* 13 (Fall 2004): 109, 120-122.

34 *Ibid*, 129.

35 Glen Justice, "In New Landscape of Campaign Finance, Big Donations Flow to Groups, Not Parties," *The New York Times* (December 11, 2003). この時期、民主党の方がどちらかと言えば同法を支持する立場であったため、同法の合法性によって不利な立場に立ったことは皮肉な結果とも言える。ところで二〇〇八年の大統領選挙戦においては民主党候補者の方が共和党候補者よりも政治献金を集めることに成功した。二〇〇七年九月の段階において共和党候補者全員が集めた政治献金の合計は四二七〇万ドルであったが、民主党候補者のヒラリー・クリントン（Hillary Clinton）一人の集めた献金よりも八〇〇万ドルも少なかった。Janet Hook, "GOP campaigns do some belt-tightening," *The Los Angeles Times* (January 13, 2008).

36 527というのは連邦法（26 U.S.C. §527）の番号から付けられた。「影の政党」の通称であり、免税対象となる政治組織グループである。この法律によって、政治資金の規正が厳しい政治活動委員会（PAC）より、自由に政治資金を支援する候補者に使用できるため、二〇〇四年に選挙管理委員会によって規正を進めることを審議されたが、結局、法規制されることはなかった。

37 Holloway, *Ibid.*

38 Thomas B. Edsall, "Democrats' Financing Plan Challenged: Watchdog Groups File Complaint With FEC Over Party's 'Soft Money' Network," *The Washington Post* (January 16, 2004). 民間の政治監視の団体として、Democracy 21、Campaign Legal Center、Center for Responsive Politics などが選挙管理委員会に二〇〇四年一月一五日にこれらの影の政党がソフト・マネーを受けることは、違法性があると申し立てたのである。

39 これらのグループは二〇〇四年の大統領選挙の年において、現職のブッシュ大統領と民主党候補者のジョン・ケリーの献金の差を指摘し、平等な選挙を行うためにも「影の政党」が重要であることを主張した。例えば影の政党の一つ Emily's List の代表エレン・マルコム（Ellen Malcolm）は「ブッシュが一億ドルを持っている一方で、ケリーがほとんどお金を持たないことは明白です。そこでブッシュの行ったことを人々に知らせるための代替的な手段が大変重要なのです」と述べて、ソフト・マネーを政党以外の団体が受けて、コマーシャルを流すことを正当だと述べるなどが見られた。Dan Balz and Thomas B. Edsall, "Democrats Forming Parallel Campaign; Interest Groups Draw GOP Fire," *The Washington Post* (March 10, 2004).

40 Sharon Theimer, "NRA creating company for airwaves; Gun lobby seeks same recognition as mainstream media organizations," *The Houston Chronicle* (April 16, 2004).

41 U.S.C. section 431(9)(B)(i)(2000).

42 ある面、全米ライフル協会がメディア会社を買収設立してまでも政治運動をしようとした理由は、それだけ同協会が政治的影響力を意識していたからである。特に銃規制はアメリカでは憲法修正第二条によって保護された権利と対立すると見るため、銃規制を訴えることは政治家にとって難しい問題であった。例えばビル・クリントン（Bill Clinton）は一九九四年の選挙において下院において民主党が五二議席を減らした中、二〇議席は銃規制を民主党が支持したことによって失ったと述べている。また二〇〇四年六月二三日の「チャーリー・ローズ・ショー」という番組でもクリントンは二〇〇〇年の大統領選挙で民主党候補者のアル・ゴアがジョージ・ブッシュに負けた理由は銃規制の問題であったと指摘した。George F. Will, "Bringing Out the Big Gun," *The Washington Post* (Editorial) (October 14, 2004).

43 James Dao, "Gun Group's Radio Show Tests Limits on Advocacy," *The New York Times* (June 16, 2004).

44 *Federal Election Commission v. Wisconsin Right to Life, Inc.* Nos. 06-969 and 06-970 (2007).

45 *Ibid.*

46 *Ibid.*

47 *Ibid.* ロバーツ裁判長は *McConnell* の判決は、特定のコマーシャルが支援を表現しているかを決定するための意図と効果の因果関係をテストする基準を設けていないと指摘した。また *Buckley v. Valeo,* 424 U.S. 1 ではこのようなテスト基準さえも否定していると指摘している。

48 ソーターはワシントン・ポスト紙やウォール・ストリート・ジャーナル紙で報道された事実を引用して現実の選挙における資金の重要性を指摘した。*Federal Election Commission v. Wisconsin Right to Life, Inc.* Nos. 06-969 and 06-970 (2007).

49 Robert Barnes, "Alito Calls Free-Speech Limits 'Dangerous' as Court Considers Cases," *The Washington Post* (June 14, 2007).

50 Anne E. Kornblut and Matthew Mosk, "Edwards to Accept Public Financing," *The Washington Post* (September 28, 2007). 共和党においてもこの時点で大統領選への出馬を発表していたジョン・マケインが国庫から選挙運動の資金を受けることを発表していた。

51 *Ibid.*

52 ただし選挙資金を集めた候補者が選挙で勝つとは限らない。例えば二〇〇四年の大統領選においても、最終的に予備選挙の末に民主党から候補者として指名を受けたジョン・ケリーは対立候補のハワード・ディーン（Howard Dean）に比べ、選挙資金を集めることができなかった。

53 "Obama rips Edwards over nonprofits," by Maria La Ganga, *The Los Angeles Times* (December 23, 2007).

54 Alliance for a New America は二〇〇四年の大統領選挙のときにエドワーズの選挙事務所の選挙運動本部長をしていたニコラス・R・バルディック（Nicholas R. Baldick）が関わっている団体であった。選挙管理委員会にこの団体は労働者の組合 Service Employees

International Union(SEIU) という全国各地に支部を持つ団体から献金を受けており、エドワーズに代わってコマーシャルを流すために資金を使うことを報告していた。その意味でこの団体は明確にソフト・マネーをエドワーズに提供する団体であった。またSEIUはこれ以外にもエドワーズを支持するように組合員に呼びかけるなどしていた。

あとがき

本書は、さまざまなバックグラウンドを持つ九人の研究者・実務家が、「お金とアメリカ社会」という共通テーマの下、お金がアメリカに及ぼす多面的な影響を論じた論文集である。今回は学問分野（ディシプリン）やイデオロギーの統一を行わず、さまざまな意見の方の論稿を一つの本に並存させた。この多様性こそ本書の最大の特長である。

本書出版の契機を与えてくれたのは三和書籍の高橋考社長である。さらに、三和書籍からの寄付金によって、二〇〇八年度、大阪大学に寄付授業科目「経済現象を読み解く――アメリカの経済・経営・国際関係――」を設置することができた。高橋社長に心より御礼申し上げたい。また、厳しい日程の中、編者の修正要請などに真摯にかつ迅速に応えてくれた執筆者の皆様にも感謝申し上げたい。

最後に、三人の子供の育児という裏方に徹する昌子の存在があってこそ、本書の執筆と編集に携わることができた。家内に多謝。

二〇〇八年二月

兵庫県川西市の自宅にて

杉田　米行

人　名　索　引

かな

あ

い

え

お

か

き

く

け

こ

し

す

ち

し

す

せ

そ

た

ち

て

と

事　項　索　引

第6章：正司光則（しょうじ　みつのり）
1976年大阪府生まれ。慶應義塾大学大学院政策・メディア研究科後期博士課程単位取得退学。大阪大学非常勤講師。慶応義塾大学COE研究員（RA)。最近の論文に、「日米防衛協力のための指針と周辺事態法――北朝鮮の核実験と周辺事態の認定」『国際情勢』第77号（2007年2月)、「日米安全保障体制における『極東条項』と『同盟のディレンマ』」杉田米行編『アジア太平洋地域における平和構築：歴史的展開と現状分析』（大学教育出版、2007年4月)、「日米の安全保障政策における『空間概念』(1945-60）――2つの日米安保条約と『極東条項』の変容」『戦略研究』第4号（2007年12月）など。

第7章：吉野裕介（よしの　ゆうすけ）
1977年京都府生まれ。日本学術振興会特別研究員PD・大阪大学非常勤講師。京都大学博士（経済学)。専門は経済思想・アメリカ研究。主な業績に「社会理論の萌芽としてのハイエク心理学――進化概念とE.マッハの影響を中心に――」『広島国際研究』（広島市立大学、vol.13，pp.121-135, 2007年)、「ハイエク『致命的な思い上がり』の成立過程に関する一試論――「進化と自生的秩序」メモを中心に――」『一橋大学古典資料センター年報』(一橋大学，vol.28, pp.27-39, 2008年）などがある。

第8章：上田伸治（うえだ　しんじ）
1967年仙台生まれ。アメリカ創価大学図書館特別プロジェクト研究員。創価大学法学部卒業、クレアモント大学大学院修了（Ph.D.、政治学)。主要業績：『アメリカで裁かれた本――公立学校と図書館における本を読む自由』(大学教育出版、2008年)、『本と民主主義――アメリカの図書館における「表現の自由」の保護と制限』(大学教育出版、2006年)、『アメリカ〈帝国〉の失われた覇権』(共著）杉田米行編（三和書籍、2007年)、『アメリカ社会への多面的アプローチ』(共著）杉田米行編（大学教育出版、2005年)、『人文社会科学とコンピュータ』(共著）杉田米行編（成文社、2001年）など。

第3章：敦賀誠一（つるが　せいいち）

1951年京都市生まれ。1975年京都産業大学経済学部卒業。化学品製造会社にて20年間勤務。1994年龍谷大学大学院経営学研究科修士課程入学、96年終了。96年メンタルタフネス研究所設立、経営コンサルタント。現在、国際経営情報専門学校、京都府ジョブパーク就職支援セミナー講師、キャリア・カウンセラー。『創造的中小企業』龍谷大学大学院ビジネスコース著「スペシャリスト集団によるライフデザイン開発——第一紙業」（日刊工業新聞社、1996年）、『続創造的中小企業』橋本久義／片岡信之編「LPガス販売から環境衛生産業へ進出——安藤プロパン・グループ」（日刊工業新聞社、2000年）、『IT時代を切り拓く女性起業家たち』橋本久義／片岡信之編「フッ素化合物のワールド・ベスト・サプライヤー」（日刊工業新聞社、2001年）など執筆。

第4章：冨永信太郎（とみなが　しんたろう）

異文化商交渉コンサルタント。1951年長崎県佐世保市生まれ。長崎県立大学経済学部卒業。著書『英語交渉の達人になる本』（パシフィック・ドリームス社出版、2007年）。日本実業人に対して異文化対応、異文化コミュニケーション、異文化商交渉研修などを日本語および英語で提供し、外国実業人に対しては英語で日本対応、日本人とのコミュニケーション、日本人との交渉、日本人に対する効果的プレゼンテーションなどの研修を提供している。研修教材は全て手作り。

第5章：西川秀和（にしかわ　ひでかず）

1977年大阪生まれ。早稲田大学社会科学研究科博士後期課程満期退学。早稲田大学国際言語文化研究所客員研究員・大阪大学非常勤講師。最近の業績：『昭和天皇の全国巡幸』（アーカイブス出版、2008年）、「ベルリン封鎖と1948年の大統領選」『社学研論集』10（早稲田大学社会科学研究科、2007年）、「ケネディ大統領のレトリック：キューバ危機を事例として」『社学研論集』9（早稲田大学社会科学研究科、2007年）など。

[著者紹介]

編者・序章：杉田米行（すぎた　よねゆき）
1962年大阪生まれ。大阪大学言語文化研究科准教授。主な著書に Mark E. Caprio and Yoneyuki Sugita eds., *Democracy in Occupied Japan: The U.S. occupation and Japanese politics and society* (New York: Routledge, 2007); *Pitfall or Panacea: The Irony of US Power in Occupied Japan 1945-1952* (New York: Routledge, 2003);『ヘゲモニーの逆説：アジア太平洋戦争と米国の東アジア政策、1941年―1952年』（世界思想社、1999年）など。

第1章：増谷栄一（ますたに　えいいち）
1951年札幌生まれ。1974年早稲田大学政経学部卒。札幌出身。報知新聞社や北海タイムス、ジャパンタイムズ、日経国際ニュースセンター、米国経済通信社のブリッジ・ニュースとダウ・ジョーンズ通信社の記者・デスクを経て、AFX通信社（AFP通信の経済ニュース部門）東京特派員。2004年から2007年3月までポータルサイトの（http://blog.livedoor.jp/emasutani/?blog_id=15568）ライブドア・ニュースの外報部チーフ。2007年11月まで英米金融情報サービス、トムソン・ファイナンシャルの起債担当記者。現在は日系ヘッジファンドGCIキャピタルのウェブサイト（http://www.gci-klug.jp/masutani/）でニュース翻訳とコラムを執筆中。主な著書にドキュメンタリー「昭和小史・北炭夕張炭鉱の悲劇」（1997年2月、彩流社刊）。

第2章：野村茂治（のむら　しげはる）
1952年生まれ。大阪大学国際公共政策研究科教授。主な論文・著書に、"Urbanization, Low Birthrate and Non-marriage in East Asian Countries"『大阪外国語大学論集』第36号（2007年）23-53頁；『通貨と経済』（ナツメ社、2005年）他。

アメリカ社会を動かすマネー：9つの論考

2008年　4月　1日　　第1版第1刷発行

編著者　杉田米行

発行者　高橋　考
発行所　三和書籍
〒112-0013　東京都文京区音羽2-2-2
TEL 03-5395-4630　FAX 03-5395-4632
sanwa@sanwa-co.com
http://www.sanwa-co.com
印刷所／製本　モリモト印刷株式会社

ISBN978-4-86251-033-4 C3030